ESSENER GESPRÄCHE

ZUM THEMA

STAAT UND KIRCHE

BAND 59

ESSENER GESPRÄCHE

zum Thema

Staat und Kirche (59)

Begründet von Joseph Krautscheidt und Heiner Marré

Herausgegeben von Arnd Uhle und Judith Wolf

Aschendorff Verlag

Für die Zitierung der „Essener Gespräche zum Thema Staat und Kirche“ wird folgende Zitierweise empfohlen:

Autor, Titel, in: Essener Gespräche zum Thema Staat und Kirche (EssGespr.) mit entsprechender Bandzahl (Erscheinungsjahr), hrsg. von Arnd Uhle und Judith Wolf, Anfangsseitenzahl (konkrete Seitenzahl)

Printed in Germany

Gedruckt auf säurefreiem, alterungsbeständigem Papier ∞

ISSN 0720-891X

ISBN 978-3-402-10588-7

INHALTSVERZEICHNIS

Leitung der Tagung:
Professor Dr. iur. Arnd Uhle, Leipzig

Anhang

VORWORT

Die Abhandlungen des vorliegenden Tagungsbandes sind hervorgegangen aus Vorträgen, die am 11. und 12. März 2024 auf Einladung des Bischofs von Essen, Dr. *Franz-Josef Overbeck*, im Rahmen der „59. Essener Gespräche zum Thema Staat und Kirche“ in der Katholischen Akademie „Die Wolfsburg“ in Mülheim an der Ruhr gehalten worden sind.

Für die Unterstützung bei der redaktionellen Bearbeitung der nachfolgend veröffentlichten Beiträge danken wir Herrn *Jonas Frederik Hartung*, Wissenschaftlicher Mitarbeiter des Leipziger Lehrstuhls für Öffentliches Recht, insbesondere für Staatsrecht, Allgemeine Staatslehre und Verfassungstheorie. Zudem gilt unser Dank dem Leiter des Aschendorff-Verlages, Herrn Dr. *Dirk Friedrich Paßmann*, für die – wie stets – hervorragende verlegerische Betreuung.

Essen und Leipzig, im Juli 2024

Arnd Uhle *Judith Wolf*

Bischof Dr. theol. Franz-Josef Overbeck

Eröffnung der Tagung

Sehr geehrte Damen und Herren,

herzlich begrüße ich Sie alle zu den *59. Essener Gesprächen zum Thema Staat und Kirche* in der WOLFSBURG. Ich freue mich wieder sehr über die große Zahl der Teilnehmenden und besonders auch über die Nachwuchswissenschaftlerinnen und -wissenschaftler unter Ihnen. Ich möchte Sie auch in diesem Jahr wieder ermuntern, sich an den Gesprächen zu beteiligen und damit das Format der Essener Gespräche mit Ihren Perspektiven zu bereichern. So können wir neue Impulse für die Gespräche zwischen Staat, Gesellschaft und Kirche setzen!

Im Rahmen der 58. Essener Gespräche im vergangenen Jahr 2023 haben wir uns mit der Frage nach den Möglichkeiten und den Grenzen staatlicher Religionspolitik auseinandergesetzt. Der entsprechende Tagungsband ist bereits im vergangenen November erschienen und ich möchte an dieser Stelle allen Autorinnen und Autoren danken, die mit großem Engagement wieder dazu beigetragen haben, dass dies gelingen konnte. Ein besonderer Dank gilt auch den Mitgliedern des Beratungsgremiums sowie den beiden Herausgebenden, dem Tagungsleiter der Essener Gespräche, Herrn *Prof. Dr. Uhle*, und der Akademiedirektorin der Katholischen Akademie DIE WOLFSBURG, Frau *Dr. Judith Wolf*. Hochprofessionell haben sie auch diese 59. Essener Gespräche wieder gemeinsam vorbereitet und werden uns entsprechend durch die kommenden beiden Tage führen.

Meine Damen und Herren, bevor wir uns im Anschluss inhaltlich auf die Fragestellungen der 59. Essener Gespräche konzentrieren, die unter dem Titel „Kirchliches und staatliches Strafrecht" stehen, möchte ich Ihnen kurz meine Gedanken zum Thema anbieten. Die Frage nach den Möglichkeiten und Grenzen kirchlichen Strafrechts und der Verhältnisbestimmung zwischen kirchlichem und staatlichem Strafrecht hat sich in den letzten Jahren vor allem im Zuge der Aufarbeitung der Fälle sexualisierter Gewalt mit ganz neuer Brisanz gestellt.

Auch aus heutiger Sicht im Jahr 2024 kann die Veröffentlichung der „MHG-Studie" im Jahr 2018 als Zäsur im Leben der katholischen Kirche in Deutschland betrachtet werden. Die nachfolgend von zahlreichen Diözesen veröffentlichten Studien zur Aufarbeitung des sexuellen Missbrauchs und seiner Vertuschung haben den Schock über das Ausmaß jeweils neu wachgerufen und vertieft. Das Bewusstsein, dass die Kirche als Gesamtinstitution und nicht nur in Bezug auf einzelne ihrer Repräsentanten schwerste Schuld auf sich geladen hat, ist tief in das gesellschaftliche Gedächtnis der Menschen in Deutschland eingedrungen. Wer auch immer Kritik an der katholischen Kirche üben möchte, nimmt dabei Bezug auf diesen Schuldzusammenhang. Die Katholikinnen und Katholiken sind in vielen Hinsichten und Zusammenhängen diskreditiert. Das beginnt beim Gespräch in der Familie, unter Nachbarn und Kollegen und setzt sich fort bis in die politischen Prozesse, in denen der Sachverstand kirchlicher Fachleute weniger Gehör findet. Die Situation der Kirche in Deutschland wird zudem dadurch beeinträchtigt, dass viele Katholikinnen und Katholiken die Möglichkeit wahrnehmen, ihr verlorenes Vertrauen in die Kirche als Institution zum Ausdruck zu bringen, indem sie ihren Austritt erklären.

Nach der Veröffentlichung der MHG-Studie haben die deutschen Bischöfe im März 2019 u.a. einen Synodalen Weg beschlossen, der der gemeinsamen Suche nach Antworten auf die gegenwärtige Situation dient und nach Schritten zur Stärkung des christlichen Zeugnisses fragt. Getragen von der Deutschen Bischofskonferenz und dem Zentralkomitee der deutschen Katholiken (ZdK), hat der Synodale Weg der katholischen Kirche in Deutschland sich dabei insbesondere zum Ziel gesetzt, die weitergehenden Aspekte dieses Problemkomplexes anzugehen, indem der Blick auf den Umgang mit Macht in der Kirche, das Profil priesterlicher Lebensform, die Rolle der Frau in der Kirche und die Bedeutung der Sexualmoral gerichtet wurde.

Hinsichtlich der Aufarbeitung und der Prävention im engeren Sinn wurden – wenn auch spät – viele Anstrengungen unternommen, um den Betroffenen aber möglichst doch gerecht zu werden. Es wurden Systematiken zur flächendeckenden Präventionsschulung, zur Aufdeckung und konsequenten Verfolgung von Missbrauchsfällen, zur Zahlung von Anerkennungsleistungen und zur Aufarbeitung von Vertuschung etabliert. Weitere Schritte zielen auf eine Verstetigung, Neuordnung und Bündelung der verschiedenen im Laufe der Jahre ergriffenen Maßnahmen im Bereich des sexuellen Missbrauchs und der Gewalterfahrungen ab. Zudem soll eine größere Unabhängigkeit durch die Etablierung externer Kompetenz und eine breitere Partizipation und Einbindung von relevanten Akteuren erreicht werden. Schließlich geht es um mehr Transparenz durch größere Nachvollziehbarkeit und mehr Qualität durch einheitliche Verfahren.

Mit Blick auf das Bistum Essen habe ich vieles von dem, was ich innerhalb der Grenzen des geltenden Kirchenrechts an den Strukturen ändern konnte, in enger Absprache mit den leitenden Mitarbeiterinnen und Mitarbeitern bereits unternommen oder Veränderungen zumindest auf den Weg gebracht. Wir haben unsere Personalarbeit strukturell deutlich verändert; wir haben neue Leitungsmodelle auf den Weg gebracht, die auf geteilte Macht und auf diverse Besetzung von Leitungsteams achten und vieles mehr. Ich weiß, dass das alles nur

Anfänge sind – auch deshalb, weil es einige sehr grundsätzliche Themen gibt, die ich als Diözesanbischof nicht einfach verändern kann. Wir brauchen deshalb auch grundsätzliche Klärungen auf Ebene der Weltkirche, wenn es beispielsweise um Fragen des Amtes oder der priesterlichen Lebensform geht.

Vor diesem Gesamthintergrund ergibt sich auch bezüglich der aktuellen Debatte um die Möglichkeiten und Grenzen des kirchlichen Strafrechts eine Gesprächssituation, die alles andere als einfach ist. Hinsichtlich der Aufklärung und Aufarbeitung gehen wir inzwischen wichtige Schritte. Letztendlich kann aber keine Organisation unabhängige Aufklärung und Aufarbeitung leisten, wenn es sie selbst betrifft. Das haben wir in der katholischen Kirche lange Zeit nicht eingesehen. Trotzdem stehen wir aber in der Pflicht, Aufarbeitung, Intervention und Prävention sicherzustellen. Aber wir müssen auch ehrlich eingestehen, dass wir allein an Grenzen kommen. Diese komplexe Gemengelage muss ich als kirchlicher Verantwortungsträger immer mitbedenken, wenn ich Argumente zu dem Thema in einen öffentlichen Diskurs einbringe. Gerne möchte ich diesbezüglich Anfragen skizzieren, die es angemessen zu bearbeiten gilt.

Das kirchliche Strafrecht ist von dem Anliegen des besonderen Schutzes der Kirche und ihrer Amtsträger geprägt. So wird in kirchlichen Strafrechtsprozessen die Möglichkeit der Nebenklage durch Betroffene ausgeschlossen. Straftaten werden in erster Linie nicht als Straftaten gegen Betroffene, sondern als Taten gegen das Selbstverständnis und die Interessen der kirchlichen Gemeinschaft verhandelt. Vor dem Hintergrund der Erkenntnis der besonderen Relevanz der Betroffenenperspektiven für eine adäquate Aufarbeitung zeigen sich hier gewisse Grenzen kirchlichen Rechts. Insofern die Neubestimmung des kirchlichen Strafrechts im Zweiten Vatikanischen Konzil dieses nicht mehr als dem staatlichen Recht über-, sondern ergänzend nebengeordnet versteht, ist dies zunächst nicht problematisch. Die Verantwortung für die Einordnung und Ahndung der Tat im Rahmen der Dimension des persönlichen Verhältnisses zwischen Täter und Opfer fiele so dem staatlichen Recht zu, während sich die kirchliche Strafverfolgung auf die Einordnung und Ahndung der Tat hinsichtlich ihrer Folgen für die Glaubensgemeinschaft beschränkt. Doch im Fall der Missbrauchsfälle hat sich diese Einordnung seitens des Kirchenrechts als unterkomplex erwiesen. Die Verletzungen, die durch sexualisierte Gewalt entstehen, treffen zuerst und in existentieller Weise die Betroffenen der jeweiligen verbrecherischen Gewalttaten. Das wurde seitens der Verantwortlichen in der Kirche und auch vom Kirchenrecht lange Zeit überhaupt nicht und bis in die Gegenwart nicht hinreichend wahrgenommen. Zu sehr stand der Schutz der kirchlichen Institution und ihrer Repräsentanten im Mittelpunkt – gestützt durch eine überkommene religiös-sakrale Überhöhung des Amtes und der Institution.

Auf diesem Hintergrund ist es heikel, auf die Verletzungen hinzuweisen, die der sexuelle Missbrauch gleichwohl auch auf einer Glaubensebene verursacht – wiederum zuerst bei den Betroffenen, aber auch bei vielen anderen Gläubigen sowie der ganzen kirchlichen Glaubensgemeinschaft. Dennoch dürfen diese Verletzungen nicht außer Acht bleiben, weil der Glaube für Menschen von existentieller Bedeutung ist. Ich weiß von Betroffenen, die aufgrund ihres Leids, das ihnen von kirchlichen Repräsentanten zugefügt wurde, nicht mehr an Gott glauben können. Dass eine große Zahl von Gläubigen durch das Ausmaß des Missbrauchsskandals nicht nur das Vertrauen zur Kirche verloren haben, sondern auch existentielle Glaubenszweifel erleben, gehört ebenso zu den schwerwiegenden Folgen der Missbrauchstaten. Diese religiöse Dimension kann das staatliche Recht allerdings nicht abbilden. Umso mehr muss das kirchliche Strafrecht auch diese Dimension berücksichtigen.

Weiter stellt sich die Frage nach der Legitimation bzw. der Zielsetzung kirchlichen und staatlichen Rechts. Denn unser Rechtssystem verschreibt sich grundsätzlich dem Schutz der Menschenwürde und der persönlichen Freiheit. Strafverfolgung dagegen stellt immer eine begründungsbedürftige Freiheitseinschränkung dar. Das Strafmaß und die Art der verhängten Strafen sind in hohem Maße von der jeweiligen Rechtfertigungsgrundlage abhängig. Das stellt kirchliches und staatliches Strafrecht vor die besondere Herausforderung, sich immer wieder neu und kontextabhängig dieser Legitimationsfrage zu stellen und die Angemessenheit von Strafen daran abzuwägen. Kirchlichem Strafrecht stehen dabei andere Legitimationsmöglichkeiten zur Verfügung, da es sich auf ein spezifisches Spektrum geteilter religiös-ethischer Grundprinzipien berufen kann.

Aber angesichts dieser Grundüberzeugungen gehen Verstöße gegen das kirchliche Strafrecht immer mit einem besonderen Vertrauensbruch einher, der im Strafmaß Niederschlag finden muss. Dabei ist die Frage nach Angemessenheit und Verhältnismäßigkeit von Strafen im kirchlichen Strafrecht von besonderer Brisanz. Zugleich kann sie hinsichtlich der Missbrauchsfälle innerkirchlich kaum glaubhaft objektiv beantwortet werden. Mit diesem Dilemma muss sich das kirchliche Strafrecht auseinandersetzen.

Meine Damen und Herren, mir war es ein persönliches Anliegen, Ihnen meine Gedanken zum Thema anzubieten, vor allem auch hinsichtlich des Bewusstseins um die drängende Notwendigkeit der innerkirchlichen Auseinandersetzung sowie um die Unmöglichkeit der rein innerkirchlichen Beantwortung der Anfragen, die sich an die Möglichkeiten und Grenzen des kirchlichen Strafrechts stellen lassen. Als interdisziplinärer und überkonfessioneller Fachkongress bieten die Essener Gespräche aus meiner Sicht einen guten Gesprächsrahmen, um sich –

dieser besonderen Schwierigkeit der Thematik bewusst – in einem offenen Diskurs mit den drängenden Fragen an das staatliche und das kirchliche Strafrecht auseinanderzusetzen.

Die inhaltliche Einführung ins Tagungsthema wird Ihnen im Anschluss an meine Worte Herr *Prof. Dr. Uhle* geben. Mit Blick auf das Programm möchte ich vorher aber noch den Referentinnen und Referenten der diesjährigen Essener Gespräche meinen Dank dafür aussprechen, dass wir in den kommenden eineinhalb Tagen wieder eine thematische Auseinandersetzung auf höchstem Niveau erwarten dürfen. Wir werden in dieser Reihenfolge Herrn *Prof. Dr. Stephan Dusil*, Frau *Univ.-Prof.'in Dr.'in Sabine Konrad*, Herrn *Oberkirchenrat Dr. Christoph Thiele*, Herrn *Dr. Manfred Bauer*, Herrn *Apl. Prof. Dr. Alexander Ignor*, Herrn *Prof. Dr. Martin Heger* und Frau *Ri'inOLG Dr.'in Barbara Rox* hören und alle Vorträge im Anschluss gemeinsam diskutieren. Auch den Mitgliedern des Beratungsgremiums für die Essener Gespräche, das den hohen wissenschaftlichen und interdisziplinären Anspruch unserer Tagung widerspiegelt, gilt ein besonderer Dank. Sie alle haben wesentlich daran mitgewirkt, unser diesjähriges Thema so zu beleuchten, dass möglichst viele Facetten angesprochen und hier in diesem Rahmen zur Diskussion gestellt werden können. Ich wünsche nun den 59. Essener Gesprächen einen guten Verlauf und übergebe an *Prof. Dr. Uhle*.

Prof. Dr. iur. Arnd Uhle

Einführung in die Tagung

Die Erörterung des kirchlichen und staatlichen Strafrechts markiert in der nunmehr nahezu sechzigjährigen Geschichte der *Essener Gespräche zum Thema Staat und Kirche* ein Novum: Auch wenn einzelne Aspekte mit strafrechtlichem Bezug bereits in der Vergangenheit bei der Untersuchung spezifischer staatskirchenrechtlicher Themenfelder erwogen und gewogen, ausgetauscht und diskutiert worden sind, hat sich doch keine der bisherigen Tagungen dem Strafrecht als solchem – seinen historischen Bezügen, seinen Anwendungsfeldern im kirchlichen und staatlichen Bereich, seinen Möglichkeiten und Grenzen, dem hier vorzufindenden Verhältnis von kirchlichem und staatlichem Recht – zugewandt.

Man wird nicht fehlgehen, die Ursachen dafür u. a. darin zu sehen, dass das kirchliche Straf- und Sanktionsrecht sowie dessen Verhältnis zum staatlichen Strafrecht in der öffentlichen Wahrnehmung über einen langen Zeitraum hinweg ein Schattendasein gefristet hat. Das indes hat sich fundamental geändert. Exemplarisch hierfür stehen prominent gewordene Einzelverfahren wie etwa die vor rund einem Jahrzehnt von der deutschen Öffentlichkeit intensiv verfolgte staatsanwaltschaftliche Ablehnung der Aufnahme eines Ermittlungsverfahrens wegen Untreue gegen den emeritierten Bischof von Limburg[1] oder auch die am 16. Dezember 2023 erfolgte erstmalige Verurteilung eines Kardinals durch den Gerichtshof der Vatikanstadt, u. a. wegen Veruntreuung im Zusammenhang mit Immobiliengeschäften.[2] Vor allem aber hat das Thema der sexualisierten Gewalt in den Kirchen, das für die katholische Seite in der MHG-Studie vom 13. August 2018[3] und für die evangelische Seite in der ForuM-Studie vom 25. Januar 2024 in sei-

1 Dazu Presseinformation der Staatsanwaltschaft Limburg a. d. Lahn vom 2.7.2014, abrufbar unter https://bistumlimburg.de/fileadmin/redaktion/Portal/Meldungen/2014/Causa_TVE/Presseerklaerung_der_Staatsanwaltschaft.pdf (zuletzt aufgerufen am 1.7.2024); siehe auch den Beitrag von *Alexander Ignor* in diesem Band, S. 108 ff.

2 Siehe hierzu https://press.vatican.va/content/salastampa/it/bollettino/pubblico/2023/12/16/0896/01958.html (zuletzt aufgerufen am 1.7.2024); dazu *Thomas Jansen*, Seine Eminenz soll ins Gefängnis, FAZ vom 17.12.2023, abrufbar unter https://www.faz.net/aktuell/politik/kardinal-im-vatikan-verurteilt-becciu-muss-ins-gefaengnis-19391395.html (zuletzt aufgerufen am 1.7.2024).

3 Der offizielle Titel der Studie lautet „Sexueller Missbrauch an Minderjährigen durch katholische Priester, Diakone und männliche Ordensangehörige im Bereich der Deutschen Bischofskonferenz“; der Abschlussbericht ist abrufbar unter https://www.dbk.de/fileadmin/redaktion/diverse_downloads/dossiers_2018/MHG-Studie-gesamt.pdf (zuletzt aufgerufen am 1.7.2024).

nen erschütternden Details beleuchtet worden ist,[4] Fragen des kirchlichen Strafrechts mit neuer Aktualität erfüllt und auch die kirchlichen Gesetzgeber auf den Plan gerufen.

Nähert man sich dem kirchlichen Strafrecht vor diesem Hintergrund an, wächst zunächst ein Bewusstsein dafür, dass sich die kirchlichen Rechtsordnungen – das kanonische Recht einerseits, das evangelische Kirchenrecht andererseits – insofern markant voneinander unterscheiden.

Die katholische Kirche verfügt traditionell über ein voll ausgebautes kirchliches Strafrecht.[5] Dieses wurde im CIC von 1917 in Form einer Kodifikation zusammengefasst und neu geordnet, durch den CIC von 1983 – der ihm als eigenen Abschnitt das VI. Buch widmet (cc. 1311–1399) – gestrafft und reformiert sowie durch die vom 23. Mai 2021 stammende Apostolische Konstitution *Pascite gregem Dei* durch Papst *Franziskus* erneuert.[6] Es kennt einerseits namentlich „Besserungs-" bzw. „Beugestrafen" wie etwa die Exkommunikation, andererseits auch „Sühnestrafen"

[4] Studie des Forschungsverbundes ForuM – Forschung zur Aufarbeitung von sexualisierter Gewalt und anderen Missbrauchsformen in der Evangelischen Kirche und Diakonie in Deutschland; der Abschlussbericht ist abrufbar unter https://www.forum-studie.de/wp-content/uploads/2024/02/Abschlussbericht_ForuM_21-02-2024.pdf (zuletzt aufgerufen am 1.7.2024).

[5] Der CIC bezeichnet es in c. 1311 § 1 als „das angeborene und eigene Recht der Kirche, Gläubige, die Straftaten begangen haben, durch Strafmittel zurechtzuweisen." Dieses wird daher aus eigener kirchlicher Gewalt und nicht etwa stellvertretend für, verliehen durch oder delegiert durch die Staatsgewalt ausgeübt; siehe dazu *Thomas Meckel*, Das angeborene Recht der Kirche, zu strafen, in: Thomas Meckel/Matthias Pulte (Hrsg.), Das neue kirchliche Strafrecht zwischen Kontinuität und Diskontinuität, 2023, S. 13ff. (19f.); vgl. ferner *Klaus Lüdicke*, in: Klaus Lüdicke (Hrsg.), MKCIC, Stand der 63. Erg.-Lfg. (November 2023), c. 1311 Rn. 4. C. 1311 CIC benennt als Zweck des kirchlichen Strafrechts zunächst die (positive) Spezialprävention, wenn er formuliert, straffällig gewordene Gläubige seien zum Zwecke ihrer Besserung durch Strafmittel zurechtzuweisen. Daneben dienen die Strafbestimmungen indes auch der (positiven) Generalprävention; insofern zielen sie auch auf die Bewahrung der kirchlichen Rechtsgemeinschaft ab. Siehe dazu *Frank Czerner*, (Neu-)Justierung und -Auslegung der Strafzwecke im Corpus Iuris Canonici aufgrund der apostolischen Konstitution Pascite gregem Dei (Cann. 1311 § 2ff., 1752, 16-18, 1399 CIC), 2023, S. 70. Grundlegend zum kanonischen Strafrecht *Wilhelm Rees*, Grundfragen des kirchlichen Strafrechts, in: Stephan Haering/Wilhelm Rees/Heribert Schmitz (Hrsg.), HKKR, 3. Aufl. 2015, § 105. – Zur biblischen Fundierung des Strafanspruchs der katholischen Kirche vgl. Mt 18, 15-18; 1 Thess 5, 14; Gal 6, 1; Röm 15, 14 a.E.

[6] Deutsche Übersetzung der Konstitution abrufbar unter https://www.vatican.va/content/francesco/de/apost_constitutions/documents/papa-francesco_costituzione-ap_20210523_pascite-gregem-dei.html (zuletzt aufgerufen am 1.7.2024).

wie etwa Geldstrafen oder Amtsausführungsverbote.[7] Mit entsprechenden Strafen können alle in der katholischen Kirche getauften oder in sie aufgenommenen Gläubigen belegt werden. Daneben unterliegen Kleriker oder Laien, die im besonderen Dienste der Kirche stehen, auch dem Disziplinarrecht.[8] Allerdings enthält der CIC bis heute keine formelle Trennung von Straf- und Disziplinarmaßnahmen.[9]

Mit der Reform von 2021 wurde dem bisherigen c. 1311 CIC ein neuer § 2 angefügt, der als Strafzwecke „die Wiederherstellung der Gerechtigkeit, die Besserung des Täters und die Beseitigung des Ärgernisses" benennt.[10] Hiermit wurde die Trias, die vor der Reform bereits c. 1341 CIC a. F. in anderer Reihenfolge kannte, an den Anfang des kirchlichen Strafrechts gestellt[11] und dem kanonischen Strafrecht ein zuvörderst die Gläubigen und die kirchliche Gemeinschaft schützender Strafzweck vorangestellt.[12] Überdies wurden zur Erhöhung der Rechtssicherheit zahlreiche Ermessensvorschriften von „Kann-" in „Soll-Bestimmungen" umgewandelt.[13] Diese Neuerungen sind unterschiedlich bewertet worden.[14] So ist einerseits vorgebracht worden, dass eine Reihe von Änderungen weiterhin ausstehe, was etwa mit Blick auf sexualisierte Gewalt gegen Erwachsene gelte, die weiterhin nicht in allen Fällen als Verstoß gegen die sexuelle Selbstbestimmung kategorisiert werde.[15] Andererseits ist die Reform auch als „Initialzündung zu einem Paradigmenwechsel" im Sinne einer verstärkt opferschützenden Ausrichtung des CIC begrüßt worden: Die damit verbundene Priorisierung des Schutzes

[7] Siehe dazu c. 1312 § 1, n. 1 und 2 CIC sowie cc. 1331 ff. einerseits und cc. 1336 ff. andererseits. Aus dem Schrifttum dazu *Heinrich de Wall/Stefan Muckel*, Kirchenrecht. Ein Studienbuch, 6. Aufl. 2022, § 22 Rn. 7, 9.

[8] *Rees*, Grundfragen (Fn. 5), S. 1579 f.; *Heribert Hallermann*, Strafrecht – Katholisch, in: Heribert Hallermann/Thomas Meckel/Michael Droege/Heinrich de Wall (Hrsg.), LKRR IV, 2021, S. 298 ff. (299); ferner *de Wall/Muckel*, Kirchenrecht (Fn. 7), § 22 Rn. 2 m. Fn. 1054.

[9] *Georg Bier*, Mangelnde Sensibilität. Das neue kirchliche Strafrecht, HK 1/2022, S. 39 ff. (42); siehe dazu auch den Beitrag von *Sabine Konrad* in diesem Band, S. 36 ff.

[10] *Rüdiger Althaus*, Das neue kirchliche Strafrecht – Streiflichter, ThGl 2021, S. 205 ff. (209); *Czerner*, (Neu-)Justierung (Fn. 5), S. 71.

[11] *Althaus*, Das neue kirchliche Strafrecht (Fn. 10), S. 209; *Czerner*, (Neu-)Justierung (Fn. 5), S. 159.

[12] So *Czerner*, (Neu-)Justierung (Fn. 5), S. 159.

[13] Vgl. *de Wall/Muckel*, Kirchenrecht (Fn. 7), § 22 Rn. 5; *Markus Graulich*, Auf dem Weg zum neuen kirchlichen Strafrecht – Einblicke in die Redaktionsgeschichte, in: Meckel/Pulte, Das neue kirchliche Strafrecht (Fn. 5), S. 29 ff. (33).

[14] Vgl. dazu auch *Graulich*, Strafrecht (Fn. 13), S. 37 f.

[15] So etwa *Bier*, Mangelnde Sensibilität (Fn. 9), S. 42, der zudem beklagt, es fehle weiterhin an einem klaren ekklesiologischen Konzept; in diese Richtung wohl auch *Althaus*, Das neue kirchliche Strafrecht (Fn. 10), S. 211.

der Opfer gegenüber dem Schutz der Institution der Kirche sei in der Lage, das kirchliche Ansehen zu stärken.[16]

Anders als das kanonische Recht besitzt das evangelische Kirchenrecht kein eigenes Strafrecht, da ein solches als unvereinbar mit dem evangelischen Bekenntnis angesehen wird. Das evangelische Kirchenrecht kennt indes unterschiedliche Sanktionsregelungen. Sieht man von der praktisch kaum bedeutsamen Kirchenzucht gegen Kirchenmitglieder ab,[17] enthält es vor allem das kirchliche Disziplinarrecht,[18] das im Falle von Amtspflichtverletzungen bei Pfarrern, Kirchenbeamten und anderen Personen, die in einem öffentlich-rechtlichen Dienst- und Treueverhältnis zu einem kirchlichen Dienstherrn stehen, zur Anwendung gelangt.[19] Für alle Kirchen der EKD ist es einheitlich im Disziplinargesetz der EKD geregelt.[20] Dieses sieht verschiedene Arten von Disziplinarmaßnahmen vor, die von einem Verweis über Geldbußen, die Kürzung der Bezüge, verschiedene Formen der Amtsenthebung bis zum Entzug der Rechte aus der Ordination und zur Entfernung aus dem Kirchendienst reichen können.[21] Ebenso regelt es im Einzelnen sowohl das behördliche als auch das gerichtliche Disziplinarverfahren.[22]

Die 13. Synode der EKD hat im November 2022 die Fälle sexualisierter Gewalt zum Anlass genommen, Reformen im Disziplinarrecht in die Wege zu leiten,[23] über die im November 2024 Beschluss gefasst werden soll.[24] Ungeachtet dessen leisten die Dienststellen und Kirchen-

[16] *Czerner,* (Neu-)Justierung (Fn. 5), S. 147f., 156f., 159 (dort auch das Zitat).

[17] *Heinrich de Wall/Michael Germann,* Grundfragen des evangelischen Kirchenrechts, in: Hans U. Anke/Heinrich de Wall/Hans M. Heinig (Hrsg.), HdbevKR, 2016, § 1 Rn. 3; vgl. ferner *Wilhelm Rees,* Die Strafgewalt der Kirche. Das geltende kirchliche Strafrecht – dargestellt auf der Grundlage seiner Entwicklungsgeschichte, 1993, S. 79.

[18] *Heinrich de Wall,* Pfarrer und Kirchenbeamte, in: HdbevKR (Fn. 17), § 6 Rn. 76 ff; zur Rechtslage vor Erlass des DG.EKD *Ernst-Lüder Solte,* Gerichtsbarkeit, kirchliche, in: Werner Heun/Martin Honecker/Martin Morlok/Joachim Wieland (Hrsg.), EvStL, Neuausgabe 2006, Sp. 748ff. (752f.).

[19] *Solte,* Gerichtsbarkeit (Fn. 18), Sp. 752; siehe auch den Beitrag von *Christoph Thiele* in diesem Band, S. 61ff.; vgl. ferner *Rees,* Strafgewalt der Kirche (Fn. 17), S. 79.

[20] Dieses gilt gegenwärtig in der Fassung seiner Neubekanntmachung vom 15. Januar 2021, ABl. EKD 2021, S. 2, zuletzt geändert durch das Kirchengesetz vom 9. November 2022, Abl. EKD 2022, S. 157.

[21] Siehe hierzu § 9 DG.EKD.

[22] Siehe zu Ersterem §§ 24ff., zu Letzterem §§ 47ff. DG.EKD.

[23] Vgl. die Beschlüsse der EKD-Synode zum Schutz vor sexualisierter Gewalt, abrufbar unter https://www.ekd.de/beschlusse-zum-schutz-vor-sexualisierter-gewalt-76273.htm (zuletzt aufgerufen am 1.7.2024).

[24] Siehe dazu *Corinna Buschow/Franziska Hein,* EKD: Änderungen bei Pfarrer-Disziplinarrecht, evangelisch.de vom 2.3.2024, abrufbar unter https://www.evangelisch.de/inhalte/227668/02-03-2024/sexueller-missbrauch-ekd-aenderungen-bei-pfarrer-disziplinarrecht (zuletzt aufgerufen am 1.7.2024).

gerichte der EKD, der Gliedkirchen und gliedkirchlichen Zusammenschlüsse bereits heute nicht nur einander Amts- und Rechtshilfe, sondern kooperieren ausweislich des Disziplinargesetzes der EKD auch mit den staatlichen Strafverfolgungsbehörden.[25] Sie können diese im Falle des Verdachts einer Straftat informieren und ihnen insbesondere die in einem Disziplinarverfahren angelegten und beigezogenen Akten zur Verfügung stellen.[26]

Aktuelle, das Verhältnis von Staat und Kirche berührende Fragen stellen sich indes nicht nur mit Blick auf das kirchliche, sondern auch auf das staatliche Strafrecht. Das belegen insbesondere Fälle religiös motivierten zivilen Ungehorsams, wie exemplarisch das sog. Kirchenasyl, also die Unterbringung ausreisepflichtiger Nichtdeutscher in kirchlichen Räumlichkeiten, zeigt.[27] An diesem wird kritisiert, dass es trotz einer bestehenden Vereinbarung zwischen Staat und Kirchen[28] außerhalb der Rechtsordnung stehe und rechtlich weder durch das kirchliche Selbstbestimmungsrecht i. S. d. Art. 140 GG i. V. m. Art. 137 Abs. 3 S. 1 WRV noch durch die Religionsfreiheit i. S. d. Art. 4 Abs. 1 und 2 GG und auch nicht als „ziviler Ungehorsam" zu rechtfertigen sei.[29] Gleich-

[25] Siehe hierzu § 6 Abs. 1 S. 1 und 2 DG.EKD.

[26] § 6 Abs. 1 S. 3 DG.EKD.

[27] Aus dem Schrifttum wie hier ablehnend gegenüber dem Kirchenasyl etwa *Friedemann Larsen*, Kirchenasyl und Verfassungsstaat, ZAR 2017, S. 121 ff. (121) m. w. N.; *Jonas Botta*, Das Kirchenasyl als rechtsfreier Raum? Zum Rechtsschutzbedürfnis von Kirchenasylflüchtigen, ZAR 2017, S. 434 ff.; bestärkend hingegen *Max-Emanuel Geis*, Kirchenasyl im demokratischen Rechtsstaat, JZ 1997, S. 60 ff. – Siehe dazu auch den Beitrag von *Martin Heger* in diesem Band, S. 125 ff.

[28] Die entsprechende Vereinbarung zwischen dem Bundesamt für Migration und Flüchtlinge und den Kirchen von 2015 ist abrufbar unter https://asyl-bc.de/application/files/7214/3714/1500/20150717_Kirchenasyl.pdf (zuletzt aufgerufen am 1.7.2024); dazu eingehend *Simon Bohm*, Kirchenasyl unter der BAMF-Kirchen-Vereinbarung. Zur Verrechtlichung des Kirchenasyls in Folge der Flüchtlingskrise, 2021. Kritisch zur Umsetzung dieser Vereinbarung in der Praxis *Thomas de Maizière*; vgl. dazu „Minister kritisiert Kirchenasyl", sueddeutsche.de vom 11.12.2017, abrufbar unter https://www.sueddeutsche.de/politik/fluechtlinge-minister-kritisiert-kirchenasyl-1.3787626 (zuletzt aufgerufen am 1.7.2024).

[29] So im Ergebnis *Rolf-Oliver Schwemer*, Staatlich anerkanntes Kirchenasyl. Systemfremd in unserer rechtsstaatlichen Ordnung, ZRP 2017, S. 125 f.; *Larsen*, Kirchenasyl (Fn. 27), S. 122 ff.; *Peter Unruh*, Religionsverfassungsrecht, 5. Aufl. 2024, Rn. 132; 168; *Dirk Ehlers*, in: Michael Sachs (Hrsg.), Grundgesetz, 9. Aufl. 2021, Art. 137 WRV Rn. 7; *Michael Morlok*, in: Horst Dreier (Hrsg.), Grundgesetz-Kommentar, Bd. 3, 3. Aufl. 2018, Art. 137 WRV Rn. 52; *Udo di Fabio*, in: Günter Dürig/Roman Herzog/Rupert Scholz (Hrsg.), Grundgesetz Kommentar, Stand der 103. Erg.-Lfg. (Januar 2024), Art. 4 Rn. 98; *Arnd Uhle*, in: Klaus Stern/Helge Sodan/Markus Möstl, Das Staatsrecht der Bundesrepublik Deutschland im europäischen Staatenverbund, 2. Aufl. 2022, Bd. I, § 29 Rn. 54 a. E.; vgl. auch *Ingo v. Münch*, „Kirchenasyl": ehrenwert, aber kein Recht, NJW 1995, S. 565 f.; *Gerhard Robbers*, Kirchliches Asylrecht?, AöR 113 (1988), S. 30 ff. (43 ff.).

wohl berufen sich die Kirchen auf das, was ihrer Ansicht nach, so wörtlich, „theologisch und ethisch geboten ist".[30]

Jenseits der strafrechtlichen Behandlung religiös motivierten zivilen Ungehorsams steht das staatliche Strafrecht mit Blick auf das Verhältnis von Staat und Kirche auch dort vor Herausforderungen, wo es Straftaten betrifft, die dem Schutz von Religion und Weltanschauung dienen. Bei diesen lässt sich zwischen Strafvorschriften unterscheiden, die unmittelbar den Schutz der Kirchen und Religionen intendieren, sowie solchen, die einen derartigen Schutz lediglich mittelbar bezwecken: Als Straftatbestände mit unmittelbarer Schutzwirkung gelten hierbei solche, bei denen der tatbestandlich erfasste Angriff ohne Vermittlung durch einen Angriff auf Tatobjekte das geschützte Rechtsgut – wie namentlich im Falle von §§ 166f. StGB – direkt beeinträchtigt oder er zumindest dazu geeignet ist; demgegenüber werden als Straftatbestände mit mittelbarer Schutzfunktion jene Normen erfasst, bei denen, wie dies etwa bei § 306a Abs. 1 Nr. 2 StGB oder § 243 Abs. 1 S. 2 Nr. 4 StGB der Fall ist, ein tatbestandlicher Bezug zu Religion und Kirche unrechtsbegründend oder unrechtssteigernd wirkt, zumindest aber die Strafzumessungsschuld steigert.[31] Insbesondere bei den Straftatbeständen mit unmittelbarer Schutzwirkung und hier wiederum namentlich bei § 166 StGB, dem Verbot der Bekenntnisbeschimpfung, zeigt eine Untersuchung aktueller Anwendungsfälle gegenwärtig nicht unerhebliche Unsicherheiten. Diese führen zu der Frage, in welchem

[30] *Kirchenamt der Evangelischen Kirche in Deutschland/Sekretariat der Deutschen Bischofskonferenz/Arbeitsgemeinschaft Christlicher Kirchen in Deutschland* (Hrsg.), „... und der Fremdling, der in deinen Toren ist". Gemeinsames Wort der Kirchen zu den Herausforderungen durch Migration und Flucht, 1997, S. 56, abrufbar unter https://www.dbk-shop.de/media/files_public/e499ff6713e16376e914ebfcf6249352/DBK_612.pdf (zuletzt aufgerufen am 1.7.2024); die „Ökumenische Bundesarbeitsgemeinschaft Asyl in der Kirche" begründet ihr Handeln ferner mit der Gottesebenbildlichkeit auch von Menschen in Not, vgl. dazu https://kirchenasyl.de/wp-content/uploads/2013/12/Charta-deutsch.pdf (zuletzt aufgerufen am 1.7.2024).

[31] Die hiesige Definition folgt *Henning Radtke*, Der Schutz von Religion und Kirchen im Strafrecht, in: Dietrich Pirson/Wolfgang Rüfner/Michael Germann/Stefan Muckel (Hrsg.), HSKR III, 3. Aufl. 2020, § 75 Rn. 7; vgl. ferner *Albin Eser*, Schutz von Religion und Kirchen im Strafrecht und im Verfahrensrecht, in: Joseph Listl/Dietrich Pirson (Hrsg.), HSKR II, 2. Aufl. 1995, § 71, S. 1019ff. (1019ff.). – Daneben finden sich auch im Strafprozessrecht wichtige Schutznormen namentlich für das kirchliche Beicht- und Seelsorgegeheimnis. Das gilt exemplarisch für das Zeugnisverweigerungsrecht für Geistliche i.S.d. § 53 Abs. 1 Nr. 1 StPO, für das hieran anknüpfende Beschlagnahmeverbot des § 97 Abs. 1 – 3 StPO oder für Beweisverbote bei verdeckten strafprozessualen Ermittlungsmaßnahmen i.S.d. § 100d Abs. 5 StPO, die das Zeugnisverweigerungsrecht für Geistliche sichern. Hierzu *Henning Radtke*, Der Schutz des Beicht- und Seelsorgegeheimnisses, a.a.O., § 76 Rn. 2.

Bereich religiös konnotierter gesellschaftlicher Konflikte der Einsatz des Strafrechts verfassungsrechtlich zu rechtfertigen und verfassungspolitisch zu empfehlen ist.[32]

Das vorstehend angesprochene Gesamttableau gegenwärtig bestehender Herausforderungen bildete den Anlass, die *59. Essener Gespräche zum Thema Staat und Kirche* dem kirchlichen und staatlichen Strafrecht zu widmen. Hierbei suchte die Tagung in ihrem ersten Teil eine Annäherung an das kirchliche und staatliche Strafrecht aus historischer Perspektive. In ihrem zweiten Teil behandelte sie zunächst die Möglichkeiten und Grenzen des geltenden kirchlichen Strafrechts – zunächst aus der Perspektive des kanonischen Rechts, sodann aus der Perspektive des evangelischen Kirchenrechts. Auf der Basis dieser kirchenrechtlichen Grundlegung erörterte sie hernach speziell den sexuellen Missbrauch als Bewährungsprobe für das kirchliche Straf- und Sanktionsrecht. Hiervon ausgehend wandte sie sich in ihrem dritten Teil dem Verhältnis von kirchlichem und staatlichem Strafrecht zu. Im Anschluss richtete sie den Blick in ihrem letzten Teil schließlich auf das staatliche Strafrecht. Im Zentrum stand hierbei zunächst eine Analyse der strafrechtlichen Relevanz religiös motivierten zivilen Ungehorsams. Ihr folgte zum Abschluss eine Untersuchung aktueller Fragen beim Schutz von Religion und Religionsgemeinschaften durch das staatliche Strafrecht.

[32] Siehe dazu den Beitrag von *Barbara Rox* in diesem Band, S. 142 ff.

Prof. Dr. iur. Stephan Dusil

Verflechtungen kirchlichen und staatlichen Strafrechts aus historischer Perspektive

I. Einführung

Es zählt wohl zu den anthropologischen Konstanten, dass jede menschliche Gemeinschaft auf Normübertretungen reagiert, vielleicht sogar reagieren muss. So kannte auch die frühe christliche Gemeinschaft – trotz Liebesgebot – das Verfahren der *correctio fraterna*: zunächst das freundliche Gespräch unter vier Augen, dann die Ermahnung mit zwei oder drei Zeugen und schließlich die Zurechtweisung durch die ganze Gemeinde. Der auch dieser öffentlichen Zurechtweisung Widerstehende sollte wie ein Heide oder Zöllner betrachtet werden, also aus der Gemeinschaft ausgeschlossen sein (Mt 18, 15–18). Insofern deuten sich schon im Neuen Testament strafähnliche Maßnahmen einer Gemeinschaft im Anschluss an ein gerichtsartiges Verfahren an, möglicherweise sogar die Exkommunikation selbst.[1] Reaktionen auf Normübertretungen sind also der christlichen Gemeinschaft seit Anbeginn vertraut. Aber auch die weltliche Gemeinschaft reagierte auf Fehlverhalten des Einzelnen – das zu der *correctio fraterna* zeitgleiche, teils grausame Strafrecht des römischen Staats legt Zeugnis davon ab.

Diesen Reaktionen einer Gemeinschaft auf Normübertretungen gehen die vorliegenden Beobachtungen aus historischer Perspektive

[1] Siehe *Wilhelm Rees*, Grundfragen des kirchlichen Strafrechts, in: Stephan Haering/Wilhelm Rees/Heribert Schmitz (Hrsg.), HKKR, 3. Aufl. 2015, § 105 S. 1569ff. (1570f.). Weitere Stellen im Neuen Testament, die als Ausschluss aus der Gemeinschaft verstanden werden können, sind bspw. 1 Kor 5, 1–11; 1 Kor 11, 27–30; 2 Kor 2, 5–11; 2 Thess 3, 14. Zur Exkommunikation siehe auch den Beitrag von *Sabine Konrad* in diesem Band, S. 36ff.

nach. Doch steht die historische Annäherung an weltliches und kirchliches Strafrecht vor einem dreifachen *caveat*. Erstens stellt sich ein Zeit- und Umfangproblem: Eine Beschäftigung mit weltlichen und kirchlichen Entwicklungen über 2000 Jahre im Rahmen eines kürzeren Beitrags käme einem Schnelldurchgang gleich, der jedoch weder zumutbar noch ertragreich wäre. Zweitens sind die zentralen Begriffe des Beitrags, nämlich kirchliches wie weltliches Recht bzw. „Kirche“ und „Staat“ komplexe und vielschichtige Begriffe, deren Verwendung leicht in Anachronismus-Verdacht gerät;[2] aber auch „Buße“ und „Strafe“ (ersteres auf Umkehr und Sühne gerichtet, letzteres auf Vergeltung) lassen sich auf die hier betrachtete Zeit des Mittelalters nicht ohne Probleme applizieren, denn der Unterschied zwischen *peccatum* und *crimen* bildete sich erst um 1200 heraus.[3]

Eine dritte Schwierigkeit stellt die Perspektive dar, mit der eine Strafrechtsrechtsgeschichte erzählt werden könnte; derzeit werden wohl drei Narrative des Verhältnisses von kirchlichem und weltlichem Recht aus historischer Sicht verhandelt. Das erste Narrativ ist mit dem Namen von *Harold J. Berman* verbunden, der den Ursprung des modernen Rechts in den Revolutionen des Hochmittelalters sah.[4] Eine „papal revolution“ zur Zeit der Gregorianischen Reform in der zweiten Hälfte des 12. Jahrhunderts habe das Kirchenrecht – bis in die Gegenwart – geprägt; eine „commercial revolution“ die Entstehung eines ausdifferenzierten Handelsrechts angeregt, das die Rechtsordnung bis heute prägt. Insofern betont *Berman* die Jahrzehnte um 1100 als Wendezeit, deren Wirkungen bis in die Gegenwart ausstrahlen: „Ein Ziel der vorliegenden Untersuchung [seines Buchs – Anmerkung des Verfassers] ist, zu zeigen, daß im Westen die moderne Zeit – und zwar nicht nur die modernen Rechtsinstitutionen und -werte, sondern auch der moderne Staat, die moderne Kirche, die moderne Philosophie, die moderne

2 Vgl. nur die Überlegungen von *Stephan Dusil*, Reichskirche im Mittelalter, in: Albrecht Cordes/Hans-Peter Haferkamp/Bernd Kannowski/Heiner Lück u. a. (Hrsg.), HRG IV (31. Lfg.), 2. Auflage 2024, Sp. 1589 ff. Wenn im Folgenden dennoch von „weltlichem“ bzw. „staatlichem“ und „kirchlichem“ Recht gesprochen wird, dann sind terminologische Probleme in Kauf genommen, um die Perspektive der Ver- und Entflechtung stärker zu beleuchten.

3 Gerade im Frühmittelalter lassen sich „Buße“ und „Strafe“ nur schwer abgrenzen; zur langsamen Ausdifferenzierung von *crimen* und *peccatum* siehe *René Pahud de Mortanges*, Zwischen Vergebung und Vergeltung. Eine Analyse des kirchlichen Straf- und Disziplinarrechts, 1992, S. 25 ff.

4 *Harold J. Berman*, Recht und Revolution. Die Bildung der westlichen Rechtstraditionen, 1995 (Original: Law and Revolution. The Formation of the Western Legal Tradition, 1983). Zu seinem vieldiskutierten Ansatz siehe beispielsweise aus rechtshistorischer Perspektive die Diskussion in der Zeitschrift Rechtsgeschichte. Legal History 2013, S. 156 ff. mit Interventionen verschiedener Autoren.

Universität, die moderne Literatur und vieles andere Moderne – ihren Ursprung in der Zeit zwischen 1050 und 1150 haben *und nicht früher*."[5]

Eng verbunden mit diesem Ansatz der Kontinuität ist die Grundannahme, dass kirchliches Rechtsdenken überhaupt Einfluss auf das moderne Recht wie auch den modernen Staat ausgeübt hat. Möchte man der hochmittelalterlichen Kirche einen Entwicklungsvorsprung im Bereich der Rechtsprechung, Normgebung sowie der Verwaltung zusprechen, ihr gar eine proto- oder quasi-staatliche Verfassung bescheinigen, so scheint der weltliche Staat – zugespitzt – nur als säkulare Kopie der Kirche. Die beachtenswerte, inzwischen auf sechs Bände angewachsene Reihe „Der Einfluss der Kanonistik auf die europäische Rechtskultur" steht beispielhaft für diese Forschungstradition, will sie doch die über lange Zeit unbeachteten Fußstapfen zeigen, die das kanonische Recht im Öffentlichen Recht, im Straf- und Zivilrecht, aber auch im Wirtschafts- und Völkerrecht hinterlassen hat.[6] In diesem Kontext wurde auch die Frage nach einer „christlichen Imprägnierung" des aktuellen staatlichen Rechts aufgeworfen,[7] und, noch deutlicher, den Einflüssen des kirchlichen Strafrechts auf das weltliche nachgespürt: Ob die weltliche Strafrechtswissenschaft gleichsam als „säkularisierte Theologie" zu begreifen sei, und ob die Theologie „Hebammendienste [...] für die westliche Strafrechtswissenschaft" geleistet habe, waren Fragen, die von der Grundannahme einer Kontinuität und Beeinflussung ausgingen.[8]

5 *Berman*, Recht und Revolution (Fn. 4), S. 19 (Hervorhebung im Original).

6 Diese Perspektivbildung liegt der folgenden Reihe zugrunde: *Orazio Condorelli/Franck Roumy/Mathias Schmoeckel* (Hrsg.), Der Einfluss der Kanonistik auf die europäische Rechtskultur, Bd. 1: Zivil- und Zivilprozessrecht, 2009; *dies.* (Hrsg.), Der Einfluss der Kanonistik auf die europäische Rechtskultur, Bd. 2: Öffentliches Recht, 2011; *dies.* (Hrsg.), Der Einfluss der Kanonistik auf die europäische Rechtskultur, Bd. 3: Straf- und Strafprozessrecht, 2012; *Yves Mausen/Orazio Condorelli/Franck Roumy/Mathias Schmoeckel* (Hrsg.), Der Einfluss der Kanonistik auf die europäische Rechtskultur, Bd. 4: Prozessrecht, 2014; *David von Mayenburg/Orazio Condorelli/Franck Roumy/Mathias Schmoeckel* (Hrsg.), Der Einfluss der Kanonistik auf die europäische Rechtskultur, Bd. 5: Das Recht der Wirtschaft, 2016; *Orazio Condorelli/Franck Roumy/Mathias Schmoeckel* (Hrsg.), Der Einfluss der Kanonistik auf die europäische Rechtskultur, Bd. 6: Völkerrecht, 2020.

7 *Joachim Rückert*, Christliche Imprägnierung des BGB?, in: Horts Dreier/Eric Hilgendorf (Hrsg.), Kulturelle Identität als Grund und Grenze des Rechts. Akten der Tagung der Internationalen Vereinigung für Rechts- und Sozialphilosophie vom 28.–30. September 2006 in Würzburg, 2008, S. 263ff.; *Thomas Gutmann*, Christliche Imprägnierung des Strafgesetzbuchs? Zum Stand der Säkularisierung der Normenbegründung im liberalen Rechtsstaat, a.a.O., S. 295ff.

8 Zitate bei *Gutmann*, Christliche Imprägnierung (Fn. 7), S. 295 und S. 300, der eine Säkularisierung des Strafrechts erst ab 1871 festmachen kann.

Gleichsam als theoretisches Gegenkonzept zur Kontinuität von Ideen und zur Vorstellung, dass christliche Ideen in der Neuzeit säkularisiert worden seien, steht ein zweites Narrativ, nämlich die Überzeugung der Eigenständigkeit der Neuzeit.[9] Insofern wurde auch von einer Disruption gesprochen, bei der ältere Konzepte gerade nicht säkularisiert und transformiert, sondern substituiert worden seien.[10] Als Beispiel dafür diente das weltliche Strafrecht Deutschlands ab dem ausgehenden 19. und vor allem im 20. Jahrhundert, das bis auf wenige Bereiche, die sich wie die Sterbehilfe durch Säkularisierungsresistenzen auszeichneten, ein säkularisiertes materielles Strafrecht sei, „das seine christlichen Wurzeln weitestgehend abgestreift hat".[11]

Als dritten Vorschlag, das Verhältnis von weltlichem und kirchlichem Recht zu bestimmen, wurde der systemtheoretische Ansatz in Anlehnung an *Niklas Luhmann* unterbreitet. Sowohl kirchliches wie auch weltliches Recht seien – in *Luhmann'scher* Diktion – autopoietische Systeme, die Anregungen und Anstöße von außen erhielten, sich aufgrund dieser Anregungen veränderten und sodann wieder stabilisierten. Insofern wurde vorgeschlagen, statt von „Transformation" – also der eingangs geschilderten Kontinuitäten – oder von „Substitution" – der sodann dargestellten Brüche – von „Irritation" zu sprechen. Diese „Irritationen" vermochten „die beteiligten Funktionssysteme nicht zu determinieren", aber dennoch zur Evolution anzuregen.[12]

Dieser Beitrag will indes keines der drei vorgestellten Narrative verfolgen. Erstens hängt es vom Quellenmaterial ab, das man zur Stützung der einen oder anderen Erzählung heranzieht – die Geschichte bietet genügend Belege für alle drei Erzählungen. Zweitens befände sich, so wurde unlängst konstatiert, die rechtshistorische Forschung sowieso in einer „period of post-narratives";[13] vor allem aber, drittens, liegt allen drei Narrativen die Grundannahme eines klar abgrenzbaren kirchlichen wie weltlichen Strafrechts zu Grunde. Insofern beruhen diese Erzählungen auf einer dualistischen Grundannahme, nämlich hier kirchliches, dort weltliches Strafrecht; zudem wohnt ihnen – jedenfalls ein Stück weit – ein genetisches Element inne: Das eine Recht setzt sich

9 Hierzu beispielhaft *Hans Blumenberg*, Die Legitimität der Neuzeit, 1966.

10 „Disruptives Moment" bei *Ansgar Hense*, Kanonistik und Strafrecht: Anmerkungen zu einer Verhältnisbestimmung mit Blick auf *Stephan Kuttners* Klassiker „Kanonistische Schuldlehre" (1935), in: Rainer Beckmann/Gunnar Duttge/ Klaus f. Gärditz/Christian Hillgruber/Thomas Windhöfel (Hrsg.), Gedächtnisschrift für Herbert Tröndle, 2019, S. 225 ff. (225).

11 *Gutmann*, Christliche Imprägnierung (Fn. 7), inbes. S. 303.

12 So der Ansatz von *Martin Schulte*, Recht und Religion. Zur Evolution von staatlichem und kirchlichem Recht, 2020, S. 141.

13 So *Andreas Thier*, Harold Berman's „Law and Revolution": A Necessary Challenge for Legal History Research, Rechtsgeschichte. Legal History 2013, S. 173 ff. (174).

in einem anderen fort; das eine beruht auf dem anderen oder orientiert sich jedenfalls an ihm. Den Überlegungen dieses Beitrags liegt ein Gegenmodell zugrunde, und zwar das der Verflechtungen (und Entflechtungen) kirchlichen wie staatlichen Strafrechts. Mit dem Begriff der Verflechtung sollen hier die Gemeinsamkeiten und Überschneidungen, die Übernahmen von Normen und Rechtsinstituten und Methoden, die gegenseitigen Beeinflussungen, also die vielen Kontakt-, Reibungs- und Interaktionszonen beider Strafrechtssysteme verstanden werden. Beide bildeten geradezu ein Knäuel, das nur schwer zu entwirren war. Erst nach und nach, im Laufe der Zeit, entflochten sich beide und differenzierten sich aus, ohne den Kontakt gänzlich aufzugeben.[14]

II. Verflechtungen, Entflechtungen?

Im zweiten Teil dieses Beitrags sollen einige rechtshistorische Schnitte, die gleichsam als Tiefenbohrungen zu verstehen sind, helfen, Verflechtungen und Entflechtungen im kirchlichen und weltlichen Strafrecht aufzuzeigen. Ausgewählte Beispiele aus den thematischen Bereichen Normgebung, gerichtlicher Prozess und Dogmatik sowie aus der Zeit des Früh- und Hochmittelalters können die Verflechtungen und Entflechtungen verdeutlichen.

1. Normbildungen im Frühmittelalter: Verflechtungen?

Das erste Beispiel führt zu den Normbildungen im Frühmittelalter. Wie sollte auf Totschlag reagiert werden? Der erste Text, der eine Antwort auf diese Frage gibt, stammt aus der *Lex Ribuaria*, einer Aufzeichnung von Regeln für die ribuarischen Franken, die im Kölner Raum lebten. Diese *Lex* entstand in der ersten Hälfte des 7. Jahrhunderts, vermutlich an dessen Beginn, und damit in merowingischer Zeit:[15]

14 Vgl. *Thomas Duve*, Entanglements in Legal History. Introductory Remarks, in: Thomas Duve (Hrsg.), Entanglements in Legal History: Conceptual Approaches, 2014, S. 3ff. (6ff.).

15 *Ruth Schmidt-Wiegand*, Lex Ribuaria, in: Reallexikon der Germanischen Altertumskunde, Bd. 18, 2001, S. 320ff.; *Heiner Lück*, Lex Ribuaria, in: Albrecht Cordes/Hans-Peter Haferkamp/Heiner Lück/Dieter Werkmüller u.a. (Hrsg.), HRG III, 2. Auflage 2016, Sp. 902ff.; *Thomas Faulkner*, Law and Authority in the Early Middle Ages. The Frankish Leges in the Carolingian Period, 2016, insbes. S. 16ff.

Lex Ribuaria[16]

„40 (36) De diversis interfectionibus
§ 1. Si quis Ribvarius advenam Francum interfecerit, ducentos solidos culpabilis iudicetur.
§ 2. Si quis Ribvarius advenam Burgundionem interfecerit, bis octoginta solid. multetur.
§ 3. Si quis Ribvarius advenam Romanum interfecerit, bis quinquagenos solid. multetur. [...]
§ 5. Si quis clericum ingenuum interfecerit, bis quinquagenos solid. culpabilis iudicetur.
§ 6. Si quis subdiaconum interfecerit, ducentenos solidus multetur.
§ 7. Si quis diaconum interfecerit, ter centenos solid. multetur.
§ 8. Si quis presbyterum ingenuum interfecerit, ter ducenos solid. multetur.
§ 9. Si quis episcopum interfecerit, ter tricentenus solid. multetur."

„Von verschiedenen Totschlägen[17]
1. Wenn ein Ribuarier einen zugewanderten Franken tötet, werde er wegen 200 Schillingen als schuldig erachtet.
2. Wenn ein Ribuarier einen zugewanderten Burgunden tötet, werde er mit zweimal 80 Schillingen bestraft.
3. Wenn ein Ribuarier einen zugewanderten Römer tötet, werde er mit zweimal 50 Schillingen bestraft. [...]
5. Wenn jemand einen freigeborenen Kleriker tötet, werde er wegen zweimal 50 Schillingen als schuldig erachtet.
6. Wenn jemand einen Subdiakon tötet, werde er wegen zweimal 100 Schillingen als schuldig erachtet.
7. Wenn jemand einen Diakon tötet, werde er mit dreimal 100 Schillingen bestraft.
8. Wenn jemand einen freigeborenen Priester tötet, werde er mit dreimal 200 Schillingen bestraft.
9. Wenn jemand einen Bischof tötet, werde er mit dreimal 300 Schillingen bestraft."

Der Ausschnitt aus der *Lex Ribuaria* behandelt das Thema des Totschlags. Er enthält eine offensichtliche Differenzierung nach Herkunft, also Stammeszugehörigkeit, wobei das Leben der Franken höher als das der zugewanderten Burgunder oder Römer gewichtet wurde. Der soziale Rang war dementsprechend für die Höhe des Ausgleichs entscheidend. Eine vergleichbare abgestufte Reaktion zeigt sich auch bei der

[16] Zitiert nach *Franz Beyerle/Rudolf Buchner*, Lex Ribvaria, 1954, S. 92ff.
[17] Übersetzung: *Karl Kroeschell*, Deutsche Rechtsgeschichte, Bd 1, 13. Auflage 2008, S. 44.

Tötung von Geistlichen, wobei die Majoristen insgesamt und insbesondere der Bischof deutlich höheren Schutz als die Minoristen genossen.

Nicht aus dieser Quelle, sondern nur aus ihrem Kontext ergibt sich, dass die Geldzahlungen keine festen „Tarife" für Normübertretungen bildeten, sondern Vorschläge waren, die von den Parteien den jeweiligen Verhandlungen mit der Gegenseite nach einem Totschlag zugrunde gelegt werden konnten. Es handelt sich hier Anfang des 7. Jahrhunderts also noch nicht um eine vom Richter festgelegte Strafsumme, sondern um eine – höchstens von Rechtskundigen moderierte – Kompensationszahlung des Täters an die Familie des Geschädigten. Daher wird dieses Geld auch als „manngeld", als „wergeld" bezeichnet.[18] Pointiert zusammengefasst: „Die B[uße] ist somit nicht als täterorientierte Strafe, sondern als opferorientierter Ausgleich einzuordnen; im Vordergrund stand die Wiedergutmachung der Tat, nicht das Einwirken auf den Täter."[19] Diese Kompensationszahlung zielte auf die Eindämmung der Fehde, die zuvor traditionelles Reaktionsinstrument auf Unrecht war. Insofern haben diese Kompensationszahlungen den friedlichen Ausgleich von Täter und Geschädigtem vor Augen.

Diese Bestimmung aus der *Lex Ribuaria* soll nun mit einem etwas jüngeren, aber noch immer frühmittelalterlichen Bußbuch kontrastiert werden. Diese Bußbücher sind ab dem 7. Jahrhundert auf dem Kontinent nachzuweisen und enthalten Vorschläge für den Beichtvater, welche Buße er dem Pönitenten auferlegen sollte.[20] Das folgende Exzerpt stammt aus dem *Paenitentiale additivum Ps.-Bedae-Egberti*, das wohl im 9. Jahrhundert in Nordostfrankreich entstanden ist. Es sieht auf Totschlag folgende Reaktion vor:

[18] Zum *Wergeld* jetzt der Band von *Lukas Bothe/Stefan Esders/Han Nijdam* (Hrsg.), Wergild, Compensation and Penance. The Monetary Logic of Early Medieval Conflict Resolution, 2021.

[19] *Eva Schumann*, Buße, in: Albrecht Cordes/Hans-Peter Haferkamp/Bernd Kannowski/Heiner Lück u.a. (Hrsg.), HRG I, 2. Auflage 2008, Sp. 789ff. (789). Siehe auch *Kroeschell*, Rechtsgeschichte (Fn. 17), S. 35ff.

[20] Zu Buße/Bußbüchern siehe einführend *Raymund Kottje*, Bußbücher. I. Definition; II. Lateinische Bußbücher, in: Lexikon des Mittelalters, Bd. II, 1983, Sp. 1118ff.; *Daniela Fruscione*, Bußbücher, in: HRG I (Fn. 19), Sp. 787f.; *Ludger Körntgen*, Kirchenbuße, in: Sebastian Brather/Wilhelm Heizmann/Steffen Patzold (Hrsg.), Germanische Altertumskunde Online. Kulturgeschichte bis ins Frühmittelalter – Archäologie, Geschichte, Philologie, 2010, abrufbar unter https://www.degruyter.com/database/GAO/entry/RGA_2956/html (zuletzt aufgerufen am 1.7.2024); *Herbert Kalb*, Bußbücher – Historisch, in: Heribert Hallermann/Thomas Meckel/Michael Droege/Heinrich de Wall (Hrsg.), LKRR I, 2019, S. 470f.; *Herbert Kalb*, Buße – Historisch, a.a.O., S. 471f.; *Rob Meens*, Penance in Medieval Europe. 600 – 1200, 2014.

Paenitentiale additivum Ps.-Bedae-Egberti[21]

„[De occisione]

1. *Qui hocciderit monachum aut clericum armo relinquat et deo serviat vel VII annos peniteat.*
2. *Qui laicum odii meditatione vel possidendi hereditatis eius annos IIII.*
3. *Qui pro vindicta fratris annum I et in sequentibus duobus III XLmas ac legitimas ferias.*
4. *Qui per iram subitam et rixam III annos.*
5. *Qui casu annum I.*
6. *Qui in bello publico dies XL.*
7. *Qui jubento domino suo, servus dies XL; qui liber jubente majore suo innocentem annum I et sequentes II XLmas et legitimas ferias."*

„[Von der Tötung][22]

1. *Wer einen Mönch oder Kleriker tötet, soll seine Waffen niederlegen und Gott dienen oder sieben Jahre Buße leisten.*
2. *Wer einen Laien [tötet] aus Hass oder um dessen Erbschaft zu besitzen, vier Jahre.*
3. *Wer um seinen Bruder zu rächen [tötet], ein Jahr und in den nachfolgenden zwei Jahren die drei Vierzig-Tage-Perioden und an den vorgesehenen Tagen.*
4. *Wer aufgrund plötzlichen Ärgers und im Streit [tötet], drei Jahre.*
5. *Wer zufällig [tötet], ein Jahr.*
6. *Wer in einem öffentlichen Krieg [tötet], vierzig Tage.*
7. *Wer auf Befehl seines Herrn [tötet], vierzig Tage, wenn er ein Unfreier ist; wer als Freier auf Befehl seines Höheren einen Unschuldigen [tötet], ein Jahr und die nachfolgenden zwei Jahre die Vierzig-Tage-Perioden und die vorgesehenen Tage."*

Wie können wir diese Quelle einordnen? Nach einer ersten Phase in der Frühzeit der Kirche, die sich durch einmalige, öffentliche Buße und Rekonziliation auszeichnete, setzte sich im Frühmittelalter die sog. Tarifbuße durch. Buße wie Bußleistung waren in der Regel geheim, zudem konnte das Bußverfahren mehrfach – und nicht nur einmal –

[21] *Bruno Albers*, Wann sind die Beda-Egbert'schen Bussbücher verfasst worden, und wer ist ihr Verfasser?, in: AfkKR 81 (1901), S. 393ff. (404). Zu diesem Bußbuch siehe *Reinhold Haggenmüller*, Die Überlieferung der Beda und Egbert zugeschriebenen Bußbücher, 1991, insbes. S. 126 sowie *Reinhold Haggenmüller*, Zur Rezeption der Beda und Egbert zugeschriebenen Bußbücher, in: Hubert Mordek (Hrsg.), Aus Archiven und Bibliotheken. Festschrift für Raymund Kottje zum 65. Geburtstag, 1992, S. 149ff. (inbes. 159).

[22] Übersetzung des Autors. Eine englische Übersetzung dieser Quelle bieten *John T. McNeill/Helena M. Gamer*, Medieval Handbooks of Penance. A translation of the principal *libri poenitentiales* and selections from related documents, 1938 (ND 1990), S. 224f.

auf sich genommen werden. Erst ab dem 13. Jahrhundert verschwand diese Tarifbuße zugunsten der geheimen Privatbeichte, bei der die Bußleistung wiederum in den Hintergrund trat.[23] Das *Paenitentiale additivum Ps.-Bedae-Egberti* sieht nun eine abgestufte Bußleistung vor, und zwar im konkreten Fall nicht nach sozialem Stand des Opfers, sondern nach Umständen der Tötung und vor allem nach der Intention des Täters: Tötungen aus Habgier wurden stärker pönalisiert als aus legitim erachteter Rache für einen Familienangehörigen.[24]

Vergleicht man die Stellen aus der *Lex Ribuaria* und dem *Paenitentiale additivum Ps.-Bedae-Egberti*, so fallen einige Gemeinsamkeiten auf: Beide Kataloge nennen in kasuistischer Weise Verhaltensweisen, die zu einem Ausgleich verpflichteten und beide schlagen für das jeweilige Verhalten einen angemessenen Ausgleich vor, der als Orientierungsrahmen im konkreten Fall dienen konnte. Der zu leistende Ausgleich – Geld oder Tiere/Waffen bzw. Bußleistung – diente der Kompensation des Verletzten, sei es des Opfers oder der Familie des Opfers, sei es Gott selbst (daher auch als „Kompositionensystem“ bezeichnet). Dem jeweiligen Unrecht stand also ein „korrespondierendes Bußäquivalent“ gegenüber.[25] Dennoch lassen sich zwischen beiden Quellen auch Unterschiede erkennen, nämlich bei der Intention.

Für die strafrechtliche Leitperspektive der Tagung bedeuten diese beiden Quellen: Richter agierten als Moderatoren so zwischen den Parteien wie der Priester zwischen Pönitent und Gott. Zudem hielten beide Normtexte einen vorformulierten, passenden Ausgleich als Vorschlag bereitet, der der Kompensation zugrunde gelegt werden konnte. Insofern lassen sich hier deutliche Parallelen zwischen weltlicher und geistlicher Reaktion auf Normübertretung im Frühmittelalter feststellen, die auf eine enge Verflechtung hindeuten[26] – auch wenn die Unter-

[23] Siehe überblicksartig *Raymund Kottje*, Bußbücher (Fn. 20) sowie *Franz Nikolasch*, Buße (liturgisch-theologisch) D. I., in: Lexikon (Fn. 20), Sp. 1130 ff. und eingehend die Beiträge in *Abigail Firey* (Hrsg.), A New History of Penance, 2010.

[24] Allerdings sehen nicht alle Bußbücher die Berücksichtigung der Intention des Täters bei der Auferlegung der angemessenen Buße vor; zur Frage der Intentionshaftung siehe *Hubertus Lutterbach*, Intentions- oder Tathaftung? Zum Bußverständnis in den frühmittelalterlichen Bußbüchern, Frühmittelalterliche Studien 1995, S. 120 ff.; *Arnold Angenendt*, Geschichte der Religiosität im Mittelalter, 4. Aufl. 2009, insbes. S. 634 ff.

[25] So der Ausdruck von *Arnold Angenendt*, Theologie und Liturgie der mittelalterlichen Toten-Memoria, in: Karl Schmid/Joachim Wollasch (Hrsg.), Memoria. Der geschichtliche Zeugniswert des liturgischen Gedenkens im Mittelalter, 1984, S. 79 ff. (134). Grundsätzlich auch *Angenendt*, Geschichte der Religiosität (Fn. 24), S. 632 ff., der das „Ausgleichsdenken“ im Frühmittelalter betont.

[26] Ob diese gewollt und beabsichtigt oder zufällig war, kann und muss hier nicht entschieden werden.

schiede bei der Berücksichtigung der Intention die Einordnung mit einem Fragezeichen rechtfertigen.

2. Hoheitliches Strafen im Mittelalter: Ansätze zur Entflechtung?

Die Ansätze zu einer Entflechtung sollen im Folgenden an einem Beispiel, nämlich dem Entstehen hoheitlichen Strafens, das eng mit der Durchsetzung des Inquisitionsprozesses verbunden ist, verdeutlicht werden. Nach dem Blick auf die „klassische" Erzählung dieser Entflechtung soll dann die neuere Kritik an dieser Erzählung zu Wort kommen.

Die „klassische" Erzählung könnte man wie folgt rekapitulieren: Das Frühmittelalter war durch Kompensationszahlungen und damit dem Ausgleich zwischen Täter und Opfer gekennzeichnet,[27] kannte aber ein hoheitliches Strafen, also auch Leibesstrafen, nicht. Die Interaktionsmöglichkeiten der weltlichen Gewalt waren auf die Moderation des Ausgleichs beschränkt. Dieses Kompositionensystem setzte aber stabile gesellschaftliche Bedingungen und feste Regeln voraus und sobald diese nach dem Untergang des karolingischen Reichs um 900 entfielen, nahmen Gewalttaten und Fehden wieder zu. Ausgehend von Frankreich versuchte die Kirche, bestimmte Zeiten (wie Sonn- und Feiertage), bestimmte Orte (wie Kirchen und Friedhöfe) und bestimmte Personengruppen (wie Frauen und Kinder) aus Fehdehandlungen herauszuhalten. Diese zunächst als Gottesfrieden, als *treuga Dei,* bezeichneten Fehdebeschränkungen wurden im 11. Jahrhundert in Landfrieden aufgenommen. Diese Landfrieden sahen ein abgestuftes Sanktionsprogramm für Regelbrecher vor. So schrieb beispielsweise der Kölner Gottesfriede von 1083 für Freie die Verbannung wie den Vermögensverlust vor; Unfreie sollten enthauptet, verstümmelt oder an Haut und Haaren gestraft, also rasiert und geprügelt werden.[28] Diese Gottes- wie Landfrieden stellten als „geschworene" Frieden ein gleichsam frühstaatliches Strafrecht mit teils brutalen Strafen dar.[29]

[27] Wie das soeben vorgestellte Beispiel der *Lex Ribuaria* zeigt.

[28] *Hans-Werner Goetz,* Der Kölner Gottesfriede von 1083. Beobachtungen über Anfänge, Tradition und Eigenart der deutschen Gottesfriedensbewegung, in: Hans Blum (Hrsg.), Jahrbuch des Kölnischen Geschichtsvereins, Bd. 55, 1984, S. 39ff.; *Dietmar Willoweit,* Die Sanktionen für Friedensbruch im Kölner Gottesfrieden von 1083. Ein Beitrag zum Sinn der Strafe in der Frühzeit der deutschen Friedensbewegung, in: Ellen Schlüchter/Klaus Laubenthal (Hrsg.), Recht und Kriminalität. Festschrift für Friedrich-Wilhelm Krause zum 70. Geburtstag, 1990, S. 37ff.

[29] Überblick über die Forschungsgeschichte: *Lotte Kéry,* Gottesfurcht und irdische Strafe. Der Beitrag des mittelalterlichen Kirchenrechts zur Entstehung des öffentlichen Strafrechts, 2006, S. 1ff.; *Dietmar Willoweit,* Programm eines Forschungsprojekts, in: Dietmar Willoweit (Hrsg.), Die Entstehung des öffentlichen Strafrechts. Bestandsaufnahme eines europäischen Forschungsproblems, 1999, S. 1ff.

Auch wenn das Diktum *Viktor Achters* von der „Geburt der Strafe" im Mittelalter sicherlich überzeichnet ist, so lassen sich doch Ansatzpunkte sowohl im weltlichen wie vor allem im kirchlichen Recht für eine Verdichtung des Reaktionsgefüges um 1200 beobachten.[30] Insofern ist es nicht unrichtig, dass es dem 12. und vor allem dem 13. Jahrhundert vorbehalten war, ein eigentliches „Straf"recht zu entwickeln.

Wie sich das Reaktionsgefüge verdichtete, lässt sich im Kirchenrecht – und zwar am Beispiel des Disziplinarrechts für Kleriker – am besten verdeutlichen. So drängte Papst *Innozenz III.* (reg. 1198 – 1216) in der Dekretale *Inauditum* vom 4. Februar 1199 den ungarischen König *Heinrich*, einen Kleriker zu verfolgen, der aus der päpstlichen Kanzlei zwei Blätter aus den Registern des Papstes *Alexanders III.* entwendet hatte. Diese Register enthielten Kopien von Briefen und Urkunden und dienten der Authentifizierung zweifelhafter Urkunden, indem diese mit den zentral verwahrten Abschriften verglichen wurden. Eine Entwendung dieser Kopien bedeutete also Rechtsunsicherheit oder, schlimmer noch, das Nichtentdecken gefälschter Papsturkunden. In dieser Dekretale formulierte Papst *Innozenz III.* den berühmten Satz: „publice interest, quod maleficia non remaneant impunita" – es sei von öffentlichem Interesse, dass Straftaten nicht unbestraft blieben.[31] Hier, an der Schwelle vom 12. zum 13. Jahrhundert, äußerte sich also – erstmals? – der öffentliche Strafanspruch in einem päpstlichen Schreiben.

Mit dem Anspruch, Normübertretungen nicht ungesühnt zu lassen, etablierte sich eine hierarchische Staffelung kirchlicher Gerichte, als deren Krönung die römischen Gerichte standen. Mehr noch, auch das kirchliche Prozessrecht änderte sich. Diese Änderungen werden häufig mit dem Stichwort „Offizialmaxime" verdeutlicht, also mit der Einführung des Prinzips, dass von Amtswegen, eben *ex officio*, eingeschritten und verhandelt werden konnte und dass ein Verfahren unabhängig von

30 *Viktor Achter*, Geburt der Strafe, 1951.

31 *Othmar Hageneder/Anton Haidacher* (Hrsg.), Die Register Innozenz' III., Bd. 1 (Texte), 1964, Nr. 546 (549), S. 790: „Quia vero graviter peccat et qui loquitur mendacium et qui subticet veritatem, et publice interest, quod maleficia non remaneant impunita, magnificentiam tuam rogamus attentius per apostolica scripta mandantes". Zur Herkunft siehe *Kenneth Pennington*, Innocent III and the Ius commune, in: Richard H. Helmholz/Paul Mikat/Jörg Müller/Michael Stolleis (Hrsg.), Grundlagen des Rechts. Festschrift für Peter Landau zum 65. Geburtstag, 2000, S. 352ff.; *Günter Jerouschek*, „Ne crimina remaneant impunita." Auf daß Verbrechen nicht ungestraft bleiben: Überlegungen zur Begründung öffentlicher Strafverfolgung im Mittelalter, ZRG KA 2003, S. 323ff. sowie *Peter Landau*, „Ne crimina maneant impunita." Zur Entstehung des öffentlichen Strafanspruchs in der Rechtswissenschaft des 12. Jahrhunderts, in: Schmoeckel/Condorelli/Roumy, Einfluss, Bd. 3 (Fn. 6), S. 23ff. Vermutlich entstand der Grundsatz schon in der Mitte des 12. Jahrhunderts; er findet sich inhaltlich u. a. bei *Rufinus* sowie bei *Sichard von Cremona*.

einer Klage (*accusatio*) des Verletzten war (daher auch als „Akkusationsverfahren“ bezeichnet).[32] Zudem oblag es dem Richter, den Sachverhalt zu erforschen; er war nicht auf Beibringung von Tatsachen und Beweisen durch den Kläger angewiesen. Dies war das Inquisitionsprinzip (im Gegensatz zum – modern gesprochen – „Beibringungsgrundsatz“).[33] Das Beweisrecht selbst unterlag einer strengen Reglementierung von Augenschein, Sachverständigenaussagen sowie der Auswertung von Zeugenaussagen, so führte beispielsweise nur der Zwei-Zeugen-Beweis zu einer *probatio plena*. Eine – in heutiger Terminologie formuliert – freie Beweiswürdigung war dem mittelalterlichen kirchlichen Prozessrecht unbekannt. Da das Verfahren auf die Ermittlung der Wahrheit zielte, diese aber möglicherweise mit den herkömmlichen Beweismitteln nicht zu ermitteln war, konnte der Richter letztlich auch auf die Folter zurückgreifen: Wer, wenn nicht der vermeintliche Täter, wusste, ob er die Tat begangen hatte? Wenn die *confessio* als *regina probationum*, als Königin der Beweise angesehen war, dann war ein Geständnis auch mit allen Mitteln zu erlangen.[34] Hier zeigt sich also ein Rationalisierungsschritt, wenn auch ein – aus heutiger Sicht – grausamer.[35]

Für unsere heutige Perspektive ist die Beobachtung wichtig, dass dieses kirchliche Verfahren gegenüber dem weltlichen Strafverfahren nördlich der Alpen einen Vorsprung von Jahrzehnten, vielleicht sogar von Jahrhunderten aufwies. Eine derartige Verdichtung strafrechtlicher Kompetenzen in der Hand eines Richters, verbunden mit dem Anspruch zu strafen, weist eher in die Frühe Neuzeit (oder Moderne) als in das Hochmittelalter.[36] Insofern könnte man – das Dictum *Ernst Blochs* gebrauchend – von der Gleichzeitigkeit des Ungleichzeitigen sprechen; oder,

[32] Zunächst wurde das Offizialverfahren in Verfahren gegen Kleriker angewendet („Disziplinarverfahren“).

[33] *Peter Oestmann*, Wege zur Rechtsgeschichte: Gerichtsbarkeit und Verfahren, 2015, S. 122: „Tatsachenaufklärung statt Reinigungseid, Amtsermittlung statt Parteiherrschaft – die Weichenstellung setzte sich im Strafprozess bis in die heutige Zeit nachhaltig durch.“

[34] Siehe – allerdings kritisch – *Wolfgang Schild*, Confessio est regina probationum, in: HRG I (Fn. 19), Sp. 877f.

[35] Diese „klassische“ Sicht findet sich zum Beispiel – mit deutlichen Nuancierungen – bei *Oestmann*, Gerichtsbarkeit (Fn. 33), S. 117ff. Zur Transformation des kirchlichen Prozessrechts in das weltliche Recht siehe *Alexander Ignor*, Geschichte des Strafprozesses in Deutschland 1532 – 1846. Von der Carolina Karls V. bis zu den Reformen des Vormärz, 2002.

[36] Zum weltlichen Strafrecht im Mittelalter *Georg Steinberg*, Deutsche Strafrechtsgeschichte, 2023, S. 29ff. sowie das inzwischen überholte, aus der Perspektive der ersten Hälfte des 20. Jahrhunderts geschriebene Buch: *Eberhard Schmidt*, Einführung in die Geschichte der deutschen Strafrechtspflege, 1947, S. 81ff. Eine heutigen Ansprüchen genügende tiefgehende Darstellung des Strafrechts im Mittelalter liegt nicht vor.

im Sinne der hier vorgeschlagenen Terminologie, von Ansätzen zur Entflechtung und Auseinanderentwicklung des Strafverfahrensrechts.

Diese „klassische" Geschichte der Entstehung des hoheitlichen Strafrechts ist in den letzten drei Jahrzehnten jedoch grundsätzlich hinterfragt worden; viele überlieferte Überzeugungen wurden in Frage gestellt, viele neue Erkenntnisse formuliert.[37] Eine neue Meistererzählung, die große Linien schlägt, hat sich indes noch nicht herausgebildet.[38] Einige dieser neuen Beobachtungen sollen hier zusammentragen werden.

Eine Kritik entzündete sich an dem Bild des „straffreien" Frühmittelalters. Gegen diese Einschätzung wurde der Einwand erhoben, dass es in den Stammesrechten durchaus Ansätze zu einem „öffentlichen Strafrecht" gegeben habe.[39] Zudem wiesen auch kirchliche Sendgerichte inquisitorische wie strafende Elemente auf. Diese Sendgerichte werden in der Schrift des Prümer Abtes *Regino* erstmals deutlich fassbar, welche dieser 906 verfasst hat.[40] In diesem Handbuch des Sendgerichts (*Libri duo de synodalibus causis*) nahm der richtende Bischof eine durchaus dominierende Funktion ein: Der Bischof – oder sein Vertreter – visitierte sein Bistum und befragte vor Ort Rügezeugen, ob diese Normübertretungen gesehen oder gehört hätten. Insofern war der itinerante Richter nicht auf die Klage von Betroffenen angewiesen, sondern ermittelte selbst. Hinzu kommt, dass er nicht nur Kleriker und deren Übertretungen sanktionierte, sondern auch Laien und Übertretungen wie Mord und Totschlag, Ehebruch, Meineid und Zauberei. Als Reaktionen kamen neben der Buße, also beispielsweise Speisebeschränkungen oder dem Verbot, zu reiten, auch die Skalpierung sowie Prügelstrafen in Betracht.[41] Insofern lassen sich hier Ansätze zu einem durchaus als inquisitorisch zu bezeichnenden Verfahren beobachten, das auch mit Leibesstrafen enden konnte. Anders formuliert: Auch das Frühmittelalter kannte eine Verdichtung von Kompetenzen in der Hand eines Richters, die in Richtung eines öffentlichen Strafrechts, eines hoheitlichen Strafrechts wei-

[37] Siehe überblicksartig *Lotte Kéry*, Criminal Law, in: Anders Winroth/John C. Wei (Hrsg.), The Cambridge History of Medieval Canon Law, 2022, S. 495 ff. sowie die Beiträge in: *Wilfried Hartmann/Kenneth Pennington* (Hrsg.), The History of Courts and Procedure in Medieval Canon Law, 2016 zum Prozessrecht.

[38] Vgl. *Kéry*, Criminal Law (Fn. 37), S. 495: „A history of ecclesiastical criminal law has yet to be written."

[39] *Hermann Nehlsen*, Die Entstehung des öffentlichen Strafrechts bei den germanischen Stämmen, in: Karl Kroeschell (Hrsg.), Gerichtslauben-Vorträge. Freiburger Festkolloquium zum 75. Geburtstag von Hans Thieme, 1983, S. 3 ff.

[40] Siehe *Stephan Dusil*, Regino von Prüm, in: HRG IV (30. Lfg.), 2. Auflage 2023 (Fn. 2), Sp. 1419 ff. Eine neue Edition dieser Sammlung stammt von *Wilfried Hartmann* (Hrsg.), Regino Prumiensis. Libri duo de synodalibus causis/Regino von Prüm. Sendhandbuch, 2 Bände, 2023.

[41] *Kéry*, Gottesfurcht (Fn. 29), S. 112, die aber auch auf die Ablösbarkeit dieser Strafen durch eine Geldzahlung hinweist.

sen.[42] Ob dieses allerdings die weltliche Strafgerichtsbarkeit nur ergänzte oder nicht sogar ersetzte, bleibt indes ungeklärt.[43]

Eine zweite Kritik an der Vorstellung der Durchsetzung eines öffentlichen Strafanspruchs im Hochmittelalter stützte sich auf die dafür herangezogene Quellengrundlage. Die Qualifikation als „hoheitlich" mit den Stichworten hierarchische Struktur, Inquisitionsprozess und förmliches Beweissystem orientiert sich nämlich an der Prozessrechtsliteratur, welche indes eher ein Idealbild der Kanonisten war als dass es die Realität des kirchlichen Alltags spiegelte.[44] Dieser Alltag war bis weit in das Spätmittelalter (oder sogar in die Frühe Neuzeit) auch von einem Verfahren wie vor den Sendgerichten geprägt. Diese Sendgerichte wurden aufgrund von Anzeigen (Denunziationen; *denuntiationes ad penitentiam*) tätig und sahen eine öffentliche Buße vor – ganz im Gegensatz zu der eigentlich im IV. Laterankonzil 1215 festgesetzten geheimen Beichte. Das Verfahren vor diesen Gerichten unterlag auch nicht dem strengen Beweisrecht des *Ius Commune*, sondern dem frühmittelalterlichen Leumundssystem: Mit seinem Reinigungseid konnte sich der Beschuldigte vom Tatvorwurf lösen, zumal wenn ihn Eidhelfer unterstützten, die seinen Eid als glaubwürdig untermauerten. Dieses Verfahren suchte nicht nach Wahrheit – und doch konnte es sinnvoll sein, nämlich dann, wenn in einer dörflichen Gemeinschaft das Gerücht einer Normübertretung die Runde machte. Derjenige, der davon betroffen war, konnte sich mit Hilfe von Eid und Eideshelfern in der Gemeinschaft „reinwaschen" und seinen guten Ruf wiederherstellen; anderenfalls musste der/die Betroffene die Bußleistung erbringen, um wieder in die Gemeinschaft integriert zu werden: „Adjudication was anchored first and foremost at the parochial level, where panels of sworn jurors including both laymen and clergy were to summon everyone with a stained reputation and examine accusations, not according to impartial criteria but by measuring the specific degree of support for suspects within their own community."[45] Mit den Prinzipien des gelehrten Rechts

42 *Stephan Dusil*, Zur Entstehung und Funktion von Sendgerichten. Beobachtungen bei Regino von Prüm und in seinem Umfeld, in: Schmoeckel/Condorelli/Roumy, Bd. 3 (Fn. 6), S. 369 ff.; *Kéry*, Gottesfurcht (Fn. 29), S. 65 ff.

43 *Kéry*, Gottesfurcht (Fn. 29), S. 115 ff.

44 *Wolfgang P. Müller*, Procedures and Courts, in: Winroth/Wei, Medieval Canon Law (Fn. 37), S. 327 ff. sowie mit ähnlichen Befunden (allerdings für das Eherecht) *Wolfgang P. Müller*, Marriage Litigation in the Western Church. 1215 – 1517, 2021. Zudem scheint die Prinzipienorientierung („Offizialmaxime", „Akkusationsprinzip") eine Eigenart der deutschsprachigen rechtswissenschaftlichen Forschung zu sein. Es stellt sich die Frage, ob die Betonung des Generell-Allgemeinen nicht den Blick auf die Besonderheiten verstellt und damit grundsätzlich zu Verzerrungen führt; siehe *Martin Ahrens*, Prozessmaximen, in: HRG IV (28. Lfg.), 2. Auflage 2020 (Fn. 2), Sp. 915 ff. (919 f.).

45 *Müller*, Procedures and Courts (Fn. 44), S. 340 f.

und den Beichtsummen des späten Mittelalters stand dieses Verfahren allerdings im Gegensatz: „It was not forensic fact-finding that occupied center stage, but rather the uprooting of malicious hearsay“.[46] Welcher Prozesstyp und welches Prozessprinzip waren im Einzelfall anzuwenden? Es hing wohl von der Beweislage und den Umständen ab.

Diese Beobachtungen sind eher qualitativer als quantitativer Natur, denn ob für den „average consumer“ das Verfahren der *denuntiationes ad penitentiam* eher als der gelehrte Prozess alltägliche Gerichtserfahrung war, entzieht sich der definitiven Klärung.[47] Dennoch, und darauf kommt es an, ist die herkömmliche Erzählung der Ausbreitung eines auf rationale Wahrheitserforschung zielenden Verfahrens brüchig geworden. Damit ist aber auch die Interpretation der Verdichtung des Reaktionsgefüges, gar des Entwicklungsvorsprungs des kirchlichen Strafrechts gegenüber dem weltlichen jedenfalls ein Stück weit in Frage gestellt. Dennoch: Mit dem Entstehen eines kirchlichen Strafanspruchs, mit der Durchsetzung von Offizial- und Inquisitionsmaxime im kirchlichen Prozess(recht) ist ein Ansatz zu einem neuen Verfahrenstyp gegeben, der sich vom weltlichen Recht um 1200 deutlich abhebt. Insofern liegt eine Entflechtung vor, doch ist diese aufgrund der fortdauernden Traditionen in den *denuntiationes ad penitentiam* mit einem Fragezeichen versehen.

3. Dogmatische Systematisierung in der „Schuldlehre“: Konsequente Entflechtung?

Als Beispiel für eine – zumindest recht – konsequente Entflechtung dient die wissenschaftliche Durchdringung des Strafrechts, konkret: Die kanonistische Schuldlehre um 1200. Der rechtshistorische Schnitt soll hier schon Mitte des 12. Jahrhunderts angesetzt werden, da kurz zuvor, wohl um 1140, das *Decretum Gratiani* entstand. Es stammt von einem ansonsten unbekannten Bologneser Magister namens *Gratian*.[48] Dieser warf durchaus komplexe Rechtsfragen in den *Causae* auf, und beantwortete sie, indem er ihm wichtig erscheinende kirchliche Norm-

[46] *Müller*, Procedures and Courts (Fn. 44), S. 336.

[47] *Müller*, Procedures and Courts (Fn. 44), S. 340.

[48] Zum *Decretum Gratiani* siehe den Überblick von *Peter Landau*, Gratian and the Decretum Gratiani, in: Wilfried Hartmann/Kenneth Pennington (Hrsg.), The History of Medieval Canon Law in the Classical Period, 1140 – 1234. From Gratian to the Decretals of Pope Gregory IX., 2008, S. 22ff.; allgemeiner zum Kirchenrecht im 12. Jahrhundert sind hilfreich die Beiträge von *Wolfgang P. Müller*, The Reinvention of Canon Law in the High Middle Ages, in: Winroth/Wei, Medieval Canon Law (Fn. 37), S. 79ff. und *Anders Winroth*, Canon Law in a Time of Renewal, 1130 – 1234, in: Winroth/Wei, Medieval Canon Law (Fn. 37), S. 96ff. Einen Überblick über das mittelalterliche Strafrecht gibt *Mathias Schmoeckel*, Kanonisches Recht, 2020, S. 265ff. Das *Decretum Gratiani* liegt in der Edition von *Emil Friedberg* (Hrsg.), Corpus iuris canonici, Bd. 1, 1879 (ND 1955) vor.

texte, sogenannte Kanones, exzerpierte und diese dialektisch, an den Fluchtpunkten *sic et non* orientiert, argumentativ zur Beantwortung der eingangs gestellten Rechtsfragen einsetzte.[49] Gratian widmete sich strafrechtlichen Themen à la longue seines *Decretum*; er nahm Normen zu Straftaten von Klerikern, insbesondere im Zusammenhang mit der Weihespendung, auf; großen Raum widmete er dem simonistischen Erwerb von Ämtern, aber auch den Straftaten gegen die Kirche und ihre Güter.[50] Trotz der vielfältigen Strafbestimmungen, die sich verstreut im *Decretum* finden, lässt sich festhalten: „Die zahlreichen Strafbestimmungen bringt Gratian nicht in ein geschlossenes System, wenn auch ein gewisser Zusammenhang nicht fehlt."[51]

Der normative Rahmen dieses *Decretum Gratiani* wurde rund 80 Jahre später nochmals erweitert, und zwar im *Liber Extra*, der 1234 von Papst *Gregor IX.* (reg. 1227–1241) promulgiert wurde. In diesem ließ er Normen sammeln, die *Gratian* entweder übersehen hatte oder die nach dem *Decretum Gratiani* entstanden waren. Insofern heißt die Sammlung auch *Liber decretalium extra decreta vagantium.*[52] Reaktionen auf Normübertretungen sammelte der Kompilator *Raymund von Peñaforte* (1175/1180 – 1275)[53] in einem eigenen Buch, dem fünften.[54] Dies zeigt schon die Bedeutung des Reaktionsrechts für die Kirche.[55] Hier finden sich wieder Normen u. a. gegen Simonie, Häresie und Schisma, gegen

49 Sogenannter 2. Teil des Dekrets mit den *Causae.*

50 Hierzu *Wilhelm Rees,* Die Strafgewalt der Kirche. Das geltende kirchliche Strafrecht – dargestellt auf Grundlage seiner Entwicklungsgeschichte, 1993, S. 138; *Karl Weinzierl,* Kirchliche Strafen im Dekret Gratians, in: Karl Siepen/Joseph Weitzel/Paul Wirth (Hrsg.), Ecclesia et Ius. Festgabe für Audomar Scheuermann zum 60. Geburtstag. Dargebracht von seinen Freunden und Schülern, 1968, S. 677 ff.

51 *Weinzierl,* Kirchliche Strafen (Fn. 50), S. 689.

52 Zum *Liber Extra* siehe neben *Andreas Thier,* Corpus iuris canonici, in: HRG I (Fn. 19), Sp. 894 ff. sowie *Andreas Thier,* Corpus Iuris Canonici – Historisch, in: LKRR I (Fn. 20), S. 528 ff. auch *Martin Bertram,* Die Dekretalen Gregors IX. – Kompilation oder Kodifikation?, in: Carlo Longo (Hrsg.), Magister Raimundus. Atti del Convegno per il IV Centenario della Canonizzazione di San Raimondo de Penyafort (1601–2001), 2002, S. 61 ff.

53 Siehe *Dennis Theiß,* Raimund de Peñaforte (1175/80 – 1275), in: HRG IV (29. Lfg.), 2. Auflage 2022 (Fn. 2), Sp. 1000 ff.

54 Eine moderne Edition stammt von *Emil Friedberg* (Hrsg.), Corpus iuris canonici, Bd. 2, 1879 (ND 1955).

55 Ein mittelalterlicher Merkvers – *„iudex, iudicium, clerus, connubium, crimen"* – fasste die Struktur des *Liber Extra* prägnant zusammen: Nach *iudex* (Normen und ihre Anwendung), *iudicium* (Prozeßrecht), *clerus* (Standesrecht) und *connubium* (Eherecht) folgte das letzte Buch *crimen.* Die Struktur geht auf *Bernhard von Pavia* (um 1150 – 1213) zurück, der diese für sein *Breviarium Extravagantium* (auch *Compilatio Prima* genannt, 1189/1190) entwickelt hat; vertiefend *Kenneth Pennington,* The Decretalists 1190 – 1234, in: Hartmann/Pennington, Classical Period (Fn. 48), S. 211 ff. (212 ff.).

die Tötung von Menschen im Allgemeinen und die Tötung von Kindern durch die Eltern im Besonderen sowie Vorschriften, die das Duell verbieten, und Normen gegen Wucher, Betrug und Wahrsagerei.[56] Aber auch die Sodomie, die den Missbrauch von Jungen umfasste, war im hochmittelalterlichen Kirchenrecht pönalisiert.[57]

Die normsetzende Tätigkeit der Päpste kam 1234 nicht zu einem Abschluss, vielmehr ließen auch spätere Päpste Dekretalen sammeln und promulgieren, so Papst *Bonifatius VIII.* (reg. 1294 – 1303) im *Liber Sextus* 1298 und Papst *Johannes XXII.* (reg. 1316 – 1334) in den *Clementines* 1317.[58] Unter diesen Normen befinden sich auch strafrechtliche Regelungen, die ältere Themen aufgreifen und vertiefen.[59]

Betrachtet man die Entwicklung des kirchlichen Strafrechts, so ist jedoch wohl weniger die Normsetzung als vielmehr die Systematisierung des Strafrechts durch die im 12. Jahrhundert entstehende Kanonistik hervorzuheben. Da *Gratian* die Normen „nicht in ein geschlossenes System“[60] gebracht hatte, waren nun Dekretisten und Dekretalisten gefragt, um das zusammengetragene Normmaterial zu systematisieren. Sie erkannten, dass zwar jedes *crimen* ein *peccatum* war, aber nicht jedes *peccatum* auch zugleich ein *crimen.* Sünde und Straftrat wurden also begrifflich voneinander getrennt.[61] Diese Systematisierung erfasste auch Fragen der Zurechenbarkeit von Straftaten, die zum Beispiel bei Geisteskrankheit oder Fieberzuständen oder bei Kindern unter sieben Jahren ausgeschlossen war. Kanonisten erörterten den Ausschluss der Schuld bei Notwehr oder Notstand sowie beim *error in persona.*[62] Während heutige Juristen in die Problematik dieses Irrtums mit dem „Rose-Rosahl-Fall“ eingeführt werden,[63] diskutierten Kanonisten eine Ent-

[56] Überblick bei *Rees,* Strafgewalt (Fn. 50), S. 140 mit Fn. 88.

[57] Zu diesem Thema *Kevin Kulp,* Geweihte Sünder. Sexueller Kindesmissbrauch und Sodomie im mittelalterlichen Kirchenrecht (erscheint demnächst).

[58] Spätere Sammlungen des kirchlichen Normbestands sind private Sammlungen, nämlich die *Extravagantes Johannnis XXII.* wie auch die *Extravagantes Communes.* Diese bilden den Abschluss des *Corpus iuris canonici,* das die kirchlichen Sammlungen seit dem *Decretum Gratiani* umfasste.

[59] Überblick bei *Rees,* Strafgewalt (Fn. 50), S. 140 mit Fn. 88.

[60] *Weinzierl,* Kirchliche Strafen (Fn. 50), S. 689.

[61] Für die Einordnung als *crimen* wurde die schwere Sünde, die äußere Handlung und das Ärgernis für die Kirche vorausgesetzt; vgl. *Rees,* Strafgewalt (Fn. 50), S. 141.

[62] Zu Notwehr und Notstand siehe die Studie von *Stephan Kuttner,* Kanonistische Schuldlehre von Gratian bis auf die Dekretalen Gregors IX. Systematisch auf Grund der handschriftlichen Quellen dargestellt, 1935. Zu diesem Werk nun *Hense,* Kanonistik und Strafrecht (Fn. 10).

[63] Zu diesem bekannten Fall aus dem Jahre 1858 siehe *Jan Dehne-Niemann/Yannic Weber,* „Über den Einfluss des Irrthums im Objekte beim Morde und bei der Anstiftung zu diesem Verbrechen“. Zum 150-jährigen Jubiläum des Falls Rose-Rosahl, JA 2009, S. 373ff.

scheidung Papst *Alexanders III.* (reg. 1159 – 1181): Grundsätzlich war zwar der tätliche Angriff auf einen Kleriker als Sakrileg mit der Folge der Exkommunikation zu werten, aber lag eine solche Einordnung als Sakrileg auch dann nahe, wenn der Täter den Kleriker nicht als solchen erkannt hatte, zum Beispiel weil dieser über seiner Tonsur die Haare hat zusammenwachsen lassen?[64] Das römische Recht ging in der Tat von der Unbeachtlichkeit des *error in persona* aus, solange das geschädigte Rechtsgut gleichwertig war – der *animus iniurandi* des Täters genügte. Und zweifelsohne besaß auch der Täter, der einen Kleriker schlug, diesen aber mit einem anderen Kleriker verwechselte, den *animus iniurandi*. Der Täter indes, der den Kleriker für einen Laien hielt, so die Lehre um 1200, wollte zwar grundsätzlich jemanden verletzen (der *animus iniurandi* war gegeben), aber der Sondervorsatz des *sacrilegium* fehlte ihm. Er unterlag also nicht der Exkommunikation. *Huguccio, Albertus* und andere Kanonisten diskutierten zudem auch die Umkehrung des Problems: Wie war derjenige zu bestrafen, der einen Kleriker schlagen wollte, aber nur einen Laien verletzte?[65]

Brechen wir die Darstellung der kanonistischen Feinheiten hier ab. Die gewählten Beispiele verdeutlichen eine begriffliche wie thematische Durchdringung des kirchlichen Strafrechts, die Systematisierung kanonistischer Normtexte unter dem Blick der individuellen Handlungsfreiheit und somit die Schaffung eines Schuldstrafrechts. Die Entstehung des Schuldstrafrechts korreliert mit dem hoheitlichen Strafanspruch der Kirche: Wenn *crimina* nicht ungesühnt bleiben sollten, dann musste im Gegenzug jedoch die persönliche Verantwortung bejaht werden können.

Mit diesen Diskussionen ist die Kanonistik der sich nur langsam entwickelnden Dogmatik des weltlichen Strafrechts weit voraus: Zeitgleich zu dieser kanonistischen Diskussion entstanden Gottesfrieden zur Eindämmung der Fehde; Landfrieden – wie der Mainzer Reichslandfriede von 1235 – sahen den förmlichen Streitaustrag zur Fehdevermeidung vor und städtische *coniurationes* schufen Schwureinungen zur Sicherung beispielsweise des innerstädtischen Friedens.[66] Von einer dogmatischen Erfassung der Schuld wissen wir indes im weltlichen Recht um 1200 nichts. Eine solche setzte erst mit deutlichem Abstand in der Frühen Neuzeit ein, und zwar mit der (breiteren) Rezeption römischen Rechts und norditalienischer Schriften wie der des *Albertus Gandinus*. Der deutschsprachige Klagspiegel aus dem 15. Jahrhundert ist ein bekannter Transmissionsriemen von gelehrtem Gedankengut und Pro-

64 Vgl. *Friedberg* (Hrsg.), Corpus iuris canonici, Bd. 2 (Fn. 54), Sp. 890. Hierzu *Kuttner*, Schuldlehre (Fn. 62), S. 69 und S. 179ff.

65 *Kuttner*, Schuldlehre (Fn. 62), S. 183: Die Kanonisten sahen in diesem Fall nur eine gewöhnliche *iniuria*, kein *sacrilegium*.

66 Zum mittelalterlichen Strafrecht siehe die Bemerkungen bei *Steinberg*, Deutsche Strafrechtsgeschichte (Fn. 36), S. 29ff.

zessrecht in die Praxis nördlich der Alpen.[67] Insofern könnte man hier von einer recht konsequenten Entflechtung des kirchlichen und weltlichen Strafprozessrechts sprechen.[68]

III. Zusammenführende Beobachtungen

Die voranstehenden Überlegungen haben das früh- und hochmittelalterliche Recht fokussiert und einige Beobachtungen in drei Kategorien geordnet, nämlich Verflechtungen, partielle sowie konsequentere Entflechtungen. Die Parallelen in weltlichen wie kirchlichen Normierungen des Reaktionssystems, nämlich die Orientierung am Ausgleichsgedanken in *Leges* wie Bußbüchern, deutet – trotz aller Unterschiede bei Tat- oder Intentionshaftung – auf eine Verflechtung hin. In die zweite Kategorie, nämlich die partielle Entflechtung, fällt die Entstehung des hoheitlichen Strafens verbunden mit der Einführung neuer Prozessprinzipien. Inwieweit diese aber auch den Alltag kirchlicher Reaktionen prägten, bleibt unklar, denn das Vorkommen eines sendgerichtlichen Verfahrens bis in das Spätmittelalter und die Frühe Neuzeit weist auf ein Reaktionssystem hin, das von den Neuerungen des kirchlichen Prozessrechts gerade nicht erfasst war. Die dritte Kategorie ist die konsequentere Entflechtung, also die Abkoppelung von kirchlichem und weltlichem Recht, das sich Gegenüberstehen zweier Systeme, die sich bei der Erfassung der „Schuld" als Voraussetzung der Strafe fassen lässt.

Die zeitliche Ordnung der hier vorgestellten Beispiele – hier die Verflechtungen im Frühmittelalter, dort die Entflechtungen im Spätmittelalter – lässt wohl auf eine allgemeinere Entwicklung schließen, nämlich auf einen Ausdifferenzierungsprozess, an dessen Ende zwei Strafrechtssysteme stehen, eben ein kirchliches und ein weltliches Strafrecht. Beide Systeme waren und sind auch heute nicht vollständig voneinander abgekoppelt, sondern interagieren, berühren und beeinflussen sich: Sie waren und sie bleiben verflochten.

Diese Verflechtungsperspektive ermöglicht es, Nähe und Ferne beider Strafrechtssysteme skalar zu erfassen, denn es soll gerade nicht nach einer kompletten Verflechtung oder einer vollständigen Entkoppelung gesucht werden, vielmehr sind die Ausführungen zu den drei Beispielen als Erkundigungen im Graubereich zwischen zwei Extremen zu verstehen. Eine solche Ver- und Enflechtungsperspektive scheint in

67 *Andreas Deutsch*, Der Klagspiegel und sein Autor Conrad Heyden. Ein Rechtsbuch des 15. Jahrhunderts als Wegbereiter der Rezeption, 2004, zum Schuldprinzip insbes. S. 541 ff.

68 Wenngleich diese Entflechtung auch nur temporär war, da die weltliche Strafrechtswissenschaft die kanonistischen Prinzipien übernahm, wenn auch mit einer deutlichen zeitlichen Verzögerung.

den drei genannten Bereichen Normgebung, Prozess(recht) und Dogmatik fruchtbare Ergebnisse zu bringen.

Diese Suche nach Ver- und Entflechtungen ließe sich problemlos in Früher Neuzeit und Moderne fortsetzen: Im Bereich der Normsetzung wäre die Kodifikation des kirchlichen Rechts im Codex Iuris Canonici/1917 zu nennen, dessen strafrechtlicher Part mit Allgemeinem und Besonderem Teil sich an den weltlichen Gesetzbüchern orientierte,[69] aber auch an den Schutz der Religion im staatlichen (§ 166 StGB) wie im kirchlichen Recht (c. 2323 CIC/1917 bzw. c. 1369 CIC/1983 bzw. c. 1368 des erneuerten Textes 2021) zu erinnern.[70] Im Bereich des Prozesses könnte man die Adaption kirchlicher Prozessprinzipien in weltlichen Gerichten nennen,[71] und im Bereich der Wissenschaft wäre zu überlegen, ob nicht heute die strafrechtlichen Diskurse nebeneinander geführt werden, ohne voneinander viel Kenntnis zu nehmen, also weitgehend entflochten sind.[72] Die Liste mit Beispielen ließe sich ohne Mühe verlängern. Die Verflechtungs-/Entflechtungsperspektive scheint insgesamt eine Näherung an das kirchliche wie weltliche Strafrecht aus historischer Perspektive zu ermöglichen, das beiden Systemen gerechter wird als die eingangs vorgestellte dualistisch-genetische Sicht.

69 *Rees*, Strafgewalt (Fn. 50), S. 174f. mit Hinweis auf das Werk von *Joseph Hollweck*, Die kirchlichen Strafgesetze, 1899, der das kirchliche Strafrecht nach dem Vorbild des weltlichen Strafrechts ordnete.

70 Siehe den Beitrag von *Barbara Rox* in diesem Band, S. 142ff.

71 Siehe *Ignor*, Geschichte (Fn. 35) sowie *Albin Eser*, Strafrecht in Staat und Kirche. Einige vergleichende Beobachtungen, in: Dieter Schwab/Dieter Giesen/Joseph Listl/Hans-Wolfgang Strätz (Hrsg.), Staat, Kirche, Wissenschaft in einer pluralistischen Gesellschaft. Festschrift zum 65. Geburtstag von Paul Mikat, 1989, S. 493ff.

72 Es scheint, als ob die Missbrauchsfälle das kirchliche Strafrecht überhaupt erst wieder in das Bewusstsein einer breiteren Öffentlichkeit gerückt hätten. Zum rechtlichen Umgang mit „Fehlverhalten" siehe beispielsweise die Beiträge von *Manfred Bauer*, Rechtlicher Umgang mit Scheitern und Fehlverhalten im Kirchenrecht, in: Thomas Schüller/Thomas Neumann (Hrsg.): Kirchenrecht im Dialog. Tagungsband zur Tagung des Instituts für Kanonisches Recht, 18.–20. Februar 2019, 2020, S. 166ff. und *Torsten Verrel*, Rechtlicher Umgang mit Fehlverhalten im staatlichen Recht, a.a.O., S. 190ff. Siehe auch den Beitrag von *Manfred Bauer* in diesem Band, S. 80ff.

Leitsätze
zum Vortrag von Prof. Dr. iur. Stephan Dusil:

„Verflechtungen kirchlichen und staatlichen Strafrechts aus historischer Perspektive"

1. Die bisherige (rechts-)historische Forschung hat das Verhältnis von kirchlichem und staatlichem Strafrecht mit drei Narrativen versucht zu erklären, nämlich: erstens als Kontinuität mittelalterlicher rechtlicher Neuerungen und ihrer Säkularisierung, zweitens als Eigenständigkeit der Frühen Neuzeit/Moderne, also als Diskontinuität, mit der Folge, dass säkulares und kirchliches Recht im Grundsatz unabhängig voneinander seien, und drittens mit der systemtheoretisch inspirierten These einer „Irritation", die beide (Straf-)Rechtssysteme aufeinander ausübten. Alle drei Thesen basieren auf zwei Grundannahmen, nämlich dem dualistischen Verhältnis kirchlichen und weltlichen Rechts sowie einer linearen Entwicklung.
2. Der Vortrag schlägt als Gegenmodell den Begriff der „Verflechtung" bzw. der „Entflechtung" vor, um das Verhältnis von kirchlichem und weltlichem Strafrecht zu bestimmen. Das Modell bietet den Vorteil, an konkreten Beispielen den jeweiligen Grad der Verflechtung skalar abmessen zu können.
3. Verflechtungen: Frühmittelalterliche Reaktionen auf Normübertretungen sind sowohl in den *Leges* als auch in den Bußbüchern von dem Ausgleichsgedanken geprägt. Der Ausgleich sollte zwischen dem Täter und dem Opfer/Familie des Opfers bzw. dem Pönitenten und Gott geschaffen werden. Die Idee einer „Wertigkeit" des verletzten Gutes bedingte einen der Verletzung entsprechenden Ausgleich. Dieser war durch Geld (bzw. Tiere, Schwerter, etc.) bzw. durch Bußleistungen zu erbringen. Die „Tarife" in den *Leges* wie in den Bußbüchern stellen aber nur einen Vorschlag dar, der im Einzelfall zu konkretisieren war. Bei der Frage der Tat- oder Intentionshaftung zeigen sich allerdings zwischen *Leges* und Bußbüchern Unterschiede.
4. Ansätze zur Entflechtung: Ab ca. 1200 setzte die Kirche ihren Strafanspruch um. Dieser hoheitliche Strafanspruch geht mit Änderungen im Prozessrecht (Offizialmaxime, Inquisitionsprinzip sowie Umsetzung einer Hierarchie kirchlicher Gerichte und streng reglementiertes Beweisrecht) einher. Das weltliche Strafrecht (jedenfalls nördlich der Alpen) kennt ein solches Verfahren nicht. Insofern ließe sich eine Entflechtung beobachten. Derzeit vermutet die Forschung jedoch, dass der Eindruck von Neuerungen auf einer Überbewertung der prozessrechtlichen Literatur beruht, die eher ein Ideal des kirchlichen Strafprozesses darstellte als die Realität. In

der Praxis herrschte weiterhin das Verfahren der *denuntiationes ad penitentiam* mit einem dem Sendgericht ähnlichen Verfahren vor (u. a. mit Leumundszeugen).

5. Konsequentere Entflechtung: Die Kompilation von Normen im *Decretum Gratiani* und *Liber Extra* wurde in der Kanonistik ab der zweiten Hälfte des 12. Jahrhunderts systematisiert. Dabei legte man u. a. Augenmerk auf die „Schuld" als Voraussetzung der Strafe. Eine komplexe Durchdringung und Systematisierung hin zu einer Theorie des Schuldstrafrechts zeichnet das kirchliche Recht aus und hebt es deutlich von der dogmatischen Erfassung des zeitgleichen weltlichen Strafrechts ab.
6. Ergebnisse: Die Beobachtungen deuten auf einen Entflechtungsprozess von weltlichem und kirchlichem Strafrecht hin, der auch als Ausdifferenzierungsprozess verstanden werden könnte. An dessen Ende stehen zwei Strafrechtssysteme, nämlich ein kirchliches und ein weltliches Strafrecht, doch sind diese bis heute nicht voneinander abgekoppelt, sondern bleiben – wenn auch nur ein Stück weit – verflochten.

Prof. Dr. theol. Lic. iur. can. Sabine Konrad

Möglichkeiten und Grenzen des kirchlichen Straf- und Sanktionsrechts – Die Perspektive des kanonischen Rechts

I. Einführung

Zum Einstieg ein Fall, der sich letztes Jahr in der Steiermark zugetragen hat: Eines Morgens kommt der Pfarrer in seine Kirche und traut seinen Augen nicht. Zwei der schönsten Heiligenfiguren wurden mit Farbe besprüht, das Lektionar, das immer auf einem Pult zum Lesen für die Gläubigen bereitliegt, ist an einer Ecke angebrannt. Und dann sieht er auch noch, dass der Opferstock, und darin vermutlich eine größere Geldsumme, gestohlen wurde.

Bei der Schilderung dieses Falles kommen hier im Auditorium sicher nicht allen Anwesenden die gleichen Gedanken hinsichtlich der strafrechtlichen Folgen, die die Täterin oder den Täter erwarten könnten. Die Juristinnen und Juristen unter Ihnen werden hier an ganz andere Straftatbestände und Strafen denken als die anwesenden Kanonistinnen und Kanonisten.

Ich darf Ihnen heute einen Überblick über die Spannweite des kanonischen Strafrechts geben. Ziel dieses Vortrages soll es sein, Ihnen aufzuzeigen, was das Besondere am kanonischen Strafrecht ist und vor allem, welche Möglichkeiten die katholische Kirche hat, Straftaten zu ahnden. Zudem soll aber auch benannt werden, wo die Grenzen des kanonischen Strafrechts verlaufen. Der eingangs geschilderte Fall abseits der medialen Aufmerksamkeit illustriert einige dieser Besonderheiten und Grenzen.

Das kanonische Strafrecht hat im Laufe seiner Geschichte wechselnde Beachtung und Anerkennung erfahren. Ausgehend vom Bußwesen der ersten Jahrhunderte entwickelte sich ein immer differenzierteres Verständnis von Sünde und Straftat, von Buße und Strafe.[1] Die ersten Jahre nach dem Zweiten Vatikanischen Konzil (1962–1965) waren dann jedoch von einer heftigen Debatte geprägt, ob es ein Strafrecht in der Kirche überhaupt geben müsse, und ob das Strafen mit Liebe und Barmherzigkeit zusammenpasse.[2] *Graulich* beschreibt die Rolle des kirchlichen Strafrechts in der nachkonziliaren Zeit als „Schattendasein".[3] Es handelte sich um eine Materie, die „allenfalls einigen wenigen Experten bekannt war".[4] Doch gerade in den vergangenen zwei Jahrzehnten rückten die Missbrauchsskandale das Strafrecht wieder in den Mittelpunkt des Interesses.[5] Die bereits seit 2007 durch *Bene-*

1 Vgl. *Klaus Lüdicke*, in: Klaus Lüdicke (Hrsg.), MKCIC, Stand der 63. Erg.-Lfg. (November 2023), Einführung vor c. 1311/1983 Rn. 1.

2 Der Titel eines Tagungsbandes aus dem Jahr 2006 bringt diese Fragestellung klar zum Ausdruck: *Sabine Demel/Libero Gerosa/Alfred E. Hierold/Peter Krämer u.a* (Hrsg.), „Strafrecht" in einer Kirche der Liebe? Notwendigkeit oder Widerspruch?, 2006. Diese Tagung wurde bereits vor dem Hintergrund der steigenden Bedeutung des kirchlichen Strafrechts durchgeführt.

3 *Markus Graulich,* Die große Strafrechtsreform der Päpste Benedikt XVI. und Franziskus, in: Matthias Pulte (Hrsg.), Tendenzen der Kirchlichen Strafrechtsentwicklung, 2017, S. 11 ff. (11).

4 *Markus Graulich/Heribert Hallermann,* Vorwort der Herausgeber, in: Markus Graulich/Heribert Hallermann (Hrsg.), Das neue kirchliche Strafrecht. Einführung und Kommentar, 2021, S. 9 f. (9).

5 Sowohl der Gesetzgeber als auch die Kanonistik gaben dem Strafrecht seit Bekanntwerden der Missbrauchsskandale mehr Bedeutung. *Johannes Paul II.* promulgierte aufgrund einer Gesetzeslücke, die dringend zu füllen war, das MP *Sacramentorum sanctitatis tutela* (SST) (30.04.2001) zu den *graviora delicta*, überarbeitet durch die Kongregation für die Glaubenslehre und approbiert durch *Benedikt XVI.* am 21.05.2010, wieder überarbeitet unter *Franziskus* am 11.10.2021. Gefolgt sind in diesem Bereich die beiden MP *Come una madre amorevole* (04.06.2016), AAS 108 (2016), S. 715 ff. und *Vos estis lux mundi* (07.05.2019), Communicationes 51 (2016), S. 23 ff. von Franziskus. Besonders auffällig ist die steigende Bedeutung des Strafrechts in der Wahl der Themen für kanonistische Tagungen und Publikationen – vor allem seit Ankündigung der Strafrechtsreform durch *Benedikt XVI.* im Jahr 2007, die *Franziskus* 2021 mit der Promulgation der CA *Pascite gregem Dei qua Liber VI Codicis Iuris Canonici reformatur,*

dikt XVI. angekündigte Reform des kanonischen Strafrechts, die 2021 ihren Abschluss fand,[6] trug den inner- wie außerkirchlich geäußerten Forderungen nach passenden und praktisch handhabbaren Strafgesetzen Rechnung, um schweres Fehlverhalten von kirchlicher Seite und innerhalb der Kirche zu ahnden.

Strafrechtliche Normen finden sich zum größten Teil im *Codex Iuris Canonici* (Liber VI) in der aktuellen Fassung von 2021, aber auch außerkodikarisch, wie unter anderem in den Spezialnormen zu den Straftaten, deren Behandlung dem Dikasterium (vormals Kongregation) für die Glaubenslehre vorbehalten sind (MP *Sacramentorum sanctitatis tutela,* kurz SST) oder auch in der Papstwahlordnung.[7]

Bei den Straftaten des kirchlichen Strafrechts lassen sich zwei Fallgruppen unterscheiden: Zunächst gibt es Straftaten, die nur die Kirche betreffen, und auch nur im kirchlichen Strafrecht von Bedeutung sind. Das staatliche Strafrecht stellt diese Handlungen nicht unter Strafe. Dabei handelt es sich insbesondere um Straftaten gegen den Glauben, gegen die Sakramente oder gegen die kirchliche Gemeinschaft.[8] Auch Straftaten bei der Ausübung kirchlicher Leitungsgewalt oder Weihegewalt, die nur von der Kirche geahndet werden, können hierzu gezählt werden.

Ferner gibt es Straftaten, die zwar die Kirche betreffen, aber sowohl vom kirchlichen als auch vom staatlichen Recht geahndet werden – in voneinander unabhängigen Verfahren an den jeweiligen Gerichten bzw. im kirchlichen Bereich auch auf dem Verwaltungsweg. Eine Zusammenarbeit, z. B. durch Amtshilfe in der Beweiserhebung, ist innerhalb gewisser Grenzen möglich. Die Ziele des Strafens können allerdings je nach Rechtsbereich sehr unterschiedlich sein, wie am eingangs geschilderten Fall dargestellt werden kann. Die mit Farbe besprühten Heiligenfiguren, das angebrannte Lektionar und der gestohlene Opferstock wären der zweiten Fallgruppe zuzuordnen. Es handelt sich um Straftaten zum Nachteil der Kirche, die sowohl im kirchlichen Recht als auch im staatli-

AAS 113 (2021), S. 534 ff., Liber VI AAS 113 (2021) S. 537 ff., Communicationes 53 (2021), S. 41 ff. abschloss. Das neue Strafrecht trat am 8.12.2021 in Kraft. Zu den Grundsätzen und Phasen der Erarbeitung des neuen Strafrechts vgl. *Markus Graulich,* Der lange Weg zum erneuerten Strafrecht, in: Graulich/Hallermann, Das neue kirchliche Strafrecht (Fn. 4), S. 13 ff. (14 ff.).

6 Vgl. CA *Pascite gregem Dei qua Liber VI Codicis Iuris Canonici reformatur* (Fn. 5).

7 Vgl. zu den *graviora delicta*: *Johannes Paul II.*, MP *Sacramentorum sanctitatis tutela,* und seine Überarbeitungen (Fn. 5); zur Papstwahlordnung: Johannes Paul II., CA *Universi dominici gregis* (22.02.1996), AAS 88 (1996), S. 305 ff., geändert durch *Benedikt XVI.*, MP *Constitutione apostolica universi* (11.06.2007), AAS 99 (2007), S. 776 und MP *Nonnullas normas* (22.02.2013), OR 25.02.2013, S. 335.

8 Gemeint sind z. B. die Straftaten gegen den Glauben, wie die Häresie (c. 1364 i. V. m. c. 751 CIC), die Priesterweihe ohne bischöflichen Auftrag (c. 1387 CIC), die verbotene Gottesdienstgemeinschaft (c. 1381 CIC) oder auch die Verletzung des Beichtgeheimnisses (c. 1386 § 1 CIC).

chen Recht strafrechtlich relevant sind, jedoch nach unterschiedlichen Straftatbeständen entsprechend der jeweiligen Rechtsordnung.

Für die nach staatlichem Strafrecht verwirklichten Straftatbestände der Sachbeschädigung oder des Diebstahls genügt es bereits, dass die Tat fremdes Eigentum betrifft. Der kirchliche Bezug wird erst bei der Strafzumessung bzw. der Prüfung eines besonders schweren Falles gewürdigt. Das kirchliche Strafrecht nimmt dagegen in Tatbeständen wie dem der Entweihung (c. 1369 CIC) primär den Schutz des Sakralen bzw. des Glaubens in den Blick, der Schutz des kirchlichen Eigentums ist nicht der vorrangige Schutzzweck dieser Norm.

Würde man die Täterin oder den Täter ergreifen, und wäre diese Person katholisch,[9] geistig zurechnungsfähig und alt genug, hätte das ein Strafverfahren an einem kirchlichen Gericht zur Folge. Man könnte nach Prüfung der Sachlage den Straftatbestand der Entweihung (c. 1369 CIC) heranziehen: Derjenige, der eine bewegliche oder unbewegliche heilige Sache (*res sacra mobilis vel immobilis*) entweiht (*profanat*), solle mit einer gerechten Strafe (*iusta poena*) belegt werden (*puniatur*). Das könnte sowohl die Verunstaltung der Heiligenfiguren als auch die Brandstiftung an dem Lektionar betreffen. Eine heilige Sache (*res sacra*) ist durch Weihung oder Segnung für gottesdienstliche Zwecke bestimmt. Diese heiligen Sachen dürfen nicht zu profanem oder ihnen fremden Gebrauch verwendet werden, auch nicht, wenn es sich um privates Eigentum handelt (c. 1171 CIC). Auch die Schändung heiliger Orte zählt zum Straftatbestand der Entweihung.[10] Dies geschieht durch mit Ärgernis für die Gläubigen verbundene Handlungen, die nach dem Urteil des Ortsordinarius[11] so schwer sind und der Heiligkeit des Ortes widersprechen, dass es nicht mehr erlaubt ist, an diesen geschändeten Orten Gottesdienst zu halten, bis die Schändung durch einen Bußritus behoben ist (c. 1211 CIC).

[9] Nur diejenigen können strafrechtlich verfolgt werden, die auch dem kirchlichen Gesetz verpflichtet sind, d. h. in der katholischen Kirche getauft oder in sie aufgenommen wurden, hinreichenden Vernunftgebrauch besitzen und das siebte Lebensjahr vollendet haben, wenn im Gesetz nichts anderes vorgesehen ist (c. 11 CIC).

[10] Vgl. *Markus Graulich,* Kommentar zum erneuerten Strafrecht. cc. 1354 – 1399 CIC, in: Graulich/Hallermann, Das neue kirchliche Strafrecht (Fn. 4), S. 169ff. (186).

[11] Der Begriff Ordinarius bezeichnet gemäß c. 134 CIC die Träger der ordentlichen ausführenden Gewalt für die Gesamtkirche (den Papst), eine Teilkirche oder eine dieser gleichgestellten Gemeinschaft (*ordinarius loci,* Ortsordinarius). Dies sind der Diözesanbischof und sein Generalvikar sowie die ihnen gleichgestellten Personen sowie die Oberen klerikaler Ordensinstitute päpstlichen Rechts, die keinen höheren Oberen über sich haben.

Sollte sich das Vorliegen des Tatbestandes tatsächlich bestätigen, sieht c. 1369 CIC eine gerechte Strafe (*iusta poena*) vor – ein Begriff, der zu den Besonderheiten des kirchlichen Strafrechts zählt.

II. Der unbestimmte Begriff der *iusta poena*

Der unbestimmte Gesetzesbegriff der *iusta poena* legt keine konkrete Strafe fest, sondern lässt der strafverhängenden Autorität einen Spielraum, innerhalb dessen die Schwere der Straftat und sonstige Umstände Berücksichtigung finden können. Dieser Entscheidungsspielraum[12] sollte zur tatsächlichen Anwendung des Strafrechts durch den jeweiligen Ordinarius motivieren. Doch diese positive Stärkung des Bischofsamtes führte auch dazu, dass es zu „Ungleichzeitigkeiten in der Strafrechtsanwendung"[13] und diesbezüglichen Diskrepanzen kam.[14]

Im Ausgangsfall steht es der zuständigen kirchlichen Autorität nicht frei, von einer Bestrafung der Straftat abzusehen,[15] wie die Formulierung *puniatur* zeigt.[16] Es darf sich aber nicht um eine Strafe auf Dauer handeln, weil die Strafdrohung unbestimmt ist, was der Begriff *iusta poena* deutlich macht.[17] In diesem Fall soll der Richter bei der Festlegung der Strafe die Schwere des Schadens und das entstandene Ärgernis angemessen berücksichtigen (c. 1349 CIC).[18] In unserem Fall stehen die Sühnestrafen, die *poenae expiatoriae* (c. 1336 CIC, ausgenommen § 5), sowie die Beugestrafen, die *censurae* (cc. 1331–1333 CIC), als mögliche Strafen zur Verfügung,[19] die im Folgenden dargestellt werden sollen.

12 Auch in Verbindung mit der Verbform *puniri potest* (kann bestraft werden), das nach der Strafrechtsreform von 2021 weitgehend aus dem Gesetzestext verschwunden ist.

13 *Graulich*, Strafrechtsreform (Fn. 3), S. 11.

14 Vgl. *Graulich*, Strafrechtsreform (Fn. 3), S. 11.

15 Absehen von der Strafverfolgung, wenn die Strafzwecke auf andere Weise erreicht werden können, vgl. *Lüdicke*, MKCIC (Fn. 1), c. 1341/1983 Rn. 4f.

16 Seit der Strafrechtsreform ist das früher noch recht häufige *puniri potest* weitestgehend aus den Gesetzen verschwunden. Es kommt nur noch dann vor, wenn eine Strafe zusätzlich gegeben werden kann, wie die Entlassung aus dem Klerikerstand, wie in c. 1379 § 3 CIC.

17 Vgl. *Lüdicke*, MKCIC (Fn. 1), c. 1369/2021 Rn. 11.

18 Ausgenommen sind schwerere Strafen, wie die Entlassung aus dem Klerikerstand, sofern die Schwere des Falles dies nicht erfordert. Immer ausgeschlossen sind unbefristete Strafen (c. 1349 CIC). Weitere schwerere Strafen: vgl. *Lüdicke*, MKCIC (Fn. 1), c. 1349/1983 Rn. 4.

19 *Rehak* diskutiert rechtssprachliche und rechtshistorische Aspekte zur Frage, ob die *iusta poena* mit den Sühnestrafen gleichzusetzen sei, oder ob die Beugestrafen ebenfalls herangezogen werden können. Auch vor dem Hintergrund des Strafzwecks der Besserung des Täters hält er es für schlüssig, dass die Beugestrafen nicht ausgenommen sind. Vgl. *Martin Rehak*, Strafarten, Strafzwecke

III. Die Sühnestrafen

Zu den Sühnestrafen gehören unter anderem Gebote oder Verbote, sich an einem bestimmten Ort oder in einem bestimmten Gebiet aufzuhalten,[20] das Verbot, Ämter, Aufgaben und Dienste, Funktionen und Tätigkeiten auszuüben, und ebenso das Verbot, kirchliche Kleidung oder Ordenskleidung zu tragen. Auch der Entzug oder die Einschränkung von Ämtern, Aufgaben, Diensten, Vollmachten, und Leitungsvollmacht, Rechten und Privilegien zählen zu den Sühnestrafen (c. 1336 § 2 n. 1, §§ 3, 4 CIC). Die besonders schwere Strafe der Entlassung aus dem Klerikerstand zählt ebenso zu den Sühnestrafen (c. 1336 § 5 CIC). Mit der letzten Strafrechtsreform sind erstmals ausdrücklich auch Geldstrafen zugelassen worden. Hierfür haben die Bischofskonferenzen mit einer eigenen Ordnung den Rahmen abzustecken (c. 1336 § 1 2° CIC). Die Geldstrafe muss für kirchliche Zwecke, wie die geordnete Durchführung des Gottesdienstes, die Sicherstellung des angemessenen Unterhalts des Klerus und anderer Kirchenbediensteter, oder Werke des Apostolats und der Caritas, vor allem gegenüber den Armen (c. 1254 § 2 CIC) verwendet werden.[21] Bei der Ausgestaltung der konkreten Strafverhängung hat das Gericht Gestaltungsmöglichkeiten hinsichtlich der Dauer der Strafe und der Widerrufbarkeit.[22]

Das Stehlen das Opferstocks im geschilderten Fall wäre vom kirchlichen Strafrecht ebenfalls erfasst. Es könnte sich je nach Sachlage um den Tatbestand der Entziehung von Kirchengut handeln. Der Straftatbestand ist erfüllt, wenn eine Person Kirchengüter dem kirchlichen Besitz entzieht (c. 1376 n. 1 CIC), sich also Kirchengut aneignet oder verhindert, dass ihre Früchte erhalten werden. Zur Erfüllung des Straftatbestandes ist es nicht notwendig, dass der Täter das Kirchenvermögen an sich nimmt, sondern allein, „dass die Kirchengüter dem Zugriff seiner rechtmäßigen kirchlichen Eigentümer entzogen werden".[23]

und Strafrahmen im kanonischen Strafrecht, in: Thomas Neumann/Peter Platen/Thomas Schüller (Hrsg.), Nulla est caritas sine iustitia. Festschrift für Klaus Lüdicke zum 80. Geburtstag, 2023, S. 301ff. (310ff.).

20 Vertiefend zu den Aufenhaltsbeschränkungen: *Andrea Michl*, Aufenthaltsbeschränkungen im kanonischen Recht und Möglichkeiten ihrer Anwendung, in: Josef Otter/Markus Walser (Hrsg.), Iustitia et Ius. Festschrift für Elmar Güthoff, 2023, S. 505ff. (509ff.).

21 Vgl. *Heribert Hallermann*, Kommentar zum erneuerten Strafrecht. cc. 1311 – 1353 CIC, in: Graulich/Hallermann, Das neue kirchliche Strafrecht (Fn. 4), S. 107ff. (145).

22 Die Strafen können nicht widerrufbar (*in perpetuum*), endend nach Ablauf einer bestimmten Frist (*in tempus praefinitum*) oder bis zu ihrer Absolvierung ohne Fristsetzung (*in tempus indeterminatum*) verhängt werden. Vgl. *Hallermann*, Kommentar (Fn. 21), S. 144; *Lüdicke*, MKCIC (Fn. 1), c. 1336/2021 Rn. 5.

23 *Lüdicke*, MKCIC c. 1376/2021 (Fn. 1), Rn. 5.

Unabhängig von der Bestrafung ist der Täter schadensersatzpflichtig (c. 1376 § 1 CIC). Als Strafen sieht das Strafgesetz für die Entziehung von Kirchengütern eine Sühnestrafe gemäß c. 1336 §§ 2–4 CIC vor, also die eben bereits genannten Gebote und Verbote, sich an bestimmten Orten aufzuhalten bzw. Geldstrafen, sowie Ämter, Aufgaben, Dienste und Funktionen, Akte der Leitungsgewalt und Akte der Weihegewalt nicht oder eingeschränkt ausüben zu können.

Deutlich wird hier eine weitere Grenze des kirchlichen Strafrechts. Denn sofern es sich im Fall des Vandalismus in der Kirche bei dem Täter oder der Täterin nicht um eine Person handelt, die im kirchlichen Dienst tätig ist oder ein kirchliches Amt innehat, können einige der vorgesehenen Strafen auf den konkreten Fall nicht angewendet werden.

IV. Die Beugestrafen

Zu den Beugestrafen zählen die Exkommunikation, das Interdikt und die Suspension (cc. 1331–1333 CIC). Es handelt sich um Strafen, die zur Folge haben sollen, dass der Straftäter sich bessert, seine Widersetzlichkeit aufgibt und die Strafe zurückgenommen werden kann. Die Beugestrafen sollen dem Straftäter helfen, sich wieder in die kirchliche Gemeinschaft bzw. in den kirchlichen Dienst zurückbegeben zu können. Letztlich bezweckt die Strafe, dass der oder die Bestrafte um deren Rücknahme bittet.

Am bekanntesten wird wohl die Exkommunikation sein. Entgegen verbreiteter Meinung stellt die Exkommunikation keinen Kirchenausschluss dar. Der Begriff „Kirchenbann", der vor der Codex-Reform von 1983 für die Exkommunikation gebräuchlich war, könnte zu diesem Fehlschluss Anlass gegeben haben. Doch die Exkommunikation entlässt den Bestraften nicht aus der *Communio* – das wäre gar nicht möglich –, sondern beschränkt seine innerkirchlichen Rechte in erheblichem Maße. Der Bestrafte darf weder Sakramente spenden[24] noch empfangen sowie keine liturgischen Handlungen vornehmen. Aber in den Gottesdiensten darf er in passiver Haltung anwesend sein. Auch soll ihm geholfen werden, die Widersetzlichkeit aufzugeben und um Rücknahme der Strafe zu bitten. Dies gilt in entsprechender Weise auch für die Strafe des Interdikts.

[24] Sooft ein Gläubiger in Todesgefahr um die Spendung eines Sakramentes oder einer Sakramentalie (c. 1166 CIC) bittet, ist die Strafe (Exkommunikation bzw. Interdikt) ausgesetzt (c. 976 CIC). Bei einer nicht festgestellten Tatstrafe wird das Verbot immer dann ausgesetzt, wenn ein Gläubiger um die Spendung eines Sakramentes, einer Sakramentalie oder eines Aktes der Leitungsgewalt ansucht (c. 1335 § 2 CIC).

Sollte es sich bei einem Exkommunizierten (bei verhängter oder festgestellter Strafe)[25] um einen kirchlichen Amtsträger handeln, oder eine Person, die im kirchlichen Dienst steht, hat die Exkommunikation weitere Folgen. Die Ausübung und der Erwerb kirchlicher Ämter und Dienste sowie sonstiger kirchlicher Funktionen sind dem Exkommunizierten verboten bzw. nicht möglich.[26] Ebenso besteht ein Verbot, Akte der Leitungsgewalt zu setzen.[27]

Bei der Verhängung der Strafe der Suspension gibt der Gesetzgeber der strafverhängenden Instanz einen Ermessensspielraum, der eine an die Straftat angemessene Bestrafung ermöglicht. Es können alle oder auch nur einige Akte der Weihegewalt und der Leitungsgewalt verboten werden, und auch alle oder einige mit dem Amt verbundene Aufgaben (c. 1333 § 1 CIC).[28]

V. Die Strafzwecke

Um Fehlverhalten innerhalb der Kirche entsprechend ahnden zu können, beansprucht die Kirche gemäß c. 1311 CIC ein ihr angeborenes und eigenes Recht (*ius nativum et proprium*),[29] Gläubige durch Strafmittel zurechtzuweisen. Die Strafverhängung soll drei konkrete Ziele verfolgen, die der Gesetzgeber definiert. Durch das Strafen soll die Gerechtigkeit wiederhergestellt werden, der Straftäter sich bessern und Ärgernisse beseitigt werden (cc. 1311 § 2, 1341, 1343 CIC). Zusätzlich nennt *Franziskus* in der Einführung zum neuen Strafrecht in der CA *Pascite gregem Dei* (2021)[30] die Wiedergutmachung und heilende Medizin – vor allem auf das Wohl der Gläubigen gerichtet.

[25] Im Gegensatz zur nicht festgestellten Tatstrafe.

[26] Der Codex von 1917 sah zusätzlich eine Differenzierung unter den Exkommunizierten vor. Die einen waren die sogenannten *vitandi*, die zu Meidenden, und die anderen die *tolerati*, die Geduldeten. Den Status eines *vitandus* konnten nur diejenigen Straftäter erhalten, deren Exkommunikation namentlich und öffentlich durch den Apostolischen Stuhl verhängt wurde (c. 2258 CIC/1917) oder bei physischer Gewalt gegen den Papst (c. 2343 § 1 1° CIC/1917). Weiterführend: *Sabine Konrad/Franziska Seiler*, Der Begriff der physischen Gewalt im kirchlichen und weltlichen Strafrecht, in: Otter/Walser, FS Güthoff (Fn. 20), S. 465ff. (477).

[27] Würde der Exkommunizierte in unerlaubter Weise Akte der Leitungsgewalt setzen, wären diese ungültig (c. 1331 § 1, 2° CIC).

[28] Zu den Rechtswirkungen der Beugestrafen ausführlich: *Lüdicke*, MKCIC (Fn. 1), c. 1331/2021 Rn. 5ff.; 21; c. 1332/2021 Rn. 2; 9; c. 1333/1983 Rn. 5ff.

[29] Vertiefend: *Thomas Meckel*, Das angeborene Recht der Kirche, zu strafen, in: *Thomas Meckel/Matthias Pulte* (Hrsg.), Das neue kirchliche Strafrecht zwischen Kontinuität und Diskontinuität, 2023, S. 13ff.

[30] Vgl. *Franziskus*, CA *Pascite gregem Dei* (Fn. 5).

In der Geschichte des Strafrechts finden sich aber auch Überlegungen zu erweiterten Strafzwecken wie Vergeltung, Schutz der kirchlichen Gemeinschaft, Warnung und Abschreckung. Da das kanonische Strafrecht seinen Ursprung im Bußwesen hat,[31] ist zudem auch die Buße als Folge für das Fehlverhalten als Strafzweck zu nennen.[32]

Lange Zeit war die Bestrafung als *ultima ratio* gesehen worden. Erst wenn weder pastorales Bemühen noch brüderliche Ermahnung, Verwarnung oder Verweis das Fehlverhalten ändern, sollte eine Strafe verhängt werden (c. 1341 CIC). Auch der 2021 neu hinzugefügte § 2 des c. 1311 betont, dass die kirchliche Leitung, also die Ordinarien, das Wohl der Gemeinschaft durch die pastorale Liebe, das Beispiel des eigenen Lebens sowie durch Rat und Ermahnung schützen und fördern solle. Falls es allerdings erforderlich sei, solle sie die Strafe nach den Vorschriften des Gesetzes und unter Beachtung der kanonischen Billigkeit verhängen bzw. feststellen. Das ist dann der Fall, wenn der Ordinarius aufgrund der Schwere der Straftat oder des entstandenen Ärgernisses das Strafrecht anwenden muss, oder auch weil er „davon überzeugt ist, dass andere Wege und Maßnahmen nicht zum gewünschten Erfolg führen".[33]

In diesem Zusammenhang kommt auch die Verpflichtung der Diözesanbischöfe zum Tragen, alle kirchlichen Gesetze zu beachten (c. 392 CIC).[34]

Die Normen zum Strafprozess verlangen zudem, dass der Ordinarius schon bei einer wenigstens wahrscheinlichen Kenntnis (*notitiam saltem veri similem*) einer Straftat Erkundigungen zu den Umständen einholen soll – allerdings zunächst vorsichtig, um dem Beschuldigten nicht zu schaden (c. 1717 CIC). Diese prozessrechtliche Norm hat sich zwar durch die Strafrechtsreform nicht geändert, ist aber jetzt in einem neuen Kontext zu sehen, in dem nun die Anwendung des Strafrechts „deutlich als Amtspflicht herausgestellt"[35] wurde, so dass die Nichtanwendung eine Vernachlässigung der Amtsführung darstellen könne.[36]

[31] Bei der Entwicklung von der Sünde hin zur Straftat handelte es sich um einen sehr langen Prozess, der zeitlich nur schwer festzumachen ist. Die Sünde hatte die Buße zur Folge, während auf eine Straftat ggf. eine Strafe folgen konnte. Vgl. *Lüdicke*, MKCIC (Fn. 1), Einleitung vor c. 1311/1983 Rn. 1.

[32] Vgl. *Wilhelm Rees*, Strafe und Strafzecke. Theorien, geltendes Recht und Reformen, in: *Matthias Pulte* (Hrsg.), Tendenzen der Kirchlichen Strafrechtsentwicklung, 2017, S. 23ff. (33ff.); *Wilhelm Rees*, Die Strafgewalt der Kirche. Das geltende kirchliche Strafrecht – dargestellt auf der Grundlage seiner Entwicklungsgeschichte, 1993, S. 61.

[33] *Hallermann*, Kommentar (Fn. 21), S. 109.

[34] Vgl. *Hallermann*, Kommentar (Fn. 21), S. 109.

[35] *Helmuth Pree*, Die Voruntersuchung (VU) im kirchlichen Strafrecht, in: Otter/Walser, FS Güthoff (Fn. 20), S. 525ff. (525).

[36] Vgl. *Pree*, Voruntersuchung (Fn. 35), S. 525.

VI. Die Straftatbestände

Das Besondere am kirchlichen Strafrecht ist, dass es nicht nur die irdische Gemeinschaft und die zivile Ordnung im Blick hat, sondern auch die Beziehung zu Gott, die Beziehung zur Kirche und zur kirchlichen Gemeinschaft. Die Kirche kennt somit Straftaten, die in anderen Rechtsbereichen keine Rolle spielen, insbesondere solche, die sich ganz konkret auf das Glaubens- und kirchliche Leben beziehen. Zudem gibt es allerdings auch Fehlverhalten im vermögensrechtlichen Bereich und Vergehen gegen das menschliche Leben, die menschliche Freiheit und die menschliche Würde, die auch im staatlichen Recht eine gewisse Entsprechung finden.

Der *Codex Iuris Canonici* teilt die Straftaten in Teil II seines Liber VI in sechs verschiedene Kategorien ein:

Zunächst sind die „Straftaten gegen den Glauben und die Einheit der Kirche" in Titel I (cc. 1364–1369 CIC) zu nennen. Hierzu gehören die sehr schweren Straftaten gegen den Glauben: die Häresie, die Apostasie und das Schisma (c. 1364 § 1 i.V.m. c. 751 CIC). Die Häresie ist das hartnäckige Leugnen von Glaubensinhalten, die Apostasie das totale Ablehnen des Glaubens und das Schisma die Trennung von der Kirche und ihrer Leitung. Diese drei Straftaten ziehen die Exkommunikation als Tatstrafe[37] nach sich, also eine Exkommunikation, die eintritt, sobald die Straftat vollendet ist – ohne einen gerichtlichen Prozess und ohne ein Urteil auf dem Verwaltungsweg. Erst im Nachhinein kann die Strafe von der jeweiligen strafverhängenden Autorität per Dekret festgestellt werden.

Zu den Straftaten gegen den Glauben und die Einheit der Kirche, aber mit weniger gravierenden strafrechtlichen Folgen, gehören ferner die Berufung an ein Ökumenisches Konzil oder das Bischofskollegium gegen eine Maßnahme des Papstes (c. 1366 CIC) oder das Veranlassen einer nichtkatholischen Taufe und Erziehung eines Kindes (c. 1367 CIC)[38] sowie Blasphemie (c. 1368 CIC) und die Entweihung von heiligen Sachen (c. 1369 CIC).

[37] Die Unterscheidung zwischen Spruchstrafe und Tatstrafe ist eine Eigenheit des Strafrechts der lateinischen Kirche. Eine Tatstrafe tritt dann von selbst ein, sobald die Straftat vollendet wurde. Allerdings kann dies nur geschehen, wenn ein kirchliches Gesetz dies vorsieht. Eine Spruchstrafe hingegen wird durch einen Strafspruch auf dem Gerichts- oder Verwaltungsweg verhängt. Die gewöhnliche Form der Strafverhängung ist die Spruchstrafe (c. 1314 CIC). Für besonders gravierende Straftaten sind Tatstrafen vom Gesetz ausdrücklich festgelegt.

[38] Dieser Straftatbestand wird durchaus kritisch hinterfragt. Konfessionsverschiedene Familien, in denen die Kinder nicht katholisch getauft und erzogen werden, sind hiervon betroffen und können sich daher einer Straftat schuldig machen. Vgl. *Wilhelm Rees*, Die einzelnen Straftaten und die für die vorgesehenen

Eine weitere Kategorie der Straftaten sind die „Straftaten gegen die kirchliche Autorität und die Ausübung kirchlicher Aufgaben" (Titel II, cc. 1370–1378 CIC). Hierzu zählen die physische Gewalt gegen den Papst oder gegen einen Bischof, einen Kleriker oder einen Ordensangehörigen, und seit der Strafrechtsreform von 2021 die physische Gewalt gegen einen Gläubigen (c. 1370 CIC).[39] Dieser letzte, neue Straftatbestand zeigt die Ausweitung des kirchlichen Strafrechts, das hier nicht nur Kleriker und Ordensleute, sondern auch diejenigen schützt, die einen Dienst in der Kirche erfüllen, wie beispielsweise Laien im kirchlichen Dienst sowie Ehrenamtliche. Physische Gewalt gegen diese Personen wird nur als Straftatbestand anerkannt, wenn sie die Gewalt aufgrund ihrer Kirchenzugehörigkeit und ihres kirchlichen Dienstes erfahren. Im Gesetzestext heißt es „in Missachtung des Glaubens, der Kirche, der kirchlichen Gewalt oder eines kirchlichen Dienstes" (c. 1370 § 1 CIC).[40]

In diese Kategorie fällt auch der 2021 neu in den *Codex Iuris Canonici* aufgenommene[41] Straftatbestand der Verletzung des päpstlichen Geheimnisses (c. 1371 § 4 CIC), der für die Themenstellung dieses Beitrags eine besondere Bedeutung hat. Bestimmte Vorgänge unterliegen dem Päpstlichen Geheimnis (*secretum Pontificium*) und dürfen dementsprechend nicht nach außen getragen werden. Die Verletzung dieses Geheimnisses wird mit einer Sühnestrafe gemäß c. 1335 §§ 2–4 CIC geahndet. Inhaltlich gehören hierzu auch die *graviora delicta*, mit Ausnahme der Beschuldigungen, Verfahren und Entscheidungen zu sexuellem Missbrauch Minderjähriger und ihnen Gleichgestellten, sowie der Erwerb, die Aufbewahrung, das Vorzeigen und die Verbreitung pornographischer Bilder von Minderjährigen (Art. 6 1°, 2° SST/2021). Diese unterliegen seit der Revision von SST durch Franziskus nicht mehr dem päpstlichen Geheimnis (Art. 28 § 1 SST/2021).[42]

Weitere Straftaten dieser Kategorie sind beispielsweise der Ungehorsam gegenüber dem Apostolischen Stuhl oder dem Ordinarius (c. 1371 § 1 CIC) sowie noch weitere Amtsträgerdelikte, wie die Nichterfüllung der Pflicht, ein rechtskräftiges Urteil oder rechtskräftiges Strafdekret

Strafen, in: Thomas Neumann/Peter Platen/Thomas Schüller (Hrsg.), Nulla est caritas sine iustitia. Festschrift für Klaus Lüdicke zum 80. Geburtstag, 2023, S. 265ff. (269).

39 Vgl. *Konrad/Seiler*, Der Begriff (Fn. 26), S. 477.

40 Sollte also eine dieser Personen, z. B. ein Pastoralreferent, aus einem anderen Grund Gewalt erfahren, z. B. innerhalb eines Nachbarschaftsstreits, greift das kirchliche Strafrecht nicht. Hierbei wird klar, dass nicht die Person als solche vom Gesetz geschützt wird, sondern nur aufgrund ihres Bezugs zur Kirche und zum Glauben.

41 Zuvor war der Straftatbestand außerhalb des CIC in den Normen zu den *graviora delicta* (Art. 30 SST/2010, Art. 28 SST/2021) geregelt.

42 Vgl. *Rees*, Straftaten (Fn. 38), S. 270f.

auszuführen (c. 1371 § 5 CIC), Amtsmissbrauch (c. 1378 § 1 CIC) und Veräußerung von Kirchengütern ohne entsprechende Zustimmung oder Erlaubnis (c. 1376 § 1 2° CIC), Bestechlichkeit (c. 1377 § 2 CIC) sowie grobe Fahrlässigkeit bei der Verwaltung der Kirchengüter (c. 1376 § 2 2° CIC).[43] Ebenso gehören der Beitritt in eine Vereinigung, die gegen die Kirche vorgeht (c. 1374 CIC), in diese Kategorie.

Die „Straftaten gegen die Sakramente" (Titel III, cc. 1379–1389 CIC) beziehen sich ebenfalls ausschließlich auf den kirchlichen Bereich und beinhalten Straftatbestände, wie beispielsweise die versuchte Feier des eucharistischen Opfers ohne Priesterweihe (c. 1379 § 1 1° CIC), die unrechtmäßige Erteilung der Absolution (c. 1379 § 1 2° CIC), die verbotene Spendung eines Sakramentes (c. 1379 § 4 CIC) oder die versuchte heilige Weihe einer Frau (c. 1379 § 3 CIC),[44] ferner der Bruch des Beichtgeheimnisses (c. 1386 CIC), die Bischofsweihe ohne päpstlichen Auftrag (c. 1387 CIC) sowie die Verunehrung der eucharistischen Gestalten (c. 1382 CIC).[45]

Ferner kennt das kanonische Strafrecht die „Straftaten gegen den guten Ruf und das Fälschungsdelikt" (Titel IV, cc. 1390–1391 CIC). Hier geht es vor allem um die Falschanzeige eines Beichtvaters bei der kirchlichen Autorität (c. 1390 § 1 CIC) und um die verleumderische Anzeige eines Delikts beim kirchlichen Oberen bzw. auch um die Verletzung des guten Rufes eines anderen (c. 1390 § 2 CIC). Auch die Erstellung eines falschen öffentlichen kirchlichen Dokumentes, dessen Veränderung, Zerstörung oder auch die Verwendung eines gefälschten oder veränderten Dokumentes gehören in diese Kategorie (c. 1391 CIC).

Die „Straftaten gegen besondere Verpflichtungen" (Titel V, cc. 1392–1396 CIC) betreffen ausschließlich Kleriker und Ordensangehörige und beinhalten Straftaten wie etwa das absichtliche Verlassen des priesterlichen Dienstes für mehr als sechs zusammenhängende Monate (c. 1392 CIC),[46] Straftaten im wirtschaftlichen Bereich (c. 1393 CIC)[47] sowie den

[43] Vertiefend *Rees*, Straftaten (Fn. 38), S. 271 ff.

[44] Der Straftatbestand der versuchten Weihe einer Frau ist zwar nicht neu im Kirchenrecht, wurde aber erst durch die Strafrechtsreform von 2021 in den *Codex Iuris Canonici* aufgenommen. Zuvor war er bereits außerkodikarisch in den Normen bezüglich der Straftaten, die der Kongregation für die Glaubenslehre reserviert sind, enthalten, vgl. Art. 5 SST/2021 (vormals Art. 5 SST/2001 und 2010).

[45] Vertiefend *Rees*, Straftaten (Fn. 38), S. 277 ff.

[46] Dieser Straftatbestand wurde 2021 neu in den CIC aufgenommen, um Verstöße gegen die besonderen Verpflichtungen eines Klerikers (Gehorsamspflicht gegenüber dem eigenen Ordinarius, c. 273 CIC; Verpflichtung, Aufgaben zu übernehmen und treu zu erfüllen, c. 274 § 2 CIC; Residenzpflicht, c. 283 § 1 CIC; Verbot, sich freiwillig zum Militärdienst zu melden, c. 289 § 1 CIC) auch strafrechtlich zu sanktionieren. Vgl. *Rees*, Straftaten (Fn. 38), S. 285.

[47] Der Straftatbestand bezieht sich auf c. 285 § 4 CIC: Kleriker dürfen demnach die Verwaltung von Vermögen, das Laien gehört, oder weltliche Ämter nur mit

Versuch einer Eheschließung durch Kleriker oder Ordensangehörigen mit ewigen Gelübden (c. 1394 CIC)[48]. Ferner zählen dazu auch öffentliche Verfehlungen[49] gegen das sechste Gebot des Dekalogs sowie gegen die Zölibatsverpfichtung (c. 1395 CIC).[50]

Schließlich finden sich in der Kategorie „Straftaten gegen Leben, Würde und Freiheit des Menschen" (Titel VI, cc. 1397–1398 CIC) die Straftatbestände der Tötung eines Menschen, der Entführung, des Festhaltens, des Verstümmelns einer Person (c. 1397 § 1 CIC) sowie der Abtreibung (c. 1397 § 2 CIC). Durch die Strafrechtsreform von 2021 wurde auch der sexuelle Missbrauch Minderjähriger oder geistig behinderter Personen als Straftatbestand in den *Codex Iuris Canonici* aufgenommen (c. 1398 CIC). Zuvor wurde dieser Straftatbestand in separaten Normen für die sogenannten „schwerwiegenderen Straftaten", den *graviora delicta*, behandelt.[51] Die Strafgesetze dieser Kategorie nehmen als mögliche Straftäter alle in den Blick, die der *Codex Iuris Canonici* verpflichtet. Dazu gehören gemäß cc. 1 und 11 CIC alle Zugehörigen zur lateinischen Kirche. Eine Einschränkung auf Kleriker oder Ordensleute wird hier nicht vorgenommen. Somit können auch Laien, wie zum Beispiel hauptamtliche oder ehrenamtliche kirchliche Mitarbeiter, in entsprechenden Fällen strafrechtlich belangt werden.[52]

VII. Strafsicherungsmittel und Bußen

Das kanonische Recht sieht zur Prävention von Straftaten *remedia poenalia*, also strafrechtliche Heilmittel vor, die das Ziel haben, „jemanden, der für die Begehung einer Straftat möglicherweise anfällig ist, zur rechtzeitigen Umkehr zu bewegen oder einen Straftäter, der eine Strafe bereits abgelöst hat, vor einem Rückfall zu bewahren".[53] Um zu vermei-

Erlaubnis ihres Ordinarius übernehmen. Die Übernahme von Bürgschaften ist Klerikern erst nach der vorherigen Konsultation des eigenen Ordinarius gestattet. Auch dürfen Kleriker keine Wechsel unterschreiben, in denen sie die Verpflichtung zu einer Geldzahlung übernehmen.

48 Da die heiligen Weihen ein Ehehindernis darstellen (c. 1087 CIC), wäre die Eheschließung ohne Dispens von diesem Ehehindernis kirchenrechtlich ungültig. Deshalb wird hier nur von einer versuchten Eheschließung gesprochen.

49 Der Straftatbestand des sexuellen Missbrauchs ist hier nicht gemeint. Er wird seit 2021 in c. 1398 CIC und in den genannten außerkodikarischen Normen geregelt. Vertiefend *Rees*, Straftaten (Fn. 38), S. 287.

50 Zu den Verfehlungen gegen das sechste Gebot zählen Verstöße gegen die Verpflichtungen zu einem moralisch-sittlichen Leben, also Verstöße im sexuellen Bereich. Kleriker sind – sofern sie nicht zu den verheirateten ständigen Diakonen gehören – zur Enthaltsamkeit verpflichtet (c. 277 CIC).

51 Art. 6 SST/2021 (vormals Art. 6 SST/2001 und 2010).

52 Vertiefend: *Rees*, Straftaten (Fn. 38), S. 288ff.

53 *Michl*, Aufenthaltsbeschränkungen (Fn. 20), S. 515.

den, dass es in solchen Fällen tatsächlich zu (wiederholten) Straftaten kommt, kann der Ordinarius Strafsicherungsmittel und Bußen einsetzen. Sollte eine Person möglicherweise wiederholt oder erstmalig im Begriff sein, eine Straftat zu begehen oder einen unguten Lebenswandel führen, der Ärgernis hervorrufen könnte, hat der Ordinarius die Möglichkeit, selbst oder durch andere eine Verwarnung (*monitio*) oder in einem schwerwiegenderen Fall einen Verweis (*correptio*) zu erteilen (c. 1339 §§ 1–3 CIC). Die Strafrechtsreform von 2021 brachte zusätzlich das unter Aufsicht Stellen (*vigilantia*) oder das Aufstellen eines Strafgebots (*praeceptum poenale*, c. 1339 §§ 4–5 CIC).[54] Den Verweisen und Verwarnungen können auch Bußen hinzugefügt werden, also Auflagen, ein Werk der Religion oder der Frömmigkeit oder der Caritas zu verrichten (c. 1340 CIC).

Bei Personen, die im kirchlichen Dienst stehen, können diese Verwarnungen und Verweise sehr wirksam sein. Bei anderen Katholiken gelangt das kirchliche Recht auch insoweit rasch an Grenzen – wobei es natürlich immer sehr auf die persönliche Einstellung zur kirchlichen Autorität ankommt.

VIII. Die Verhängung von Strafen

Der zuständigen kirchlichen Autorität stehen für die Verhängung von Strafen sowie die Feststellung von Tatstrafen zwei mögliche Verfahrenswege zur Verfügung, der Gerichtsweg und der Verwaltungsweg.[55]

Gerichtsweg: Das jeweils zuständige Gericht[56] ist an die prozessrechtlichen Normen zum Strafprozess gebunden (cc. 1717–1728 CIC; für die *graviora delicta* Artt. 12–18 SST/2021). Dies ist sowohl für die Feststel-

[54] In Form der *vigilantia* oder eines *praeceptum poenale* können auch Aufenthaltsbeschränkungen (Gebote oder Verbote, sich an einem bestimmten Ort aufzuhalten) auferlegt werden. Dies kann beispielsweise schon während der Voruntersuchung zu einem möglichen Strafprozess geschehen, um Ärgernisse zu vermeiden oder die Verschleierung von Beweisen zu verhindern (c. 1722 CIC). Vgl. *Michl*, Aufenthaltsbeschränkungen (Fn. 20), S. 517 ff.; *Heribert Hallermann*, Aufenthaltsverbot, Aufenthaltsgebot und Aufsicht nach kirchlichem Recht. Überlegungen zu kirchlichen freiheitsbeschränkenden Strafen, kirchlicher Aufsicht und ihrer Durchsetzbarkeit, in: Meckel/Pulte, Das neue kirchliche Strafrecht (Fn. 29), S. 237 ff. (253 ff.).

[55] Vgl. *Lüdicke*, MKCIC (Fn. 1), Einleitung vor c. 1311/1992 Rn. 6 f.

[56] Gemäß c. 1412 CIC kann jemand – auch in Abwesenheit – vor dem Gericht jenes Ortes angeklagt werden, in dem die Straftat begangen worden ist. Es können auch überdiözesane Strafgerichte eingerichtet werden. Sie können dann für ihre Territorien die Strafverfahren durchführen. Zu beachten ist hierbei, dass bestimmte schwerwiegendere Straftaten dem Apostolischen Stuhl, konkret dem Dikasterium für die Glaubenslehre, vorbehalten sind. Auch kann der Papst gemäß c. 1405 § 1 4° CIC jederzeit Strafsachen an sich ziehen.

lung einer eingetretenen Tatstrafe (*sententia declaratoria*) als auch für die Verhängung einer Strafe durch das Gericht (*sententia condemnatoria*) der Fall.[57] Nach einer Voruntersuchung, die bereits bei einer Kenntnis von einer wenigstens wahrscheinlichen Straftat eingeleitet werden soll (c. 1717–1719 CIC; Art. 10 SST/2021)[58] kann der Ordinarius verfügen, den Strafprozess einzuleiten (c. 1721 CIC), sofern die Voruntersuchung unter Berücksichtigung von Strafausschließungsgründen ergeben hat, dass ein Straftatbestand vorliegt. Die Voruntersuchungsakten werden dem Kirchenanwalt, der das Anklagemonopol besitzt und dem Richter die Anklageschrift vorlegen muss, überwiesen (c. 1721 § 1 CIC). Im Prozess ist der Beschuldigte von einem Anwalt zu begleiten, der entweder von ihm selbst oder vom Richter bestellt wird (c. 1723 CIC). „Die pflichtmäßige Beiziehung eines Anwalts beruht auf der Überlegung, die meist rechtsunkundigen und prozeßunerfahrenen Parteien vor Nachteilen zu bewahren und ihnen dadurch die Möglichkeit zu einer besseren Verteidigung einzuräumen."[59] Außerdem gewährleistet dies auch einen sachgemäß durchgeführten Prozess.

Gegebenenfalls müssen zu diesem Zeitpunkt Maßnahmen zurückgenommen werden, die im Laufe der Voruntersuchung zur Vermeidung von Ärgernis, aber auch zum Schutz der Zeugen ergriffen worden sind, wie zum Beispiel das Verbot der öffentlichen Teilnahme an der heiligen Eucharistie oder Aufenthaltsbeschränkungen.[60]

Der Richter muss, sobald eindeutig feststeht, dass der Angeklagte die Straftat nicht begangen hat, in jeder Instanz und in jedem Stadium des Strafprozesses dies durch ein Urteil erklären. Wenn die Verjährung der Strafklage feststeht, hat er den Angeklagten freizusprechen (c. 1726 CIC). Nach dem Urteil kann sowohl der Angeklagte als auch der Kirchenanwalt Berufung einlegen (c. 1727 CIC).

Verwaltungsweg: In den meisten Fällen ist dem Ordinarius die Wahl der Verfahrensart überlassen (c. 1718 § 1 3° CIC). Der Verwaltungsweg darf immer dann angewandt werden, wenn es sich nicht um Strafen handelt, die auf Dauer verhängt werden (c. 1342 CIC). Dies gilt auch für die Feststellung von eingetretenen Tatstrafen. Dem Beschuldigten müssen vom Ordinarius die Anklage und die Beweise bekannt gegeben werden. Zudem muss ihm die Möglichkeit der Verteidigung eingeräumt werden, außer der Angeklagte ist trotz rechtmäßiger Vorladung nicht erschienen (c. 1720 1° CIC). Bevor das Urteil gefällt wird und das

[57] Vgl. *Rees*, Strafgewalt (Fn. 32), S. 418.

[58] Gemäß c. 1717 § 2 CIC ist bei der Voruntersuchung besonders darauf zu achten, dass der Ruf des Beschuldigten nicht geschädigt oder zerstört wird. Vgl. *Rees*, Strafgewalt (Fn. 32), S. 418 ff.; 422. Zum genauen Ablauf und den Kriterien für die Voruntersuchung: *Pree*, Voruntersuchung (Fn. 35), S. 527 ff.

[59] *Rees*, Strafgewalt (Fn. 32), S. 422.

[60] *Rees*, Strafgewalt (Fn. 32), S. 421.

außergerichtliche Dekret die Strafe festlegt bzw. feststellt, hat der Ordinarius die vorgebrachten Argumente mit zwei Beisitzern sorgfältig zu prüfen. Sollte die Straftat zweifelsfrei erwiesen sein und die Strafklage noch nicht verjährt sein, „hat der Ordinarius die rechtlich und sachlich kurz begründete Strafverfügung unter Beachtung der Vorschriften über die Strafverhängung zu erlassen".[61] Die Strafverhängung erfolgt dann durch ein außergerichtliches Dekret.

IX. Dem Apostolischen Stuhl reservierte Straftaten

Grundsätzlich gilt, dass einige Straftaten bzw. deren Bestrafung dem Apostolischen Stuhl reserviert sind. Dabei handelt es sich um die sogenannten *graviora delicta*, die schwerwiegenderen Straftaten.[62] Das bedeutet, dass *in foro externo*, d. h. bei öffentlich bekanntgewordenen Straftaten das Dikasterium für die Glaubenslehre das zuständige Gericht ist.[63] Auch hier besteht die Möglichkeit, ein außergerichtliches Verfahren durchzuführen.[64]

Zu diesen reservierten Straftaten zählen die Häresie, die Apostasie und das Schisma,[65] die Straftaten gegen die Heiligkeit des eucharistischen Opfers und Sakraments,[66] die Straftaten gegen die Heiligkeit des

61 *Rees*, Strafgewalt (Fn. 32), S. 420.

62 Vgl. MP *Sacramentorum sanctitatis tutela* (Fn. 5).

63 *In foro interno*, also bei (noch) nicht öffentlich bekanntgewordenen Straftaten, ist die Apostolische Pönitentiarie zuständig.

64 Es kann vom Dikasterium für die Glaubenslehre, vom Ordinarius bzw. Hierarchen oder von einem von ihnen Beauftragten geführt werden. Das Amt eines Beauftragten können nur Priester ausüben, die ein Doktorat oder wenigstens Lizentiat in Kirchenrecht besitzen und sich durch gute Sitten, Klugheit und juristische Erfahrung auszeichnen (Art. 20 §§ 1, 2 SST/2021).

65 C. 1364 § 1 CIC; Art. 2 § 1 SST/2021. In diesen Fällen hat der Ortsordinarius das Recht, den Gerichtsweg oder den Verwaltungsweg zu gehen, unbeschadet des Rechts, an das Dikasterium für die Glaubenslehre zu rekurrieren bzw. zu appellieren. Auch die Aufhebung der Exkommunikation liegt in der Kompetenz des Ortsordinarius (Art. 2 §§ 2,3 SST/2021).

66 Dazu gehören das Entwenden oder Zurückbehalten der eucharistischen Gestalten in sakrilegischer Absicht oder das Wegwerfen (c. 1382 § 1 CIC, Art. 3 § 1 1° SST/2021), der Versuch, das eucharistische Opfer zu feiern (c. 1379 § 1 1° CIC; Art. 3 § 1 2° SST/2021), das Vortäuschen einer Feier des eucharistischen Opfers (c. 1379 § 5 1° CIC; Art. 3 § 1 3° SST/2021), die verbotene Konzelebration mit Amtsträgern anderer Konfessionen (c. 1381 CIC; Art. 3 § 1 4° SST/2021) sowie die in sakrilegischer Absicht erfolgte Konsekration einer oder beider Gestalten innerhalb oder außerhalb der Eucharistiefeier (c. 1382 § 2 CIC, Art. 3 § 2 SST/2021).

Bußsakraments,[67] die Weihe einer Frau,[68] sexuelle Gewalt,[69] die physische Gewalt gegen den Papst (c. 1370 § 1 CIC) sowie die Bischofsweihe ohne päpstlichen Auftrag (c. 1387 CIC).

Fast alle diese *graviora delicta* ziehen die Tatstrafe der Exkommunikation nach sich, mit Ausnahme der Sexualdelikte gegen Minderjährige und Schutzbedürftige. Für diese Fälle lautet die Strafdrohung Amtsentzug und andere gerechte Strafen, die Entlassung aus dem Klerikerstand nicht ausgeschlossen (c. 1398 § 1 CIC).

X. Grenzen kirchlichen Strafens

In diesem gedrängten Überblick über das Strafrecht der lateinischen Kirche war der Blick bislang auf die *Möglichkeiten* kirchlichen Strafens gerichtet. Es soll aber nicht nur um die Möglichkeiten gehen, die der Kirche zur Verfügung stehen, sondern es soll auch aufgezeigt werden, wo die *Grenzen* verlaufen.

1. *Nulla poena sine lege* und c. 1399 CIC

Zunächst soll die Maxime *nulla poena sine lege* (keine Strafe ohne Gesetz) genannt werden. Auch in der Kirche kann es keine Strafe ohne ein entsprechendes Strafgesetz geben.[70] Dieser Grundsatz soll Rechtssicherheit

67 Dazu gehören die Lossprechung des Mitschuldigen an einer Sünde gegen das sechste Gebot (c. 1384 CIC; Art. 4 § 1 1° SST/2021), der Versuch der sakramentalen Losbesprechung oder das verbotene Hören der Beichte (c. 1379 § 1 2° CIC; Art. 4 § 1 2° SST/2021), das Vortäuschen der sakramentalen Lossprechung (c. 1379 § 5 CIC; Art. 4 § 1 3° SST/2021), die Verführung zu einer Sünde gegen das sechste Gebot innerhalb der Beichte (c. 1385 CIC; Art. 4 § 4 1° SST/2021), die direkte oder indirekte Verletzung des Beichtgeheimnisses (c. 1386 § 1 CIC; Art. 4 § 1 5° SST/2021) sowie die Aufnahme und Verbreitung dessen, was in einer echten oder vorgetäuschten Beichte gesagt wurde (c. 1386 § 3 CIC; Art. 4 § 1 6° SST/2021).

68 Sowohl der Weihespender, als auch die Frau, welche die Weihe zu empfangen versucht, werden mit der Tatstrafe der Exkommunikation bestraft (c. 1379 § 3 CIC; Art. 5 5° SST/2021).

69 Hierzu zählen der sexuelle Missbrauch minderjähriger oder geistig eingeschränkter Personen, sowie der Erwerb, die Aufbewahrung, das Vorzeigen und die Verbreitung pornographischer Bilder von Minderjährigen (c. 1398 § 1 CIC; Art. 6 SST/2021). Vertiefend: *Martin Rehak*, „Qui sibi devincit minorem". Erwägungen zum Grooming-Tatbestand in c. 1398 § 1 Nr. 2 CIC/2021, in: Wilhelm Rees/Herbert Kalb/Christoph Niemand (Hrsg.), Kanonist, Ordensmann und Gestalter. Festschrift zur Emeritierung von Univ.-Prof. Mag. theol. Dr. iur Dr. iur. c. Severin Lederhilger OPraem, 2023, S. 329ff.

70 Dieses Gesetzlichkeitsprinzip hat seinen Ursprung in der Staatsvertragslehre der Aufklärung in Frankreich im 18. Jahrhundert. Sie war eine Reaktion auf strafrichterliche Willkür und strafgesetzliche Ungebundenheit. Vertiefend *Wilhelm Rees*, Bestrafung ohne Strafgesetz. Die strafrechtliche Generalklausel

geben und dient dem Schutz der Gläubigen vor Willkür und ungleicher oder rückwirkender Bestrafung. Er wurde erstmals mit dem *Codex Iuris Canonici* von 1917 in das kanonische Recht aufgenommen[71] und wird durch c. 221 § 3 CIC unter die Grundrechte aller Gläubigen eingereiht.

Gleichwohl kann das Fehlverhalten von Gläubigen sehr vielfältig sein. Es ist durchaus denkbar, dass sich eine Person zum Schaden der kirchlichen Gemeinschaft oder des Glaubens verhält, ohne dass dies zuvor detailliert in einem Strafgesetz als Straftatbestand definiert worden ist.

In einem solchen Fall ist die kirchliche Autorität nicht auf Ermahnungen und pastorale Lösungsansätze beschränkt. Das kodikarische Strafrecht schließt mit einer allgemein gehaltenen Norm (c. 1399 CIC), die der kirchlichen Autorität in derartigen Konstellationen die Befugnis einräumt, bei äußerer Verletzung eines göttlichen oder eines kanonischen Gesetzes eine gerechte Strafe zu verhängen. Allerdings setzt dies voraus, dass die besondere Schwere der Rechtsverletzung eine Bestrafung erfordert und die Notwendigkeit drängt, Ärgernissen zuvorzukommen oder sie zu beheben. Diese vordergründige Durchbrechung des Grundsatzes *nulla poena sine lege* war bereits im ersten *Codex Iuris Canonici* (c. 2222 § 1 CIC/1917) enthalten, da der Richter sonst keine Möglichkeit des Strafens gehabt hätte, wenn ein Delikt zwar nicht von den Strafgesetzen erfasst war, aber doch als besonders schwerwiegende Verletzung der kirchlichen Normen einzustufen war. Das Prinzip der Gesetzlichkeit gilt auch bei c. 1399 CIC, der dem Spannungsverhältnis zwischen der Bestimmtheit der Strafdrohung und dem Schutz der Rechtsordnung (und damit auch der kirchlichen Gemeinschaft und aller Gläubigen) vor schwersten Rechtsbrüchen Rechnung trägt. C. 1399 CIC schließt Tatstrafen aus, da für diese aufgrund ihrer Struktur ein höchstmöglicher Grad an Rechtssicherheit erforderlich ist.[72]

Rees gibt zu c. 1399 CIC folgendes zu bedenken: Die Kirche könne nicht auf diese Norm verzichten, zumal sie nur schwerwiegende Straftaten unter Strafe stelle. Die Kirche müsse auch das persönliche Heil der Gläubigen und den Glauben und die Disziplin der Kirche als Heilsgemeinschaft schützen. Sollte ein Vergehen eines Gläubigen diese Schutzgüter beschädigen, müsse die kirchliche Autorität die Möglichkeit haben, außerhalb der Grenzen einzelner Straftatbestände Strafen zu verhängen, zumal das Legalitätsprinzip nicht naturrechtlich begründet, sondern aus dem staatlichen Recht ins kanonische Recht übernom-

des c. 1399 des *Codex Iuris Canonici*, in: Winfried Aymans/Karl-Theodor Geringer (Hrsg.), Iuri Canonico Promovendo. Festschrift für Heribert Schmitz zum 65. Geburtstag, 1994, S. 373ff. (376ff.).

71 Vgl. *Rees*, Bestrafung ohne Strafgesetz (Fn. 70), S. 380.

72 Zur teils heftigen Kritik und Lösungsversuchen der Kanonistik in Bezug auf die Unvereinbarkeit der c. 2222 § 1 CIC/1917 bzw. c. 1399 CIC/1983 mit dem Legalitätsprinzip: *Rees*, Bestrafung ohne Strafgesetz (Fn. 70), S. 387.

men worden sei. So könne auch Schaden von der Gemeinschaft abgewendet werden.

In der Tat wäre eine lückenlose, vollständige und regelmäßig zu erweiternde Aufzählung von Straftatbeständen eine fragwürdige Gesetzgebungstechnik. Der Gesetzgeber wollte gerade die besonders schwerwiegenden Vergehen unter Strafe stellen, was sich in der Struktur des geltenden Rechts widerspiegelt.[73]

Gegen c. 1399 CIC wird angeführt, dass straffrei bleibe, wer schuldlos nicht wusste, dass eine Gesetzesüberschreitung strafbar ist. Wer das Strafgesetz nicht kennen könne, dürfe auch nicht bestraft werden (c. 1324 CIC). *Lüdicke* merkt an, dass man die Strafbarkeit einer Tat nicht erkennen könne, wenn sie nicht mit einer Strafe bedroht sei.[74] Der in c. 1399 CIC genannte allgemeine Straftatbestand sei sowohl unschlüssig als auch „mit den Eckpfeilern des geltenden Strafrechts unvereinbar".[75] Die Norm gebe die Androhung von Strafen aus den Händen des Gesetzgebers in die Kompetenz des Anwenders, sie werde den Zwecken des kirchlichen Strafens nicht gerecht, eine Bestrafung könne nicht als Prävention eingesetzt werden, sondern allenfalls als Folge eines entstandenen Schadens oder Ärgernisses, die Gläubigen hätten das Recht, nur nach Maßgabe des Gesetzes bestraft zu werden (c. 221 § 3 CIC) und das Gebot der engen Auslegung (*interpretatio stricta*) von Strafnormen (c. 18 CIC) ließe nur Bestrafungen zu, sofern der Wortlaut des Gesetzes die Tat sicher erfasse.[76]

Ungeachtet dieser unverzichtbaren Grundsatzdebatte bleibt aber festzuhalten, dass c. 1399 CIC die Strafbarkeit an strenge Voraussetzungen knüpft. Ebenso ist zu bedenken, dass die Übernahme von Rechtsgrundsätzen des staatlichen Rechts in den Kontext des Kirchenrechts zwangsläufig Anpassungen erfordert, die der grundsätzlichen Verschiedenheit von staatlichem und kirchlichem Recht geschuldet sind.

2. *Nulla poena sine culpa*

Eine weitere Maxime des kirchlichen Strafrechts lautet *nulla poena sine culpa* (keine Strafe ohne Schuld). Damit kirchliche Straftaten geahndet werden können, muss Verschulden vorliegen, und zwar in Form von Vorsatz (*dolus*) oder Fahrlässigkeit (*culpa*) (c. 1321 § 2 CIC).[77] Die Tat muss vorwerfbar sein, damit eine Bestrafung folgen kann. Der CIC/1983 enthält im Gegensatz zu seinem Vorgänger aus dem Jahr

[73] Ausführlich *Rees*, Bestrafung ohne Strafgesetz (Fn. 70), S. 387ff.
[74] Vgl. *Lüdicke*, MKCIC (Fn. 1), c. 1399/2021 Rn. 3.
[75] *Lüdicke*, MKCIC (Fn. 1), c. 1399/2021 Rn. 3.
[76] Vgl. *Lüdicke*, MKCIC (Fn. 1), c. 1399/2021 Rn. 3.
[77] Vgl. *Lüdicke*, MKCIC (Fn. 1), Einleitung vor c. 1311/1983 Rn. 6a.

1917 keine Legaldefinitionen für *dolus*[78] und *culpa*.[79] Gemeint ist die moralische Vorwerfbarkeit[80] in Form der in c. 1321 § 3 CIC genannten bewussten Verletzungen des jeweiligen Strafgesetzes oder Strafgebotes – im Gegensatz zu den Taten, die aus Unterlassung der gebotenen Sorgfalt begangen wurden.[81]

Zwar wird das Verschulden durch eine Rechtsvermutung vorausgesetzt (c. 1321 § 4 CIC),[82] aber niemand wird bestraft, der aus Unterlassung der gebotenen Sorgfalt eine Straftat begeht oder bei Übertretung des Gesetzes schuldlos nicht wusste, ein Gesetz oder ein Strafgebot zu übertreten (c. 1323 2° CIC).[83]

3. Die Schwierigkeiten bei der Durchsetzung von Strafen

Grundsätzlich kann nur derjenige strafrechtlich verfolgt werden, der zur katholischen Kirche gehört, also der in der katholischen Kirche getauft wurde oder in sie aufgenommen wurde. Auf andere Personen erstreckt das kirchliche Strafrecht seinen Geltungsanspruch nicht (c. 11 CIC). Der Tatbestand von Straftaten gegen die Sakramente, den Glauben oder die kirchliche Gemeinschaft könnte aber auch von Personen verwirklicht werden, die nicht katholisch sind. In dem eingangs geschilderten Fall mit den verunstalteten Heiligenfiguren, dem angesengten Lektionar und dem entwendeten Opferstock wäre jedoch keine kirchliche Strafe für die Täterin oder den Tätern möglich, wenn

78 *Schauf* beschreibt den Vorsatz (*dolus*) auf Grundlage des c. 2199 CIC/1917 als den bewussten, freien Willen, das Gesetz zu verletzen. Unter *dolus* verstand das kirchliche Strafrecht das direkt Gewollte, dass die Kenntnis des Gesetzes voraussetzte. Ebenso musste sich der Straftäter bewusst sein, dass seine Tat rechtswidrig ist. Vgl. *Heribert Schauf*, Einführung in das kirchliche Strafrecht, 1952, S. 33f. Das Bewusstsein der Gesetzesübertretung verlangt der CIC von 1983 nicht mehr.

79 Die Zurechenbarkeit der Straftat konnte sich nicht nur aus dem vorsätzlichen Wollen (*dolus*) der Tat, sondern auch aus der fahrlässigen Begehung (c. 2199 CIC/1917) ergeben. Unterschieden wurde zwischen Rechtsfahrlässigkeit (bei Unkenntnis des Gesetzes) und Tatfahrlässigkeit (bei mangelnder Sorgfalt). Die Fahrlässigkeit besteht „in der frei gewollten Unterlassung der gebotenen Sorgfalt hinsichtlich der Erwägung der Wirkung der eigenen Handlung", *Schauf*, Einführung (Fn. 78), S. 35.

80 Vgl. *Lüdicke*, MKCIC (Fn. 1), c. 1321/1983 Rn. 1.

81 Vgl. *Lüdicke*, MKCIC (Fn. 1), Einführung vor c. 1321/1983 Rn. 2.

82 C. 1321 § 4 n. F. ist wortgleich mit c. 1321 § 3 a. F. Vertiefend zur Vermutung der Vorwerfbarkeit: *Lüdicke*, MKCIC (Fn. 1), c. 1321/1983 Rn. 19.

83 Da sich der geforderte Vorsatz nur auf die Tathandlung bezieht und nicht auf den Willen zur Gesetzesverletzung, „braucht die Unkenntnis usw. des Gesetzes nicht von Strafe freizustellen", *Lüdicke*, MKCIC (Fn. 1), c. 1323/1983 Rn. 5. Da sich der Täter jedoch nicht gegen die Rechtsordnung auflehnen wollte, ist der Unwertgehalt der Strafe so sehr gemindert, dass ihm Straffreiheit zugebilligt wird, *Lüdicke*, MKCIC (Fn. 1), c. 1323/1983 Rn. 5.

diese Person nicht katholisch wäre.[84] Ebenso wäre dies, wenn sich diese Person unrechtmäßig in den Beichtstuhl setzt und vorgibt, sie sei der Beichtvater, so dass die Gläubigen ihm vertrauen und irrig der Auffassung sind, sie würden ein Sakrament empfangen.

In allen diesen Fällen könnte der Straftäter von der kirchlichen Autorität nicht zur Verantwortung gezogen werden. Der kirchlichen Autorität bleibt hier nur die Hoffnung, dass sich der Staat der Strafverfolgung annimmt, sofern die begangenen Taten auch im staatlichen Recht unter Strafe gesetzt sind.

Selbst wenn es sich bei den Straftätern um Personen handelt, die dem kirchlichen Recht unterliegen, lässt sich nicht in jedem Fall eine Strafe durchzusetzen. Eine Person, die zwar katholisch ist, aber zur kirchlichen Autorität in keiner Sonderrechtsbeziehung steht, wie sie insbesondere durch ein Dienstverhältnis begründet wird, wird gegenüber dem kirchlichen Strafrecht kaum strafempfindlich sein, sofern sich die Person nicht aufgrund ihres Gewissens oder ihrer Glaubensüberzeugung verpflichtet fühlt, die Strafe anzunehmen. Besonders deutlich wird dies bei den Geldstrafen, die durch die Strafrechtsreform von 2021 in den *Codex Iuris Canonici* aufgenommen worden sind. Eine effektive Durchsetzung wird regelmäßig nur bei kirchlichen Amtsträgern oder sonstigen Mitarbeitern möglich sein, da die Kirche hier grundsätzlich mit dem laufenden Gehalt aufrechnen kann.

Ein anschauliches Beispiel für die Schwierigkeiten bei der Durchsetzung von kirchlichen Strafen bieten die Aufenthaltsbeschränkungen. Der Kirche stehen – abgesehen von ihrem Hausrecht und ihrer Direktionsbefugnis gegenüber ihren Arbeitnehmern – kaum Instrumente aus dem zivilen Rechtskreis zur Verfügung, um die entsprechenden Beschränkungen (Verbote oder Gebote sich an einem bestimmten Ort aufzuhalten) durchzusetzen. Eine effektive Durchsetzung der Aufenthaltsbeschränkung wird daher nur gegenüber Klerikern aufgrund ihrer Gehorsamspflicht[85] und bei Ordensleuten aufgrund Ihres Gehorsams-

[84] Dies markiert einen grundlegenden Unterschied zum Strafrecht des Staates, das seinen Geltungsanspruch nicht auf die eigenen Staatsangehörigen und weithin auch nicht auf sein eigenes Staatsgebiet beschränkt.

[85] Jeder Kleriker ist in besonderer Weise verpflichtet, dem Papst und seinem Ordinarius Ehrfurcht und Gehorsam zu erweisen (c. 273 CIC). Diese Pflicht beginnt mit dem Eintritt in den Klerikerstand, also der Weihe zum Diakon. Sie entfällt allerdings mit einer Entlassung aus dem Klerikerstand (c. 292 CIC), der schwersten kirchlichen Strafe. Der laisierte Kleriker müsste also keinen Gehorsam mehr leisten, was die Durchsetzbarkeit der Strafe auch beeinflusst. Vgl. *Hallermann*, Aufenthaltsverbot (Fn. 54), S. 262.

gelübdes[86] in Betracht kommen. Selbst dann ist eine Durchsetzung der Strafe gegen den Willen des Bestraften unmöglich.[87]

Bereits vor der letzten Strafrechtsreform von 2021 ist angemerkt worden, dass es keine systematische klare Trennung von Kriminalstrafrecht und Disziplinarrecht gibt. Beide könnten nebeneinander die jeweils einschlägigen Bereiche abdecken.[88] Die Einhaltung von Dienstpflichten und die Ahndung von dagegen gerichteten Verstößen wären getrennt von den anderen Delikten, die auch Personen außerhalb kirchlicher Ämter und Dienste begehen können – sofern sie katholisch sind.

Eine Trennung von Disziplinarrecht und Kriminalstrafrecht wäre auch für die Gesamtkirche vorteilhaft. Die Straftaten des kirchlichen Strafrechts umfassen sowohl leichtere Dienstvergehen als auch schweres kriminelles Fehlverhalten. Letztlich aber wird all das als Straftat (*delictum*) bezeichnet und auch entsprechend werden die Täter als Straftäter behandelt. Eine Trennung würde der „Entkriminalisierung"[89] von Dienstvergehen dienen. Zudem wäre dann die Durchsetzbarkeit der Disziplin nach rechtlichen Normen besser möglich, weil davon dann nur Personen betroffen sind, für die das Strafrecht unmittelbare und erhebliche Relevanz besitzt. Andere Personen sind für das kanonische Strafrecht nur sehr eingeschränkt greifbar.[90]

XI. Schlussbemerkung

Das kirchliche Strafrecht greift ein, wenn zentrale, unverzichtbare Mindeststandards kirchlichen Lebens verletzt werden. Dabei stößt das kirchliche Strafrecht mehr noch als andere Normbereiche des kanonischen Rechts an Grenzen, vor allem aufgrund der oftmals unzulänglichen oder vollständig fehlenden Durchsetzbarkeit durch die kirchliche Autorität. Auch nach der Strafrechtsreform von 2021 ist das kirchliche Strafrecht vor allem ein Disziplinarrecht für Kleriker und kirchliche Mitarbeitende. Für viele Gläubige, die der Kirche weder in einem kirchlichen Amt, noch durch einen kirchlichen Dienst (ehrenamtlich oder

[86] Die Ordensleute binden sich in freier Entscheidung in Form von öffentlichen Gelübden an die evangelischen Räte der Keuschheit, der Armut und des Gehorsams (c. 573 § 2 CIC).

[87] Vgl. *Hallermann,* Aufenthaltsverbot (Fn. 54), S. 256ff. (259ff.). Zu den Einschränkungen der Freizügigkeit gemäß Art. 11 GG durch kirchliche Aufenthaltsbeschränkungen vgl. *Hallermann,* Aufenthaltsverbot (Fn. 54), S. 257ff.

[88] Vgl. *Hans Paarhammer,* Das spezielle Strafrecht des CIC, in: Klaus Lüdicke/Hans Paarhammer/Dieter Binder (Hrsg.), Recht im Dienste des Menschen. Eine Festgabe. Hugo Schwendenwein zum 60. Geburtstag, 1986, S. 403ff. (406); *Rees,* Strafgewalt (Fn. 32), S. 81ff.

[89] *Paarhammer,* Das spezielle Strafrecht (Fn. 88), S. 408.

[90] Vgl. *Paarhammer,* Das spezielle Strafrecht (Fn. 88), S. 406f.

hauptamtlich) dienen, hat das kirchliche Strafrecht nur noch die Relevanz, die ihm von den Gläubigen beigemessen wird.

Das kanonische Recht definiert eine Vielzahl von Straftaten, die ihren Glauben, die Kirche, die sakrale Dimension sowie das Vermögen der Kirche, aber auch deren Strukturen im Hinblick auf die Zugehörigkeit zum klerikalen Stand schützen und entsprechendes Fehlverhalten bestrafen. Die Möglichkeiten bestehen innerhalb des durch den *Codex Iuris Canonici* und die außerkodikarischen kirchlichen Strafgesetze gezogenen Rahmens, wobei die allgemeine Norm des c. 1399 CIC einen gewissen Spielraum über die in den sonstigen Gesetzen definierten Straftatbestände für besonders gravierende Verstöße gegen elementare Regeln des kirchlichen Lebens einräumt.

Das kirchliche Strafrecht verfolgt eine eigene Zielsetzung und weist viele Eigenheiten auf, die sowohl seinem Ursprung im Bußwesen als auch dem Fokus auf die Glaubensgemeinschaft, den Glauben und das Sakrale geschuldet sind. Diese Besonderheiten sind bei seiner Anwendung – mehr noch als sonst bei der Anwendung kirchlichen Rechts – stets ins Bewusstsein zu rufen.

Leitsätze
zum Vortrag von Prof. Dr. theol. Lic. iur. can. Sabine Konrad:

„Möglichkeiten und Grenzen des kirchlichen Straf- und Sanktionsrechts – Die Perspektive des kanonischen Rechts“

1. Der wesentliche Teil des kanonischen Strafrechts findet sich im *Codex Iuris Canonici* (Buch VI, Die Strafbestimmungen der Kirche, cc. 1311 – 1399 CIC; grundlegend geändert durch CA *Pascite gregem Dei* vom 23. Mai 2021). Zusätzlich gelten außerkodikarische Normen u. a. für die *graviora delicta*: *Johannes Paul II.*, MP *Sacramentorum sanctitatis tutela* vom 30. April 2001 (neu gefasst durch CFid, *Normae de gravioribus delictis* vom 21. Mai 2010 und 11. Oktober 2021) zu den der Glaubenskongregation reservierten Straftaten, und *Franziskus*, MP *Vos estis lux mundi* vom 7. Mai 2019.
2. C. 1341 CIC bestimmt als Ziele kirchlichen Strafens die Wiederherstellung der Gerechtigkeit, die Besserung des Straftäters und die Beseitigung von Ärgernissen. Zusätzlich nennt Papst *Franziskus* in der Einführung zum neuen Strafrecht in der CA *Pascite gregem Dei* vom 23. Mai 2021 die Wiedergutmachung und heilende Medizin der Strafen – vor allem auf das Wohl der Gläubigen gerichtet.
3. Sühnestrafen können auf Dauer oder für bestimmte Zeit verhängt werden. Es handelt sich dabei u. a. um Beschränkungen der Ausübung von Leitungs- oder Weihegewalt oder um die Entlassung aus dem Klerikerstand (c. 1336 CIC).
4. Beugestrafen sind die Exkommunikation, das Interdikt und die Suspension. Diese Strafen bezwecken, dass der Straftäter sich bessert, seine Widersetzlichkeit aufgibt und die Strafe zurückgenommen werden kann.
5. Sieht ein Strafgesetz eine unbestimmte Strafe vor (*iusta poena*, gerechte Strafe), kann die zuständige kirchliche Autorität unter Berücksichtigung aller Umstände eine Strafe bestimmen.
6. Das kanonische Strafrecht ahndet eine große Bandbreite an Delikten: Straftaten gegen den Glauben und die Einheit der Kirche/ gegen die kirchliche Autorität und die Ausübung kirchlicher Aufgaben/gegen die Sakramente/gegen den guten Ruf und das Fälschungsdelikt/gegen besondere Verpflichtungen/gegen Leben, Würde und Freiheit des Menschen. Bei den Delikten handelt es sich teilweise um klassisches Kriminalstrafrecht, teilweise auch um Disziplinarrecht für Kleriker. Außerhalb des kirchlichen Strafrechts finden sich weitere disziplinarrechtliche Regelungen u. a. im Klerikerrecht des Zweiten Buches des CIC sowie im Ordensrecht.

7. Neben repressiven Maßnahmen kennt das kanonische Strafrecht auch präventive Maßnahmen wie Strafsicherungsmittel und Bußen (cc. 1339–1340 CIC) zur Vermeidung von künftigen Straftaten.
8. Kirchliche Strafen können nach Wahl der zuständigen kirchlichen Autorität auf dem gerichtlichen Weg oder dem Verwaltungsweg verhängt werden. Auch die Feststellung von Tatstrafen ist auf beiden Wegen möglich. Es können auf teilkirchlicher Ebene überdiözesane Strafgerichte errichtet werden.
9. Der Apostolische Stuhl hat sich die Ahndung einiger besonders schwerer Straftaten vorbehalten.
10. Die Grundsätze *nulla poena sine lege* (keine Strafe ohne Gesetz) und *nulla poena sine culpa* (keine Strafe ohne Schuld) stellen Grenzen kirchlichen Strafens dar. Eine eigenständige Rolle kommt der Regelung des c. 1399 CIC zu.

Oberkirchenrat Dr. iur. Christoph Thiele

Möglichkeiten und Grenzen des kirchlichen Straf- und Sanktionsrechts – Die Perspektive des evangelischen Kirchenrechts[1]

I. Einleitung

1. Evangelisches Strafrecht?

Am Vormittag des 10. Dezember 1520, einem Montag, fand sich am Elstertor in unmittelbarer Nähe zur Universität in Wittenberg nach Aufforderung von *Philipp Melanchthon* eine Gruppe von Professoren und Studenten ein, um an einer Veranstaltung teilzunehmen, die eine geschichtliche Bedeutung erlangt hat. Als Reaktion auf die wegen des Häresievorwurfs

[1] Im nachfolgenden Beitrag ist der Vortragsstil weitgehend beibehalten.

gegen *Martin Luther* mit päpstlichem Dekret angeordnete und im Oktober 1520 in Köln und Mainz vollzogene Verbrennung von dessen Büchern erfolgte nun als Gegenaktion auch in Wittenberg eine Bücherverbrennung.[2] Dabei wurden verschiedene theologische Bücher, aber auch ein Exemplar des päpstlichen Rechts und insbesondere von *Luther* selbst die gegen ihn gerichtete Bannandrohungsbulle ins Feuer geworfen. Mit den beiden Verbrennungen hatten sich die Kontrahenten gegenseitig symbolisch der Irrlehre bezichtigt. Eine unmittelbare Rechtswirkung hat vor allem aber die Verbrennung der Bannandrohungsbulle gegen Luther natürlich nicht gehabt. Sie war in ihrem Sanktionscharakter ja nicht aus der Welt geschafft. Und außerdem verbrannte auch nicht die Originalurkunde, sondern eines der zahlreich erstellten Druckexemplare. Dass der Bann, also die Exkommunikation, von Luther in der Folge rechtswirksam wurde, ist bekannt. Aber ebenso, dass spätestens mit dem Spektakel in Wittenberg am 10. Dezember 1520 Luthers Bruch mit der römischen Kirche und jedenfalls mit dem Recht der römischen Kirche vollzogen wurde. Luther akzeptierte die gegen ihn gerichtete kirchenrechtliche Strafandrohung nicht und wendete sich vom kanonischen Recht ab.

Nach Luthers Überzeugung sind Rechtssetzung und Bindungskraft des Kirchenrechts weder aus der päpstlichen Schlüsselgewalt abzuleiten noch aus der Rechtsgewalt der weltlichen Obrigkeit, der zwar die Ordnung der Welt und die Durchsetzung des Dekalogs, nicht aber die Ordnung der Kirche Christi zukommt.[3] Der Kerngedanke der im Weiteren entwickelten Zwei-Reiche-Lehre ist die Unterscheidung der beiden Gewalten: Die weltliche Gewalt kann den Glauben nicht erzwingen, ihn aber schützen. Die geistliche Gewalt darf sich weltliche Gewalt nicht anmaßen. Es können und sollen hier nicht die verschlungenen Pfade der evangelischen Kirchenrechtsgeschichte und die grundlegenden Unterschiede im evangelischen und römisch-katholischen Kirchenrecht nachgezeichnet werden. Und es ist auch keine gerade Linie von jenen Ereignissen in Wittenberg im Jahr 1520 zum heutigen evangelischen Kirchenrecht zu ziehen. Aber auslösend sind sie schon für die Richtigkeit des Satzes, mit dem ich ein erstes Ergebnis meiner Darstellung zum Thema „Möglichkeiten und Grenzen des kirchlichen Straf- und Sanktionsrechts – Die Perspektive des evangelischen Kirchenrechts" feststellen kann: Ein Strafrecht im Kirchenrecht wäre unevangelisch. Deshalb: Ein evangelisches kirchliches Strafrecht existiert nicht.[4]

[2] Plastisch geschildert bei *Martin Heckel*, Martin Luthers Reformation und das Recht. Die Entwicklung der Theologie Luthers und ihre Auswirkung auf das Recht unter den Rahmenbedingungen der Reichsreform und der Territorialstaatsbildung im Kampf mit Rom und den „Schwärmern", S. 109 f.

[3] *Heckel*, Reformation und Recht (Fn. 2), S. 163.

[4] *Heinrich de Wall*, Grundfragen des evangelischen Kirchenrechts, in: Hans U. Anke/Heinrich de Wall/Hans M. Heinig (Hrsg.), HdbevKR, 2016, § 1 Rn. 3;

2. Evangelische Sanktionsregelungen im Überblick

Allerdings bleibt auch im evangelischen Rechtsraum Fehlverhalten nicht sanktionslos.[5] Das einschlägige Sanktionsrecht unterscheidet danach, gegen wen sich die Sanktion richtet. Regelungen finden sich in der evangelischen Rechtsordnung im Hinblick auf Fehlverhalten allgemein von Kirchenmitgliedern, von Personen, die ehrenamtlich tätig sind, von Personen, die sich in einem privatrechtlichen Beschäftigungsverhältnis zur Kirche befinden oder solchen, die als Kirchenbeamte oder ordinierte Geistliche in einem öffentlich-rechtlichen Dienstverhältnis zur Kirche stehen. Die Sanktionen im evangelischen Kirchenrecht reagieren dabei jeweils darauf, von welchen speziell sie betreffenden Normen die jeweiligen Personen abweichen. Das hängt davon ab, welche Pflichten ihnen jeweils auferlegt sind.[6]

Als entsprechende Sanktionsregelungen sind zu betrachten: a) Lehrbeanstandungsverfahren, also Verfahren, die angestrengt werden, wenn Zweifel aufkommen, dass die Verkündigung durch eine ordinierte Person nicht mit Schrift und Bekenntnis der Kirche vereinbar ist;[7] b) Ausübung von Kirchenzucht in Fällen, in denen Kirchenmitglieder massiv gegen die kirchliche Ordnung verstoßen und eine deutliche Evangeliums- und Kirchenfeindlichkeit erkennen lassen;[8] c) Verfahren nach dem Disziplinarrecht,[9] wenn in der Kirche in öffentlich-rechtlichen Dienstverhältnissen stehende Personen gegen ihre sich daraus ergebenden Dienstpflichten verstoßen; d) Maßnahmen, die sich aus Verstößen gegen Loyalitätspflichten von Mitarbeitenden in Kirche und Diakonie gemäß der neu gefassten Mitarbeitsrichtlinie der EKD ergeben; e) Maßnahmen und Konsequenzen, die sich gemäß der Richtlinie der EKD zum Schutz vor sexualisierter Gewalt ergeben, wenn der begründete Verdacht auf sexualisierte Gewalt im Raum steht. Auf diese Regelungen wird im kommenden Abschnitt kurz näher eingegangen,

Hendrik Munsonius, Kirchenstrafen. II. Evangelisch, Version 08.06.2022, 09:10 Uhr, in: Staatslexikon online, 8. Auflage, abrufbar unter https://www.staatslexikon-online.de/Lexikon/Kirchenstrafen (zuletzt aufgerufen am 1.7.2024).

5 Zu rechtsgeschichtlichen Entwicklungen der Konfliktlösung im Protestantismus s. *Martin Otto*, Konfliktlösung in den protestantischen Kirchen, in: Peter Collin (Hrsg), Konfliktlösung im 19. und 20. Jahrhundert, 2021, S. 329ff. m.w.N.

6 *Munsonius*, Kirchenstrafen (Fn. 4).

7 *Michael Germann*, Kirchliche Gerichtsbarkeit, in: HdbevKR (Fn. 4), § 31 Rn. 22; 93ff. m.w.N.

8 *Munsonius*, Kirchenstrafen (Fn. 4); *Heinrich de Wall*, Kirchenzucht (J.), in: Werner Heun/Martin Honecker/Martin Morlok/Joachim Wieland (Hrsg.), EvStL, Neuausgabe 2006, Sp. 1248ff. m.w.N.; *Martin Otto*, Kirchenzucht, in: Hans M. Heinig/Jens Reisgies (Hrsg.), 100 Begriffe aus dem evangelischen Kirchenrecht, 2019, S. 131ff.

9 Dazu *Heinrich de Wall*, Pfarrer und Kirchenbeamte, in: HdbevKR (Fn. 4), § 6 Rn. 76ff. m.w.N.

bevor ich mich im dritten Abschnitt noch einmal aus dem speziellen Blickwinkel des Themas sexualisierte Gewalt mit neuen, sich auf einzelne Regelungen, insbesondere auf das Disziplinarrecht der evangelischen Kirche, auswirkenden Herausforderungen befasse.

II. Sanktionsregelungen im evangelischen Kirchenrecht

1. Lehrbeanstandung

Ein Lehrbeanstandungsverfahren kommt in Betracht, wenn Tatsachen für die Annahme vorliegen, dass eine ordinierte Person durch ihre Verkündigung und Lehre oder sonst öffentlich durch Wort oder Schrift in Widerspruch zum Bekenntnis der Kirche tritt und daran trotz voraufgegangener seelsorglicher Bemühungen beharrlich festhält.[10] Dabei ist eine Lehrbeanstandung die Feststellung darüber, dass ein Verkündigungshandeln, das den Konsens in der evangelischen Kirche über die Wahrheit des Evangeliums verlässt und insofern nicht mehr als evangeliumsgemäß erkannt werden kann, dem Lehramt der Kirche nicht mehr zugerechnet wird.[11] Eine Person, die den Konsens verlässt, kann nicht mehr für die Kirche das öffentliche Predigtamt wahrnehmen. Da grundsätzlich die Lehrfreiheit der Geistlichen in der evangelischen Kirche besteht, kann das Verlassen des Konsenses über die Lehre nicht als eine Amtspflichtverletzung aufgefasst werden. Infolgedessen handelt es sich bei einem durchzuführenden Lehrbeanstandungsverfahren nicht um ein Disziplinarverfahren.[12]

Dennoch sind in der VELKD und für die Gliedkirchen der ehemaligen EKU Verfahrensordnungen geschaffen worden, einige wenige Landeskirchen haben eigene Lehrbeanstandungsordnungen,[13] andere haben dafür keine Regelung[14] oder trotz Regelungsermächtigung keine

[10] EKU, Ordnung des Verfahrens bei der Beanstandung der Lehre ordinierter Diener am Wort (Lehrbeanstandungsordnung) vom 27. Juni 1963, ABl. EKD S. 476; VELKD, Kirchengesetz über das Verfahren bei Lehrbeanstandungen in der Fassung vom 3. Januar 1983, ABl. VELKD S. 284.

[11] *De Wall*, Pfarrer und Kirchenbeamte (Fn. 9), Rn. 89; *Germann*, Kirchliche Gerichtsbarkeit (Fn. 7), Rn. 22; *Michael Germann,* Lehramt, Lehrbeanstandung, Lehrfreiheit, Lehrverpflichtung (J.), in: Werner Heun/Martin Honecker/Martin Morlok/Joachim Wieland (Hrsg.), EvStL, Neuausgabe 2006, Sp. 1422 ff. (1425 ff.); jeweils m. w. N.

[12] *De Wall*, Pfarrer und Kirchenbeamte (Fn. 9), Rn. 89; *Germann*, Kirchliche Gerichtsbarkeit (Fn. 7), Rn. 22.

[13] Etwa die Ev. Landeskirche in Baden: Kirchliches Gesetz. Ordnung für Lehrverfahren vom 19. Oktober 1976 (GVBl. S. 131), zuletzt geändert am 17. April 2008, GVBl. S. 128.

[14] Etwa die Ev. Kirche der Pfalz.

Norm erlassen.[15] Praktische Bedeutung hat das Lehrbeanstandungsverfahren heute nicht mehr. Seit Jahrzehnten sind nur wenige Fälle im einstelligen Bereich bekannt.[16]

2. Kirchenzucht

Wesentlich mehr Relevanz hatte in den vergangenen Jahrhunderten die sogenannte Kirchenzucht, die grundsätzlich gegen jedes Kirchenmitglied Anwendung finden konnte. Durch sie sollte auf schwerwiegende Verfehlungen von Mitgliedern reagiert werden mit dem Ziel, die Gemeinschaft vor dem schlechten Einfluss zu schützen und den zum Sünder gewordenen Menschen zur Umkehr zu führen. Der Durchsetzung der Kirchenzucht dienten Ermahnungen, der Ausschluss von Teilnahmemöglichkeiten, insbesondere der Ausschluss vom Abendmahl oder vom Patenamt, der Verlust von aktivem und passivem Wahlrecht in Kirchenämter und anderes,[17] bis hin zum Verlust der Kirchenmitgliedschaft.[18] In evangelischen Kirchenverfassungen, Kirchengemeindeordnungen und Lebensordnungen waren entsprechende Regelungen lange Zeit enthalten.

Inzwischen wenden sich theologische Überlegungen etwa gegen den Ausschluss vom Abendmahl. Auch werden geeignetere Mittel darin gesehen, auf die Menschen durch Verkündigung und Seelsorge einzuwirken. Als Mittel einer Sozialdisziplinierung scheint das Mittel der Kirchenzucht seit langem ungeeignet. Mit ihrem Bedeutungsverlust in der evangelischen Kirche verschwand die Kirchenzucht inzwischen nahezu völlig aus der evangelischen Rechtsordnung. Ich schließe allerdings nicht aus, dass das Mittel der Kirchenzucht erneut eine Rolle spielen könnte, wenn es darum gehen muss, solchen Kirchenmitgliedern das aktive und passive Wahlrecht zu entziehen, die völkisch-nationale

15 Etwa die Ev. Kirche von Kurhessen-Waldeck: Das in Art. 50 GO-EKKW zur näheren Regelung des Lehrbeanstandungsverfahrens vorgesehene Kirchengesetz wurde nicht erlassen.

16 *De Wall*, Pfarrer und Kirchenbeamte (Fn. 9), Rn. 90; *Otto*, Konfliktlösung (Fn. 5), S. 333f.

17 S. dazu näher *Karla Sichelschmidt*, Kirchenzucht. II. Kirchenrechtlich, in: Hans D. Betz/Don S. Browning/Bernd Janowski/Eberhard Jüngel (Hrsg.), RGG IV, 4. Auflage 2001, Sp. 1369ff.; *Michael Hüttenhoff*, Kirchenzucht (Th.), in: EvStL (Fn. 8), Sp. 1251 ff.; *Musonius*, Kirchenstrafen (Fn. 4).

18 In der noch geltenden Grundordnung der Ev. Kirche von Kurhessen-Waldeck (an einer neuen Grundordnung wird zum Zeitpunkt der Abfassung dieses Aufsatzes gearbeitet) ist in Art. 6 I c GO tatsächlich der Verlust der Kirchenmitgliedschaft wegen beharrlicher Weigerung, die kirchlichen Pflichten zu erfüllen, oder bei kirchenfeindlicher Betätigung noch geregelt, allerdings gebunden an den Erlass eines Kirchengesetzes, das „das Nähere" regeln soll. Dieses Kirchengesetz wurde nie erlassen.

sowie menschenverachtende Haltungen äußern, die mit den Grundsätzen des christlichen Glaubens in keiner Weise vereinbar sind.[19]

3. Sanktionsregelungen bei Verfehlungen von Beschäftigten

Von weitaus häufigerer und praktischerer Bedeutung sind Rechtsregelungen, die an konkrete Verfehlungen von Beschäftigten anknüpfen und auf jeweilige Verhaltens-, Loyalitäts- und Dienstpflichtverletzungen reagieren. In diesem Zusammenhang ist auf einige Regelungen besonders einzugehen.

a) Mitarbeitsrichtlinie/privatrechtlich Beschäftigte

Musterbildendend[20] für die privatrechtlichen kirchlichen Anstellungsverhältnisse im Bereich der EKD ist die „Richtlinie des Rates über Anforderungen an die berufliche Mitarbeit in der Evangelischen Kirche in Deutschland und ihrer Diakonie", die – am 20. Januar 2024 in einer Neufassung bekanntgemacht – jetzt in Kurzform nicht mehr „Loyalitätsrichtlinie",[21] sondern „Mitarbeitsrichtlinie" heißt. Sie stellt Anforderungen hinsichtlich der Mitarbeit sowohl an die Anstellungsträger, als auch an die Mitarbeitenden auf. Nach § 5 der Mitarbeitsrichtlinie haben sich die Mitarbeitenden während des Bestehens des Arbeitsverhältnisses gegenüber der evangelischen Kirche loyal zu verhalten und sich innerhalb und außerhalb des Dienstes so zu verhalten, dass die Ausübung ihres jeweiligen Dienstes nicht beeinträchtigt wird, weil sie in ihrem Dienst Mitverantwortung für die glaubwürdige Erfüllung kirchlicher und diakonischer Aufgaben tragen. In § 6 ist geregelt, welche Konsequenzen sich aus der Verletzung dieser Pflichten ergeben können. Danach soll in einer abgestuften Weise der Anstellungsträger zunächst durch Beratung und Gespräch auf die Beseitigung des Mangels hinwirken. Als letzte Maßnahme ist nach Abwägung der Umstände des Einzel-

[19] S. dazu Votum von Bischöfin *Kirsten Fehrs*, amtierende Ratsvorsitzende der EKD, vom 25.2.2024, Pressestelle der EKD, „Völkischer Nationalismus und Christentum sind unvereinbar".

[20] Die hier in Bezug genommene „Mitarbeitsrichtline" (Richtlinie des Rates über Anforderungen an die berufliche Mitarbeit in der Evangelischen Kirche in Deutschland und ihrer Diakonie, in der Bekanntmachung der Neufassung vom 20. Januar 2024, ABl. EKD S. 30) wirkt verbindlich nur für die EKD selbst sowie für das Ev. Werk für Diakonie und Entwicklung (EWDE) und im Übrigen dort bzw. in der Weise, wie sie in den Gliedkirchen der EKD rezipiert worden ist.

[21] Zum hier beschriebenen Komplex, allerdings noch auf der Grundlage der bisherigen „Loyalitätsrichtlinie" detailliert *Jacob Joussen*, Das Arbeitsrecht in der Kirche, in: HdbevKR (Fn. 4), § 7 Rn. 11 ff. mit vielen weiteren Nachweisen und ausführlichem Bezug auf nationale und europäische Rechtsprechung.

falles eine außerordentliche Kündigung aus wichtigem Grund möglich, wenn der Mangel nicht auf andere Weise behoben werden kann. Dazwischen sind andere Maßnahmen wie Abmahnungen denkbar.

Im Zusammenhang unseres Themas ist allerdings festzuhalten, dass es sich hier nicht um eigenständiges kirchliches Sanktionsrecht handelt. Im Hinblick auf privatrechtlich Beschäftigte bewegen wir uns an der Schnittstelle zum staatlichen Arbeitsrecht, das hier mit dem kirchlichen Selbstbestimmungsrecht aus Art. 140 GG i. V. m. Art. 137 Abs. 3 WRV ineinandergreift. Das ist hier nicht weiter auszuführen.

b) Disziplinargesetz/öffentlich-rechtlich Beschäftigte

Anders ist es im Fall der öffentlich-rechtlichen Beschäftigten in der Kirche. Das Disziplinargesetz der EKD (DG.EKD),[22] das gemäß entsprechender Ausführungsbestimmungen im Gesamtbereich der EKD gilt, erfasst Amtspflichtverletzungen von Pfarrerinnen, Pfarrern, Kirchenbeamtinnen und Kirchenbeamten und anderen Personen, die in einem öffentlich-rechtlichen Dienst- und Treueverhältnis zu einem kirchlichen Dienstherrn stehen.[23] Mit dem 2009 erlassenen und seitdem diverse Male geänderten DG.EKD orientiert sich die evangelische Kirche an der Entwicklung im staatlichen Disziplinarrecht, das sich seit 1999 vom traditionellen Strafrechtsprinzip im Disziplinarrecht abwandte. Nicht mehr der Grundgedanke einer Bestrafung für ein dienstliches Vergehen trägt das Disziplinarverfahren,[24] sondern die Aufrechterhaltung der Funktionsfähigkeit des öffentlichen Dienstes. Das kirchliche Disziplinarrecht ist somit Teil des öffentlichen Dienstrechts.[25] Beim kirchlichen Disziplinarrecht handelt es sich entgegen mancher Vorwürfe ebenso wenig wie beim staatlichen um ein rechtsstaatlich defizitäres Strafrecht.[26] Es ist vielmehr ein aliud. Dementsprechend wird der Zweck des kirchlichen Disziplinarrechts dahingehend beschrieben, dass es auf eine Amtspflichtverletzung einer öffentlich-rechtlich in der Kirche beschäftigten Person in der Weise reagieren und dazu beitragen soll, dass das Ansehen der Kirche, die Funktionsfähigkeit ihres Dienstes, eine auftragsgemäße Amtsführung und das Vertrauen in das Handeln der in der

[22] Disziplinargesetz der Evangelischen Kirche in Deutschland (DG.EKD), in der Bekanntmachung der Neufassung vom 15. Januar 2021 (ABl. EKD S. 2), zuletzt geändert am 9. November 2022 (ABl. EKD S. 157).

[23] § 2 Abs. 1 DG.EKD.

[24] S. insgesamt hierzu *de Wall*, Pfarrer und Kirchenbeamte (Fn. 9), Rn. 76ff.

[25] Hierzu insgesamt nichtamtliche Begründung zum Disziplinargesetz der EKD vom 28. Oktober 2009, abrufbar unter https://www.kirchenrecht-ekd.de/document/30871 (zuletzt aufgerufen am 1.7.2024).

[26] *De Wall*, Pfarrer und Kirchenbeamte (Fn. 9); Rn. 76 mit Fn. 51.

Kirche mitarbeitenden Menschen gesichert wird.[27] Damit verfolgt das kirchliche Disziplinarrecht, wie das staatliche, keine repressiven Zwecke wie Vergeltung und Sühne. Vielmehr geht es um spezialpräventive Wirkungen, durch die die betreffende Person dazu gebracht werden soll, künftig keine Amtspflichtverletzungen mehr zu begehen. Zugleich soll das kirchliche Disziplinarrecht eine generalpräventive Wirkung erzeugen: andere sollen abgeschreckt werden, Amtspflichtverletzungen zu begehen. Letztlich soll durch die Verhängung von Disziplinarmaßnahmen in der Öffentlichkeit die Glaubwürdigkeit der Wahrnehmung des kirchlichen Auftrages und des kirchlichen Dienstes aufrechterhalten werden.[28] Im äußersten Fall einer Amtspflichtverletzung kann es vor diesem Hintergrund zu einer Entfernung aus dem Dienst als schärfster Disziplinarmaßnahme kommen, mit dem Ziel, das Vertrauen in das Handeln der Kirche in den Augen der Öffentlichkeit wiederherzustellen. Die hier so ausführlich beschriebenen Zwecke des kirchlichen Disziplinarrechts werden im Weiteren als Teil eines Problems noch eine Rolle spielen.

Der Ablauf des Disziplinarverfahrens, das sich in ein behördliches Disziplinarverfahren und ggf. ein gerichtliches Disziplinarverfahren gliedert, wird hier nicht weiter ausgeführt. Voraussetzung für die Verhängung einer Disziplinarmaßnahme ist gemäß § 3 Abs. 1 S. 2 DG.EKD die Verletzung einer Amtspflicht durch schuldhaften Verstoß gegen die der Person jeweils obliegende Dienstpflicht. Es existiert also kein Katalog von Tatbeständen, sondern es ist im Einzelfall zu ermitteln und zu klären, gegen welche Amtspflicht wie verstoßen worden ist. Die Disziplinarmaßnahmen sind enumerativ von Nr. 1 bis Nr. 9 in § 9 Abs. 1 DG. EKD aufgelistet. Sie reichen von einem Verweis als mildester Maßnahme über verschiedene Formen der Versetzung (auf eine andere Stelle, in den Wartestand, in den Ruhestand) bis zur schärfsten Maßnahme, der Entfernung aus dem Dienst, die mit allen Konsequenzen das öffentlich-rechtliche Dienstverhältnis beendet. Interessant, weil sie insoweit Grenzen der Reichweite des Maßnahmenkatalogs des § 9 Abs. 1 DG. EKD markieren, sind in den folgenden Absätzen Unterscheidungen zur Anwendbarkeit von Disziplinarmaßnahmen, die hinsichtlich von Personen im Ruhestand, im Probeverhältnis oder gegenüber Ordinierten in einem privatrechtlichen Anstellungsverhältnis oder solchen, die weder in einem privatrechtlichen noch öffentlich-rechtlichen Anstellungsverhältnis stehen, getroffen werden.

[27] § 1 Satz 3 DG.EKD. Zum Ringen um die Zwecke des kirchlichen Disziplinarrechts s., noch zum Rechtszustand vor dem Erlass des DG.EKD, *Wolfgang Strietzel*, Das Disziplinarrecht der deutschen evangelischen Landeskirchen und ihrer Zusammenschlüsse. Unter besonderer Berücksichtigung der kirchengerichtlichen Rechtsprechung, 1988, S. 21 ff.

[28] *Strietzel*, Disziplinarrecht (Fn. 27), S. 30 ff. m. w. N.

c) Exkurs: Pfarrdienstgesetz, Versetzung bei nachhaltiger Störung

Als Exkurs ist an dieser Stelle auf gelegentlich kritisierte Regelungen im Pfarrdienstgesetz[29] der EKD hinzuweisen, bei denen es sich ausdrücklich nicht um Sanktionen handelt, auch wenn es in Fällen der *ultima ratio* zu Situationen kommen kann, bei denen Pfarrerinnen oder Pfarrer eine negative Veränderung ihres rechtlichen Status und ihrer persönlichen Lebenssituation hinnehmen müssen.

§ 79 Abs. 2 Nr. 5 PfDG.EKD regelt, dass Pfarrerinnen und Pfarrer, um der Unabhängigkeit der Verkündigung willen, im besonderen kirchlichen Interesse und auch gegen ihren Willen auf eine andere Stelle, ggf. auch in den Wartestand, versetzt werden können, wenn in ihrer bisherigen Stelle oder ihrem bisherigen Auftrag eine nachhaltige Störung in der Wahrnehmung des Dienstes festgestellt wird. Gemäß § 80 Abs. 1 PfDG.EKD ist eine nachhaltige Störung in der Wahrnehmung des Dienstes im Sinne des § 79 Abs. 2 S. 2 Nr. 5 anzunehmen, „wenn die Erfüllung der dienstlichen oder der gemeindlichen Aufgaben nicht mehr gewährleistet ist. Das ist insbesondere der Fall, wenn das Verhältnis zwischen der Pfarrerin oder dem Pfarrer und nicht unbeträchtlichen Teilen der Gemeinde zerrüttet ist oder das Vertrauensverhältnis zwischen der Pfarrerin oder dem Pfarrer und dem Vertretungsorgan der Gemeinde zerstört ist und nicht erkennbar ist, dass das Vertretungsorgan rechtsmissbräuchlich handelt. Die Gründe für die nachhaltige Störung müssen nicht im Verhalten oder in der Person der Pfarrerin oder des Pfarrers liegen“.[30] Auf das Verschulden kommt es also, anders als im Disziplinarverfahren, nicht an. Die Betroffenheit der Pfarrerin oder des Pfarrers ist nur unvermeidliche Wirkung, nicht aber Zweck der Maßnahme, die nur dem Ziel dient, den Frieden in der Kirchengemeinde wiederherzustellen.[31] In einer Fülle von kirchengerichtlicher Rechtsprechung ist dies regelmäßig bestätigt worden.

[29] Kirchengesetz zur Regelung der Dienstverhältnisse der Pfarrerinnen und Pfarrer in der Evangelischen Kirche in Deutschland (Pfarrdienstgesetz der EKD – PfDG.EKD), in der Bekanntmachung der Neufassung vom 15. Februar 2021, ABl. EKD S. 34, zuletzt geändert am 5. Dezember 2023, ABl. EKD S. 165.

[30] Pfarrdienstgesetz der EKD (Fn. 29). Zur detaillierten Erläuterung dazu s. nichtamtl. Begründung zum Pfarrdienstgesetz der EKD, abrufbar unter https://www.kirchenrecht-ekd.de/document/15068#s47000054 (zuletzt aufgerufen am 1.7.2024) zu § 80 PfDG.EKD, mit ausführlichen w. N. insbesondere aus der Rspr. zu dieser Norm.

[31] Verwaltungskammer der Evangelischen Kirche von Westfalen, Urteil vom 6.3.1989 – VK 2/1988 – RSprB ABl. EKD 1991, S. 13ff.; VGH der EKU – Zweiter Senat –, Urteil vom 27.11.1992 – VGH 4/92 – RSprB ABl. EKD 1994, S. 13.

d) Gewaltschutzrichtlinie der EKD

Im Zusammenhang mit dem Thema sexualisierte Gewalt ist die EKD-Gewaltschutzrichtlinie aus dem Jahr 2019[32] ein wichtiger Bestandteil der Bemühungen der evangelischen Kirche, Gewalt und Missbrauch innerhalb ihrer Strukturen zu verhindern und zu bekämpfen. Sie legt Standards und Verfahren fest, um Opfer zu schützen, Täter zur Verantwortung zu ziehen und Präventionsmaßnahmen zu etablieren. Die Richtlinie gilt umfassend im Bereich der evangelischen Kirche, entweder durch direkte Anwendung oder, in entsprechender Rezeption, durch andere Normen in den Landeskirchen. Alle, auch die diakonischen Einrichtungen sind einbezogen.[33] Auch in personeller Hinsicht reicht diese Richtlinie weit: Sie erfasst als „Mitarbeitende" in einem öffentlich-rechtlichen oder privatrechtlichen Dienst- oder Arbeitsverhältnis oder zu ihrer Ausbildung Beschäftigte sowie auch ehrenamtlich Tätige.[34] Die Definition von sexualisierter Gewalt ist weit und erfasst auch Taten, die im staatlichen Strafrecht nicht strafbewehrt sind. Im Miteinander bei beruflicher und ehrenamtlicher Tätigkeit, insbesondere wenn Obhutsverhältnisse bestehen, sind Abstinenz- und Abstandspflichten einzuhalten.[35] Zugleich bestehen für Personen, die von sexualisierter Gewalt Kenntnis erlangen, Meldepflichten, wobei allerdings der Schutz des Beichtgeheimnisses und der seelsorglichen Schweigepflicht unberührt bleiben. Verstöße gegen die so etablierten Pflichten, also auch gegen die Meldepflicht, werden als Dienstpflichtverletzungen sanktioniert. Personen, die wegen einer Straftat verurteilt worden sind, die nach dem SGB VIII zum Ausschluss von Aufgaben in der Kinder- und Jugendhilfe führt,[36] unterliegen auch im kirchlichen Bereich einem Einstellungs- und Tätigkeitsausschluss.

Als eine der angezeigten Maßnahmen ist den Einrichtungsleitungen aufgegeben, in Fällen eines begründeten Verdachts auf sexualisierte Gewalt angemessen im Rahmen strukturierter Handlungs- und Notfallpläne zu intervenieren. Nach vorliegenden Interventionsplänen, die etwa in der EKD-Handreichung Hinschauen-Helfen-Handeln[37]

[32] Richtlinie der Evangelischen Kirche in Deutschland zum Schutz vor sexualisierter Gewalt vom 18. Oktober 2019, ABl. EKD S. 270, zuletzt geändert am 24. Juni 2022, ABl. EKD 2022, S.53.

[33] § 1 der Gewaltschutzrichtlinie.

[34] § 3 der Gewaltschutzrichtlinie.

[35] § 4 der Gewaltschutzrichtlinie.

[36] Das umfasst Straftaten nach den §§ 171, 174 bis 174c, 176 bis 180a, 181a, 182 bis 184g, 184i, 184j, 184k, 184l, 201a Abs. 3, 225, 232 bis 233a, 234, 235 oder 236 StGB.

[37] *Kirchenamt der EKD* (Hrsg.), Hinschauen – Helfen – Handeln. Hinweise für den Umgang mit Verletzungen der sexuellen Selbstbestimmung durch beruflich und ehrenamtlich Mitarbeitende im kirchlichen Dienst, Juli 2012, gegenwärtig in der Überarbeitung.

beschrieben und empfohlen werden, ist in jedem Fall eine frühzeitige und enge Kooperation mit den Strafverfolgungsbehörden etabliert. Sie sind über tatsächliche Anhaltspunkte zu informieren, die darauf hindeuten, dass eine Straftat gegen die sexuelle Selbstbestimmung begangen wurde. Von diesem Grundsatz kann aber abgesehen werden, wenn dies dem ausdrücklichen Wunsch der betroffenen Person entspricht. Auch bei bereits verjährten Straftaten wird Anzeige erstattet. Staatliche Ermittlungsergebnisse fließen wiederum ein in die Vorbereitung kirchlicher Sanktionierung.

4. Zwischenfazit

Ein Blick auf wichtige vorhandene Sanktionsregelungen des evangelischen Kirchenrechts macht verschiedene Entwicklungen sichtbar. Zunächst ist festzuhalten, es gibt kein evangelisches Kirchenstrafrecht. Straftaten, die im kirchlichen Bereich begangen werden, werden durch staatliche Strafverfolgungsbehörden untersucht und in staatlichen Strafverfahren abgeurteilt. „Klassische Sanktionsregelungen" – ich nenne sie mal so – wie das Lehrbeanstandungsverfahren und die Kirchenzucht sind nach Jahrhunderten der Bedeutung heute nicht mehr relevant und verschwinden, zumindest soweit es die Kirchenzucht betrifft, sogar weitgehend aus der kirchlichen Rechtsordnung. Sie werden abgelöst durch Einwirkung im Wege von Verkündigung und Seelsorge.

Wesentliche Sanktionsregelungen finden sich in den Normen, die die Mitarbeit in der Kirche betreffen, in ihrer Reichweite abgestuft je nach Art des Arbeits- und Dienstverhältnisses. Einschlägig ist hier vor allem das Disziplinarrecht, das ausdrücklich nicht als Strafrecht verstanden werden darf und dessen Zweck es ist, auf öffentlich-rechtlich Beschäftigte einzuwirken, um die Glaubwürdigkeit des kirchlichen Handelns in der Wahrnehmung der Öffentlichkeit und die Funktionsfähigkeit des kirchlichen Dienstes wiederherzustellen. Einen neuen geschärften Blick auf Sanktionserfordernisse und Reaktionen darauf in der Normgebung der evangelischen Kirche bewirkt das Thema sexualisierte Gewalt in der Kirche. 2019 ist dazu auf EKD-Ebene die Gewaltschutzrichtlinie erlassen worden. Zu überlegen ist, inwieweit sich Änderungen im Disziplinarrecht ergeben können. Damit komme ich zum letzten Abschnitt, der die neueste Entwicklung in den Blick nimmt.

III. Aktuelle Herausforderungen aus Anlass des Themas sexualisierte Gewalt

1. Entstandene Fragestellungen

Aus Anlass des Themas sexualisierte Gewalt kann die Frage nach den Möglichkeiten und Grenzen des evangelischen kirchlichen Sanktionsrechts wieder neu gestellt werden. Im Zuge der im Januar 2024 vorgestellten sogenannten „ForuM-Studie“ zur Aufarbeitung von sexualisierter Gewalt in der evangelischen Kirche und der Diakonie[38] sind unter anderem weitreichend Fragen aufgeworfen worden, die etwa die Aufgabenbereiche von Intervention und Aufarbeitung besonders betreffen. Längst ist die Erkenntnis gewachsen, dass es eine erfolgreiche Prävention ohne eine umfassende Aufarbeitung nicht geben kann. Aufarbeitung ist nicht zuletzt institutionelle Aufarbeitung, die innerhalb der kirchlichen Institutionen Strukturen identifizieren soll, die sexualisierte Gewalt begünstigen und Vorfälle aufdecken soll, bei denen Täter geschützt wurden.

In der Konsequenz stellen sich Fragen nach strafrechtlicher oder sanktionsrechtlicher Ahndung in den Fällen, in denen Täter noch erreicht werden können. Daraus sind Folgen zu ziehen für die vorhandenen Rechtsregelungen. Insbesondere ergeben erste Auswertungen der ForuM-Studie einen Überarbeitungsbedarf der Gewaltschutzrichtlinie und des Disziplinargesetzes. Die Erwartung der Überarbeitung des Disziplinargesetzes der EKD ist bereits zur Synodaltagung der EKD 2022 geäußert und durch Beschluss der Synode in Auftrag gegeben worden.[39]

2. Auswirkungen auf die Gewaltschutzrichtlinie der EKD

Eine Novellierung der Gewaltschutzrichtlinie wird unter anderem eine Überarbeitung und Vereinheitlichung von Interventionsverfahren in den Blick nehmen müssen, die vor allem einen betroffenenorientierten Ansatz verfolgen. Die Unterschiedlichkeit der Abläufe und Verfahren im Bereich der EKD und ihrer Gliedkirchen gehört zu den großen Problemfeldern, die die ForuM-Studie identifiziert hat. Die vorgesehenen Präventionsmaßnahmen werden zu spezifizieren sein. Die Gewaltschutzrichtlinie von 2019 ist dementsprechend zu überarbeiten.

3. Auswirkungen auf das Disziplinargesetz der EKD

Eine besondere Herausforderung ist die von der EKD-Synode 2022 beauftragte Überarbeitung des Disziplinarrechts. Mittlerweile ist ein unter breiter Partizipation entstandener Gesetzesänderungsentwurf

[38] *Forschungsverbund ForuM* (Hrsg.), Forschung zur Aufarbeitung von sexualisierter Gewalt und anderen Missbrauchsformen in der Evangelischen Kirche und Diakonie in Deutschland, 2024, abrufbar unter https://www.forum-studie.de/wp-content/uploads/2024/02/Abschlussbericht_ForuM_21-02-2024.pdf (zuletzt aufgerufen am 1.7.2024).

[39] Beschluss der 13. Synode der EKD auf ihrer 3. Tagung zur Unterstützung von betroffenen Personen in kirchlichen Disziplinarverfahren vom 9.11.2022. Der 5. Tagung der EKD-Synode 2024 liegt ein entsprechender Beschlussentwurf zur Änderung des DiszG.EKD vor.

den Gremien der EKD vorgelegt worden. Mit einem Beschluss der Synode ist 2024 zu rechnen. Es zeigt sich bereits, dass Erwartungen von Menschen, die von sexualisierter Gewalt betroffen sind, im Rahmen einer Änderung des kirchlichen Disziplinarrechts nicht oder nur zum Teil erfüllt werden können. Das Disziplinargesetz erweist sich dabei als eine Norm, die nur begrenzt die besonderen Anforderungen der Aufarbeitung von Fällen sexualisierter Gewalt regeln kann.

a) Erwartung von Betroffenen

Die Auswertung von Interviews im Rahmen der ForuM-Studie und andere Äußerungen von betroffenen Personen machen die sehr große Unzufriedenheit deutlich, die Betroffene dem Disziplinargesetz der EKD bzw. dessen Anwendung entgegenbringen. Zwei Aspekte spielen dabei eine besondere Rolle: Vor allem im Hinblick auf die Aufarbeitung von Altfällen, die aufgrund von verstrichenen Verjährungsfristen vom staatlichen Strafrecht nicht mehr erfasst sind, besteht oder bestand die Erwartung, dass eine strafrechtsvergleichbare Befassung auf der Grundlage des Disziplinargesetzes der EKD möglich sein würde und die Verfahren in gleicher Weise ablaufen könnten. Besondere Erwartungen werden hinsichtlich der Verfahrenstransparenz formuliert und hinsichtlich der Möglichkeiten, nicht nur als Zeugen beteiligt zu sein, und außerdem weitreichende Akteneinsichtsrechte etwa in Personalakten des Beschuldigten haben zu können, die vom aktuellen Disziplinargesetz nicht erfüllt werden.

Gravierender ist ein anderes Problem, das in der ForuM-Studie wie folgt beschrieben wird: „nicht sexualisierte Gewalt [wird] als Tatbestand verhandelt, sondern eine Amtspflichtverletzung, [... also] ein Verstoß gegen die Institution [...]. Konsequent zu Ende gedacht, gibt es also doch eine Verletzte – die Institution evangelische Kirche. [...] Die Institution steht auf ihrer eigenen Seite. [...] Primäres Ziel ist es, die Institution zu schützen und zu erhalten. [...] Letztlich verkehrt es das, worum es gehen sollte – die Verletzung von Menschen und die angemessene Sanktionierung jener, die ihnen diese Verletzungen zugefügt haben – in ihr Gegenteil: Verletzte Menschen werden unsichtbar gemacht, sexualisierte Gewalt wird in Amtspflichtverletzungen umgewandelt, die Institution zur Geschädigten gemacht, und Täter und Täterinnen werden unzureichend sanktioniert“.[40]

b) Möglichkeiten und Grenzen des Disziplinarrechts

Wir haben es hier mit einem unlösbaren Dilemma zu tun. Ich muss nicht betonen, dass das im Zitat Beschriebene keineswegs die Motivlage der evangelischen Kirche bei disziplinarischen Verfahren in Fällen sexualisierter Gewalt wiedergibt. Und ich will auch diese wissen-

[40] ForuM-Studie (Fn. 38), S. 461.

schaftliche Analyse nicht kommentieren. Aber ernst zu nehmen ist die Gefühlslage und sind die Empfindungen, die betroffene Personen in solchen Disziplinarverfahren haben und die sie auch schildern.

Das Dilemma besteht darin, dass die Erwartungen an das Disziplinargesetz nicht mit seinen Zwecken, die ich oben ausgeführt habe, vereinbar sind. Es wird aus den ebenfalls oben geschilderten Gründen nicht gehen, aus dem Disziplinarrecht, das seine Anlehnung an das staatliche Recht nicht aufgeben darf, faktisch ein evangelisches Strafrecht zu machen. Auch wird man keine Einzelfallgesetze schaffen dürfen. Hier sind Grenzen der Anpassungsfähigkeit des evangelischen Disziplinarrechts erreicht. Andere Grenzen ergeben sich aus dem Datenschutzrecht. Die Ausweitung von Akteneinsichtsrechten, zumal in Personalakten, stoßen an die Grenzen, die im Datenschutzgesetz der EKD insoweit eingezogen sind, die sich wiederum im Einklang mit der Europäischen Datenschutzgrundverordnung befinden müssen. Das spezifische kirchliche Datenschutzrecht, obwohl gemäß Art. 91 der EU-DSGVO zulässig, darf sich nicht zu weit von deren Standards entfernen.[41]

c) Überlegungen zur Weiterentwicklung des Disziplinargesetzes

Gleichwohl gibt es Bemühungen, betroffenenorientierte Verbesserungen in das Recht einzutragen. Denn es ergeben sich auch Möglichkeiten, die das Disziplinarrecht ausschöpfen kann, gerade weil es kein evangelisches Strafrecht ist, das entsprechenden Vorgaben staatlichen Strafrechts genügen müsste.

Mit dem Disziplinarrecht können im Hinblick auf Beschuldigte, die sich bereits im Ruhestand befinden, sogenannte Altfälle sexualisierter Gewalt disziplinarrechtlich geahndet werden. Tatsächlich sind so auch schon Fälle vor die Disziplinargerichte gegangen, bei denen die Taten Jahrzehnte zurücklagen. Regelmäßig erfolgt bei diesen Sachverhalten, auch noch in Altfällen, die Entfernung aus dem Dienst.[42] § 20 Abs. 3 DG.EKD sieht das für alle Fälle ausdrücklich vor, bei denen festgestellt wird, dass es sich bei der Amtspflichtverletzung um eine Straftat gemäß SGB VIII handeln würde. Solche Taten unterliegen nicht einer Verjährung – die sieht das Disziplinargesetz gar nicht vor. Aber auch ein in § 22 für bestimmte Fälle nach 4 Jahren vorgesehenes Maßnahmeverbot greift mangels Voraussetzung in Fällen sexualisierter Gewalt wegen der regelhaft zu verhängenden schweren Disziplinarmaßnahmen nicht.[43]

41 S. dazu Gutachtliche Stellungnahme des Kirchenrechtlichen Instituts der EKD in Göttingen zum Verhältnis von Art. 88 und 91 DSGVO vom 13. November 2023, nicht veröffentlicht.

42 § 9 Abs. 2 DG.EKD

43 Abweichend dazu im Hinblick auf Disziplinarfälle, in denen nur mit einer bloßen Kürzung der Bezüge als Disziplinarmaßnahme gerechnet würde, was das Maßnahmeverbot nach vier Jahren nicht überwinden würde, *Viola Vogel,*

Hinsichtlich der erwähnten Datenschutzproblematik wird daran gearbeitet, die Interessen der betroffenen Menschen zu berücksichtigen. Unter dem Aspekt der Ermöglichung von institutioneller Aufarbeitung sind bereits im Datenschutzgesetz der EKD mit § 50a Regelungen eingeführt worden, wonach eine Aktenöffnung für wissenschaftliche Zwecke unter bestimmten Voraussetzungen möglich ist. Diese Norm war im Hinblick auf die Zurverfügungstellung von Akten für die ForuM-Studie erforderlich und ist auch rechtzeitig etabliert worden. Erweiterte Akteneinsichtsrechte für betroffene Personen werden aktuell für eine Änderung und Ergänzung des Disziplinargesetzes vorbereitet.[44] Dazu werden auch Regelungen gehören, die deutlich erweiterte Beistands- und Verfahrensrechte für am Verfahren beteiligte betroffene Personen festlegen. Und es werden über reine Verfahrensinformationen hinausgehende Rechte von betroffenen Personen eingeführt, sich durch Akteneinsicht oder Auskunftsersuchen über den Inhalt des Disziplinarverfahrens und insbesondere die Ermittlungsergebnisse informieren zu können. Im Zulauf auf das Gesetzgebungsverfahren hat – was bei Themen mit Bezug zur sexualisierten Gewalt nunmehr in der EKD Standard ist – das Beteiligungsforum[45] kürzlich ein zustimmendes Votum abgegeben. Ich gehe davon aus, dass diese Änderungen zum Jahresende 2024 in Kraft treten.

IV. Schlussbemerkungen

Der Blick auf die Möglichkeiten und Grenzen des kirchlichen Straf- und Sanktionsrechts aus der Perspektive des evangelischen Kirchenrechts macht zum einen deutlich: Ein evangelisches kirchliches Strafrecht kann es aus theologischen und kirchengeschichtlichen Gründen

Konsistorialpräsidentin der Ev. Kirche Berlin-Brandenburg-schlesische Oberlausitz, epd 14. Februar 2024.

44 Zu den in diesem Zusammenhang zu beachtenden rechtlichen Rahmenvorgaben, insbesondere des Datenschutzes, s. Gutachtliche Stellungnahme des Kirchenrechtlichen Instituts der EKD in Göttingen zur Akteneinsicht durch Drittbetroffene im Disziplinarverfahren vom 20. Dezember 2023, nicht veröffentlicht.

45 Das „Beteiligungsforum Sexualisierte Gewalt" ist seit Juli 2022 das Modell der Betroffenenpartizipation im Bereich der EKD. Dort werden alle Fragen, die sexualisierte Gewalt in der evangelischen Kirche und Diakonie betreffen, von Betroffenenvertreter*innen und kirchlichen Vertreter*innen gemeinsam bearbeitet. Es ist als zentraler Ort der Diskussion und Lösungsfindung mit Betroffenenvertretung sowie Kirchenvertreter*innen über mehrere Monate in intensiven Gesprächen durch eine externe Expertin entwickelt worden. Jede kirchenpolitische Entscheidung zum Umgang mit sexualisierter Gewalt geschieht unter Mitwirkung des Beteiligungsforums und damit unter direkter Mitwirkung Betroffener.

nicht geben. Zum anderen hat das Sanktionsrecht im evangelischen Kirchenrecht seit langer Zeit keine besondere Aufmerksamkeit erfahren. Sanktionen im Rahmen von Lehrbeanstandungen und Kirchenzucht haben seit längerem an Bedeutung verloren.

Praxisrelevante Sanktionsrechte knüpfen zumeist an Dienst- und Arbeitsverhältnisse und in deren Rahmen begangene Dienstpflichtverletzungen an. Neue Sachverhalte, seien es rechtsextreme evangeliumswidrige Äußerungen und Haltungen oder seien es Taten sexualisierter Gewalt, stellen neue Herausforderungen an das Sanktionsrecht der evangelischen Kirche dar. Im Rahmen des rechtlich Möglichen werden betroffenenorientierte Weiterungen, etwa im Disziplinargesetz der EKD oder der Gewaltschutzrichtlinie der EKD vorgenommen. Dabei sind nicht zuletzt datenschutzrechtliche Grenzen zu beachten. Das evangelische kirchliche Sanktionsrecht ist ein vermutlich nicht aufzugebendes Element der kirchlichen Rechtsordnung, denn immer wieder wird die Kirche jenseits von Beichte und Seelsorge auf Situationen reagieren müssen, in denen Kirchenmitglieder gegen das Evangelium und gegen die kirchliche Ordnung verstoßen.

Leitsätze zum Vortrag von Oberkirchenrat Dr. iur. Christoph Thiele:

„Möglichkeiten und Grenzen des kirchlichen Straf- und Sanktionsrechts – Die Perspektive des evangelischen Kirchenrechts“

I. Einleitung

1. Ein Strafrecht im Kirchenrecht wäre unevangelisch. Deshalb: Ein evangelisches kirchliches Strafrecht existiert nicht.
2. Das einschlägige Sanktionsrecht unterscheidet danach, gegen wen sich die Sanktion richtet. Regelungen finden sich in der evangelischen Rechtsordnung im Hinblick auf Fehlverhalten allgemein von Kirchenmitgliedern, von Personen, die ehrenamtlich tätig sind, von Personen, die sich in einem privatrechtlichen Beschäftigungsverhältnis zur Kirche befinden oder solchen, die als Kirchenbeamte oder ordinierte Geistliche in einem öffentlich-rechtlichen Dienstverhältnis zur Kirche stehen.

II. Sanktionsregelungen im evangelischen Kirchenrecht

3. Ein Lehrbeanstandungsverfahren kommt in Betracht, wenn Tatsachen für die Annahme vorliegen, dass eine ordinierte Person durch ihre Verkündigung und Lehre oder sonst öffentlich durch Wort oder Schrift in Widerspruch zum Bekenntnis der Kirche tritt und daran trotz voraufgegangener seelsorglicher Bemühungen beharrlich festhält. Praktische Bedeutung hat das Lehrbeanstandungsverfahren heute nicht mehr.
4. Durch die Kirchenzucht sollte auf schwerwiegende Verfehlungen von Mitgliedern reagiert werden mit dem Ziel, die Gemeinschaft vor dem schlechten Einfluss zu schützen und den zum Sünder gewordenen Menschen zur Umkehr zu führen. Mit ihrem Bedeutungsverlust verschwand die Kirchenzucht inzwischen nahezu völlig aus der evangelischen Rechtsordnung.
5. Nach der Mitarbeitsrichtlinie haben sich die Mitarbeitenden während des Bestehens des Arbeitsverhältnisses gegenüber der evangelischen Kirche loyal zu verhalten und sich innerhalb und außerhalb des Dienstes so zu verhalten, dass die Ausübung ihres jeweiligen Dienstes nicht beeinträchtigt wird. Als Konsequenz aus der Verletzung dieser Pflichten kommt als letzte Maßnahme

nach Abwägung der Umstände des Einzelfalles eine außerordentliche Kündigung aus wichtigem Grund in Betracht.

6. Das Disziplinargesetz der EKD erfasst Amtspflichtverletzungen von Pfarrerinnen, Pfarrern, Kirchenbeamtinnen und Kirchenbeamten und anderen Personen, die in einem öffentlich-rechtlichen Dienst- und Treueverhältnis zu einem kirchlichen Dienstherrn stehen. Nicht der Grundgedanke einer Bestrafung für ein dienstliches Vergehen trägt das Disziplinarverfahren, sondern die Aufrechterhaltung der Funktionsfähigkeit des öffentlichen Dienstes. Damit verfolgt das kirchliche Disziplinarrecht, wie das staatliche, keine repressiven Zwecke wie Vergeltung und Sühne. Vielmehr soll das kirchliche Disziplinarrecht eine generalpräventive Wirkung erzeugen: Andere sollen abgeschreckt werden, Amtspflichtverletzungen zu begehen. Außerdem soll durch die Verhängung von Disziplinarmaßnahmen in der Öffentlichkeit die Glaubwürdigkeit der Wahrnehmung des kirchlichen Auftrages und des kirchlichen Dienstes aufrechterhalten werden.
7. § 79 Abs. 2 Nr. 5 PfDG.EKD regelt, dass Pfarrerinnen und Pfarrer, um der Unabhängigkeit der Verkündigung willen, im besonderen kirchlichen Interesse und auch gegen ihren Willen auf eine andere Stelle, ggf. auch in den Wartestand, versetzt werden können, wenn in ihrer bisherigen Stelle oder ihrem bisherigen Auftrag eine nachhaltige Störung in der Wahrnehmung des Dienstes festgestellt wird. Diese Regelung ist kein Sanktionsrecht. Auf das Verschulden kommt es, anders als im Disziplinarverfahren, nicht an.
8. Im Zusammenhang mit dem Thema sexualisierte Gewalt ist die EKD-Gewaltschutzrichtlinie aus dem Jahr 2019 ein wichtiger Bestandteil der Bemühungen der evangelischen Kirche, Gewalt und Missbrauch innerhalb ihrer Strukturen zu verhindern und zu bekämpfen. Sie legt Standards und Verfahren fest, um Opfer zu schützen, Täter zur Verantwortung zu ziehen und Präventionsmaßnahmen zu etablieren. Im Miteinander bei beruflicher und ehrenamtlicher Tätigkeit, insbesondere wenn Obhutsverhältnisse bestehen, sind Abstinenz- und Abstandspflichten einzuhalten. Zugleich bestehen für Personen, die von sexualisierter Gewalt Kenntnis erlangen, Meldepflichten.

III. Aktuelle Herausforderungen aus Anlass des Themas sexualisierte Gewalt

9. Aus Anlass des Themas sexualisierte Gewalt kann die Frage nach den Möglichkeiten und Grenzen des evangelischen kirchlichen Sanktionsrechts wieder neu gestellt werden. Aufarbei-

tung ist nicht zuletzt institutionelle Aufarbeitung, die innerhalb der kirchlichen Institutionen Strukturen identifizieren soll, die sexualisierte Gewalt begünstigen und Vorfälle aufdecken soll, bei denen Täter geschützt wurden. In der Konsequenz stellen sich Fragen nach strafrechtlicher (staatlicher) oder sanktionsrechtlicher Ahndung in den Fällen, in denen Täter noch erreicht werden können.

10. Eine Novellierung der Gewaltschutzrichtlinie wird unter anderem eine Überarbeitung und Vereinheitlichung von Interventionsverfahren in den Blick nehmen müssen, die vor allem einen betroffenenorientierten Ansatz verfolgen.
11. Das Disziplinargesetz erweist sich dabei als eine Norm, die nur begrenzt die besonderen Anforderungen der Aufarbeitung von Fällen sexualisierter Gewalt regeln kann.
12. Die Auswertung von Interviews im Rahmen der ForuM-Studie und andere Äußerungen von betroffenen Personen machen die sehr große Unzufriedenheit deutlich, die Betroffene dem Disziplinargesetz der EKD bzw. dessen Anwendung entgegenbringen.
13. Ein Dilemma besteht darin, dass die Erwartungen an das Disziplinargesetz nicht mit seinen Zwecken vereinbar sind. Die Ausweitung von Akteneinsichtsrechten, zumal in Personalakten, stößt an die Grenzen, die im Datenschutzgesetz der EKD eingezogen sind, das sich wiederum im Einklang mit der Europäischen Datenschutzgrundverordnung befinden muss.
14. Mit dem Disziplinarrecht können sogenannte Altfälle sexualisierter Gewalt disziplinarrechtlich geahndet werden. Solche Taten unterliegen nicht einer Verjährung – die sieht das Disziplinargesetz nicht vor. Im Datenschutzgesetz der EKD sind mit § 50a Regelungen eingeführt worden, wonach eine Aktenöffnung für wissenschaftliche Zwecke unter bestimmten Voraussetzungen möglich ist. Kommende Änderungen und Ergänzungen des Disziplinargesetzes sehen Regelungen vor, die deutlich erweiterte Beistands- und Verfahrensrechte für am Verfahren beteiligte betroffene Personen festlegen. Und es werden über reine Verfahrensinformationen hinausgehende Rechte von betroffenen Personen eingeführt, sich durch Akteneinsicht oder Auskunftsersuchen über den Inhalt des Disziplinarverfahrens und insbesondere die Ermittlungsergebnisse informieren zu können.

Dr. iur. utr. Lic. iur. can. Manfred Bauer

Der sexuelle Missbrauch als Bewährungsprobe für das kirchliche Straf- und Sanktionsrecht

I. Vorbemerkung

Die Annäherung an das Thema „Der sexuelle Missbrauch als Bewährungsprobe für das kirchliche Straf- und Sanktionsrecht“[1] erscheint nur auf den ersten Blick einfach. Jeder konnte in den neunziger Jahren des 20. Jahrhunderts das Bekanntwerden vielfachen sexuellen Missbrauchs Minderjähriger durch Kleriker (und damit ist schon eine erste Konkre-

[1] Der Beitrag hat keinen amtlichen oder halbamtlichen Charakter; es handelt sich um eine Darstellung der persönlichen Erfahrungen und Auffassungen des *Verfassers*, die er in seiner Tätigkeit in der Disziplinarsektion des Dikasteriums für die Glaubenslehre gesammelt bzw. gewonnen hat. Der Vortragsstil ist weitgehend beibehalten; die Anmerkungen sind auf das Notwendigste beschränkt.

tisierung des Themas erfolgt, welche für das universalkirchliche katholische Strafrecht grundlegend ist) in den USA und in Irland durch die Berichterstattung in den Medien verfolgen. In den Jahren 2010/11 ist sodann durch die Offenlegung der Vorfälle im Berliner Canisius-Kolleg der Jesuiten im ganzen deutschsprachigen Raum der sexuelle Missbrauch Minderjähriger durch Kleriker zu einem Thema geworden, das die Kirche in diesen Ländern intensiv beschäftigt und wohl noch einige Zeit intensiv beschäftigen wird. Es folgten weitere Länder, in denen das Thema noch länger ein Tabu war: Seit wenigen Jahren wird beispielsweise auch in Polen dieser Bereich kanonistisch, also mit den Mitteln des kirchlichen Strafrechts, bearbeitet. Folglich liegt es für die Gliederung dieses Beitrags nahe, nachdem vorab einiges Begriffliche geklärt ist, zunächst in einem ersten Hauptteil Rückblick auf die Tätigkeit des kirchlichen Gesetzgebers, insbesondere des universalkirchlichen Gesetzgebers, zu halten. In einem zweiten Schritt soll die Rechtspraxis, wenn auch nur mosaikartig, in den Blick kommen. Am Schluss meiner Ausführungen steht der Versuch einer Bewertung und eines Blicks in die nächste Zukunft, soweit dies aufgrund der heutigen Erkenntnisse möglich erscheint.

II. Begriffliches

Das Thema „Der sexuelle Missbrauch als Bewährungsprobe für das kirchliche Straf- und Sanktionsrecht" enthält einige Begriffe, die der näheren Klärung beziehungsweise der Abgrenzung bedürfen. Dabei soll am Anfang dieser Klärungen der im Thema letztgenannte Begriff stehen: Es geht um das kirchliche Straf- und Sanktionsrecht. Wenn hier nicht nur, wie im staatlichen Recht, vom Straf-, sondern ergänzend auch vom Sanktionsrecht die Rede ist, bedarf dies einer Erläuterung. *Ludger Müller* hatte im von ihm betreuten Abschnitt des vierten Bandes des Lehrbuchs „Kanonisches Recht" von *Aymans/Mörsdorf* den Titel „Sanktionsrecht" gewählt und dies mit dem Hinweis auf den kodikarischen Gesetzgeber von 1983 begründet: Im Gegensatz zum CIC/1917, dessen fünftes Buch die Überschrift *De Delictis et Poenis* trug, wurde im sechsten Buch des CIC/1983 die Überschrift *De Sanctionibus in Ecclesia* gewählt. Dieser modifizierten Wortwahl des Gesetzgebers habe man im Lehrbuch Rechnung tragen wollen, denn so würden mit dem Wort „Strafe" verbundene Assoziationen vermieden, die das Typische des kirchlichen Sanktionsrechts verdecken.[2] Das kirchliche Sanktionsrecht diene nämlich, wie das gesamte Kanonische Recht, dem *bonum commune* und das

2 *Winfried Aymans/Klaus Mörsdorf/Ludger Müller*, Kanonisches Recht. Lehrbuch aufgrund des Codex Iuris Canonici, Bd. IV, 2013, S. 78f.

Gemeinwohl der Kirche bestehe in einem dem Sendungsauftrag Jesu Christi getreuen möglichst wirkungsvollen Leben der Communio.[3] Es darf dabei jedoch nicht verschwiegen werden – und das benannte *Ludger Müller* auch – dass schon die Überschriften des ersten und auch des zweiten Teils des sechsten Buches, denen im weltlichen Strafrecht ein Allgemeiner und Besonderer Teil entsprechen, die überkommenen Begriffe wiederverwendeten: *De Delictis et Poenis in genere* sowie *De Poenis in singula Delicta.* Dies zeige, dass „die Begriffe ‚Strafrecht, Strafe, Straftäter' usw. nicht in jeder Hinsicht bzw. nicht in jedem Zusammenhang ungeeignet"[4] seien.

Wohl um auch dem Eindruck, der nach dem Zweiten Vatikanischen Konzil in nicht wenigen kirchlichen Kreisen aufkam, dass es eines kirchlichen Straf- und/oder Sanktionsrechts eigentlich nicht oder nur in engstem Rahmen bedürfe,[5] entgegenzutreten, hat der universalkirchliche Gesetzgeber mit der Reform des sechsten Buches des CIC im Jahre 2021[6] die Gesamtüberschrift in die Worte gefasst: *De Sanctionibus poenalibus in Ecclesia,* und damit den Strafcharakter des sechsten Buches des CIC auch durch diese Überschrift wieder in das Bewusstsein gerückt. So lässt sich feststellen, dass in Bezug auf das sechste Buch des CIC durchaus nicht nur die Bezeichnung „Sanktionsrecht", sondern ohne Weiteres auch die traditionelle Bezeichnung „Strafrecht" angemessen und berechtigt ist.

Der nächste Begriff im gestellten Thema, zu dem Erläuterungen sinnvoll und nötig scheinen, lautet „kirchlich": Es geht um das kirchliche, nicht das staatliche Strafrecht. Wenn ein kirchliches Strafrecht existiert, so stellt sich sowohl von außerhalb der Institution Kirche wie aus ihrer Mitte, von innerhalb, die Frage nach der Berechtigung eines solchen kanonischen Strafrechts. Dazu könnte nun einiges an Gedanken angeführt[7], es soll aber nur das Notwendigste in aller Kürze benannt werden.

[3] *Winfried Aymans/Klaus Mörsdorf,* Kanonisches Recht. Lehrbuch aufgrund des Codex Iuris Canonici, Bd. I, 1991, S. 152.

[4] *Aymans/Mörsdorf/Müller,* Kanonisches Recht, Bd. IV (Fn. 2), S. 79.

[5] Dazu *Markus Graulich,* Der lange Weg zum erneuerten Strafrecht, in: Markus Graulich/Heribert Hallermann (Hrsg.), Das neue kirchliche Strafrecht. Einführung und Kommentar, 2021, S. 13ff. (13f.); auch *Wilhelm Rees,* Die Strafgewalt der Kirche. Das geltende kirchliche Strafrecht – dargestellt auf der Grundlage seiner Entwicklungsgeschichte, 1993, S. 48ff.; *Manfred Bauer,* Rechtlicher Umgang mit Scheitern und Fehlverhalten im Kirchenrecht, in: Thomas Schüller/Thomas Neumann (Hrsg.), Kirchenrecht im Dialog. Tagungsband zur Tagung des Instituts für Kanonisches Recht, 18.–20. Februar 2019, Fulda, 2020, S. 166ff. (167f.).

[6] Durch die Apostolische Konstitution *Pascite gregem Dei* vom 23. Mai 2021, promulgiert in: L'Osservatore Romano vom 1. Juni 2021, S. 2ff., auch in: AAS 113 (2021), S. 534ff.

[7] *Bauer,* Rechtlicher Umgang (Fn. 5), S. 168ff. (insb. 172f. m.w.N.).

Das kirchliche Strafrecht ist in seinem Verhältnis zum staatlichen durch verschiedene Merkmale gekennzeichnet. Das erste ist der unterschiedliche Charakter. Das kirchliche Strafrecht – auch wenn sein Zweck, wirklich strafen zu sollen, nach den Reformen der letzten Jahre auf der Ebene der Weltkirche nicht mehr in Frage steht – hat geistlichen Charakter. Es geht beim kirchlichen Strafrecht immer um das *bonum commune*, das Gemeinwohl der Kirche, und um die *salus animarum*, das Seelenheil der dem Recht Unterworfenen (vgl. c. 1752 CIC). Deshalb bestraft die Kirche vielfach anderes als der Staat, sie bestraft manches Mal auch dasselbe, aber unter anderen Gesichtspunkten und sie sanktioniert oft mit anderen Mitteln. Dass die Kirche anderes als der Staat bestraft, wird besonders augenfällig bei den Glaubensdelikten, die in c. 751 CIC genannt werden, nämlich Schisma (die Verweigerung der Unterordnung unter den Papst oder der Gemeinschaft mit den diesem untergebenen Gliedern der Kirche), Häresie (die beharrliche Leugnung von Glaubenswahrheiten) und Apostasie (die Ablehnung des christlichen Glaubens im Ganzen). Der moderne säkulare Rechtsstaat tut gut daran, sich aus diesen Fragen herauszuhalten und es den Religionen selbst zu überlassen, ob und wie sie diese Sachverhalte ordnen und ahnden. Sodann bestraft die Kirche manches Mal gleiche oder ähnliche Delikte wie der Staat, aber unter anderen Aspekten. Hier kann auf die Missbrauchstaten verwiesen werden, bei denen gemeinsam von Staat und Kirche die sexuelle Integrität der Minderjährigen geschützt wird; die Kirche nimmt aber zusätzlich den Schutz des Weihesakraments und des Zölibats in den Blick. Und schließlich kennt die Kirche andere Mittel: So tritt beim Begehen der genannten Glaubensdelikte nach c. 1364 CIC die Tatstrafe der Exkommunikation ein; Tatstrafe bedeutet, dass die Strafe von allein, also ohne richterliche oder sonst autoritative Feststellung eintritt. Das wäre in einem modernen Rechtsstaat unmöglich, ist aber dem Charakter der Glaubensdelikte vielfach angemessen. Als weiteres Beispiel kann hier darauf verwiesen werden, dass die Kirche als Strafe Bußen auferlegen kann, also eine Wallfahrt oder bestimmte Gebete für die von einer Straftat Betroffenen.[8]

Darüber hinaus bleibt in diesem Zusammenhang in Bezug auf das Verhältnis zwischen kirchlichem und staatlichem Strafrecht festzuhalten, dass das kirchliche Strafrecht auch deshalb bei der Kodifizierung des Kanonischen Rechts im Jahre 1983 die Anzahl der Delikte im Verhältnis zum Codex von 1917 stark reduziert hat,[9] weil die Kirche nicht immer beziehungsweise nicht alle Delikte bestrafen muss, die der Staat

[8] Ausführlicher zum Ganzen vgl. z. B. *Bauer,* Rechtlicher Umgang (Fn. 5), S. 181 ff. m. w. N.

[9] Dazu Aymans/Mörsdorf/Müller, Kanonisches Recht, Bd. IV (Fn. 2), S. 79: aus 220 Strafbestimmungen des CIC/1917 wurden lediglich 89 im CIC/1983.

bereits ahndet. „Nur bei schwersten Verletzungen menschlicher Grundrechte, etwa bei der Missachtung des Rechts auf Leben und sehr schwerwiegender Beeinträchtigung der körperlichen Unversehrtheit, schreitet auch die Kirche ihrerseits mit strafrechtlichen Sanktionen ein".[10]

Der nächste zu betrachtende Begriff ist der des sexuellen Missbrauchs selbst.[11] Im c. 1395 § 2 CIC/1983 a. F. ging es (wie im entsprechenden c. 2359 § 2 CIC/1917) ausschließlich um sexuellen Missbrauch Minderjähriger unter 16 Jahren durch Kleriker. Das Schutzalter wurde erst später, nämlich 2001, auf 18 Jahre angehoben. Als Täter kamen hierbei nach der Regelung des c. 1395 § 2 CIC/1983 a. F. nur Kleriker in Betracht, während c. 2357 § 1 CIC/1917 auch Taten von Laien unter Strafe gestellt hatte. Diesbezüglich hat es nun in allerjüngster Vergangenheit mit der kirchlichen Strafrechtsreform von 2021 in c. 1398 § 2 CIC/1983 n. F. wieder eine Erweiterung des möglichen Täterkreises gegeben. Zum Gang der Gesetzgebung im Einzelnen darf an dieser Stelle aber zunächst auf unten verwiesen werden.

Was als sexueller Missbrauch zu verstehen ist, wird im Strafrecht des Codex Iuris Canonici und in den Normen zum Motu proprio *Sacramentorum Sanctitatis tutela* (SST) umschrieben mit „Verstoß gegen das sechste Gebot des Dekalogs". An dieser Begrifflichkeit wurde oft Kritik geübt.[12] Der Reformgesetzgeber ist 2021 dennoch mit Verweis auf die Tradition in der Morallehre der Kirche und mit Hinweis auf Nr. 2336 des Katechismus der Katholischen Kirche (KKK) bei dieser Formulierung geblieben, weil die Überlieferung der Kirche das sechste Gebot als auf die gesamte menschliche Geschlechtlichkeit bezogen verstanden habe. Das *Vademecum 2.0* des Dikasteriums für die Glaubenslehre vom 5. Juni 2022 führt dazu entsprechend in Nr. 2 aus: „Die Typologie der Straftat ist sehr weit

[10] *Stephan Haering,* Reichweite und Grenzen des kirchlichen Strafrechts im Vorgehen gegen Sexualstraftäter, in: Heribert Hallermann/Thomas Meckel/Sabrina Pfannkuche/Matthias Pulte (Hrsg.), Der Strafanspruch der Kirche in Fällen von sexuellem Missbrauch, 2012, S. 211 ff. (214).

[11] Zum Begriff allgemein *Wunibald Müller,* Sexueller Missbrauch – Begriffsklärung, Häufigkeit, Dynamik, in: Wunibald Müller/Myriam Wijlens (Hrsg.), Aus dem Dunkel ans Licht. Fakten und Konsequenzen des sexuellen Missbrauchs für Kirche und Gesellschaft, 2011, S. 14 ff.

[12] Überblick bei *Heribert Hallermann,* Kontinuität und Reform, in: Graulich/Hallermann, Das neue kirchliche Strafrecht (Fn. 5), S. 19 ff. (27 ff. m. w. N.); ausführlich zum Thema *Sabrina Pfannkuche,* Die Sünde gegen das sechste Gebot – eine Analyse der geltenden Rechtsordnung der katholischen Kirche und der jüngeren Rechtsgeschichte, in: Hallermann/Meckel/Pfannkuche/Pulte, Strafanspruch (Fn. 10), S. 243 ff.; knapp auch *Manfred Bauer,* Die *delicta graviora* und ihre Behandlung durch das Dikasterium für die Glaubenslehre, AfkKR 189 (2022), S. 44 ff. (49); *Klaus Lüdicke,* in: Klaus Lüdicke (Hrsg.), MKCIC, Stand der 63. Erg.-Lfg. (November 2023), c. 1395 Rn. 4–4b.

gefasst und kann zum Beispiel sexuelle Beziehungen (einvernehmlich oder nicht einvernehmlich), physischen Kontakt mit sexuellem Hintergrund, Exhibitionismus, Masturbation, Herstellung von Pornografie, Verleitung zur Prostitution, Gespräche und/oder Angebote sexueller Art, auch über Kommunikationsmittel, umfassen".[13]

Abschließend ist der Begriff „Bewährungsprobe" zu betrachten. Der Duden gibt hierzu folgende Umschreibung: „Vorgang [oder] Ereignis, bei dem jemand [oder] etwas sich bewähren muss"; zu „sich bewähren" wird erklärt: „sich als geeignet, zuverlässig erweisen".[14] Es soll im Folgenden, wie bereits eingangs angedeutet, in einem ersten Schritt der Vorgang der weltkirchlichen Gesetzgebung seit dem öffentlichen Bekanntwerden vieler Missbrauchsfälle in der katholischen Kirche seit den 1990er Jahren untersucht und einer Bewertung in Hinblick darauf unterzogen werden, ob die weltkirchliche Gesetzgebung sich insoweit als geeignet erwiesen hat, als sie in juristisch angemessener Weise auf das Thema sexueller Missbrauch Minderjähriger durch Kleriker reagiert hat. In einem zweiten Schritt soll sodann der Blick auf die praktische Umsetzung in Rechtsetzung und Rechtsanwendung dieser weltkirchlichen Gesetzgebung auf der Ebene der Deutschen Bischofskonferenz und der zugehörigen Diözesen gerichtet werden. Vorauszuschicken ist diesen beiden Schritten allerdings ein Blick in die Geschichte des kirchlichen Rechts, der zeigt, dass sexueller Missbrauch Minderjähriger im Raum der Kirche immer als sündhaft und strafbar behandelt wurde.

III. Die universalkirchliche Gesetzgebung und ihre Entwicklung bis zum Bekanntwerden einer Vielzahl von Missbrauchsfällen in verschiedenen Teilen der Welt

1. Biblische und frühe kirchliche Texte

Eingangs ist an dieser Stelle darauf zu verweisen, dass die Kirche den sexuellen Missbrauch Minderjähriger immer schon als schwerwiegende Verletzung des christlichen Ethos angesehen hat.[15] Die Formulierungen sind in der frühen Zeit sicher noch nicht juristischer Art, aber hinreichend deutlich. Sie dienen darüber hinaus auch der Abgrenzung der

[13] Abrufbar unter https://www.vatican.va/roman_curia/congregations/cfaith/ddf/rc_ddf_doc_20220605_vademecum-casi-abuso-2.0_ge.html (zuletzt aufgerufen am 1.7.2024).

[14] Abrufbar unter https://www.duden.de/rechtschreibung/Bewaehrungsprobe (zuletzt aufgerufen am 1.7.2024), Ergänzungen vom *Verfasser*; sowie https://www.duden.de/rechtschreibung/bewaehren (zuletzt aufgerufen am 1.7.2024).

[15] *Charles J. Scicluna,* Ein Überblick über die Entwicklung des kanonischen Rechts im Bereich des sexuellen Missbrauchs durch Kleriker, in: Hallermann/Meckel/Pfannkuche/Pulte, Strafanspruch (Fn. 10), S. 325ff. (326).

frühen Christen vom heidnischen Umfeld. So schreibt *Paulus* im ersten Korintherbrief (1 Kor 6,9-10), der um 55 n. Chr. entstanden ist,[16] dass „weder Unzüchtige noch Götzendiener, weder Ehebrecher noch Lustknaben, noch Knabenschänder ... das Reich Gottes erben." Hier bleibt jedoch anzumerken, dass die zitierte Einheitsübersetzung schon interpretiert: Das Münchener Neue Testament übersetzt sehr wörtlich aus dem Griechischen mit „Unzüchtige, ..., Ehebrecher, Weichlinge und Mannesschänder", kritisiert also allgemeiner „Homosexualität in ihrer aktiven und passiven Form".[17] Ebenfalls neutestamentlich, aber später zu datieren (nach überwiegender Meinung der Exegeten gegen Ende des 1. Jahrhunderts n. Chr.),[18] ist die folgende Stelle aus dem deuteropaulinischen Brief an die Epheser (Eph 5,5): „Denn das sollt ihr wissen: Kein unzüchtiger, schamloser oder habgieriger Mensch – das heißt kein Götzendiener – erhält ein Erbteil im Reich Christi und Gottes." Diese neutestamentlichen Aufzählungen zu verurteilender Handlungsweisen nennen zwar nicht ausdrücklich den sexuellen Missbrauch Minderjähriger, doch sind die von der Einheitsübersetzung verwendeten Begriffe „Lustknaben" und „Knabenschänder" im ersten Korintherbrief inhaltlich sicher mitgemeint, bedenkt man das heidnische Umfeld des jungen Christentums; darüber hinaus sind die Begriffe „unzüchtig" und „schamlos" so offen und zugleich so deutlich, dass sie den sexuellen Missbrauch Minderjähriger miteinbeziehen.

Auch im Schrifttum der Kirchenväter finden sich entsprechende Stellen, die diese Darlegungen stützen. In seinem Brief an die Philipper, der zeitlich um 135 n. Chr. einzuordnen ist,[19] zitiert *Polykarp* die oben genannte Stelle aus dem ersten Korintherbrief des *Paulus* (1 Kor 6,9-10) wörtlich und fordert junge Christen auf, untadelig und keusch zu leben.[20] *Justin der Märtyrer* kritisiert an der heidnischen Umwelt[21] in seiner ersten Apologie (Kap. 27,1-4), die um 153 n. Chr. entstanden

[16] *Philipp Vielhauer,* Geschichte der urchristlichen Literatur, 1975, S. 141; *Jürgen Roloff,* Einführung in das Neue Testament, 1995, S. 108; *Günther Bornkamm,* Paulus, 7. Aufl. 1993, S. 245.

[17] *Hans-Joachim Klauck,* Die Neue Echter Bibel, Kommentar zum Neuen Testament mit der Einheitsübersetzung. 1. Korintherbrief, 2. Aufl. 1987, S. 46. Er beschreibt diese Elemente des Lasterkatalogs als Entfaltungen des Begriffs der Unzucht: Ehebruch sowie Homosexualität in ihrer aktiven und passiven Form.

[18] *Vielhauer,* Geschichte (Fn. 16), S. 215; *Bornkamm,* Paulus (Fn. 16), S. 246.

[19] *Hubertus R. Drobner,* Lehrbuch der Patrologie, 3. Aufl. 2011, S. 100f.

[20] *Scicluna,* Ein Überblick (Fn. 15), S. 327f.

[21] Dazu etwa *Winfried Kraus,* „Edle Form der Liebe" oder „krankhafte Absonderlichkeit"? – Die Päderastie im antiken Griechenland, in: Müller/Wijlens, Aus dem Dunkel ans Licht (Fn. 11), S. 91ff.

ist,[22] das Aussetzen von Kindern, was bei Mädchen wie Jungen dazu führe, dass diese zur Unzucht angeleitet würden. Man halte Kinder ausschließlich zu unzüchtigen Zwecken. Beiwohnung mit den eigenen Kindern wird als gottlos, sündhaft und schamlos bezeichnet. Kritisiert wird auch, dass manche sogar ihre eigenen Kinder dazu preisgeben.[23] *Athenagoras von Athen* übt in seiner Bittschrift für die Christen, die wohl um 177 entstanden ist,[24] ebenfalls am heidnischen Umfeld harte Kritik, namentlich an Ehebrechern und Knabenschändern.[25]

Ab dem frühen vierten Jahrhundert finden sich entsprechende Beschlüsse von Kirchenversammlungen. So tagte im Jahre 306 n. Chr. die Synode von Elvira[26] und verurteilte streng sexuelle Missbräuche, auch an Minderjährigen, vor allem wenn die Täter Kleriker waren. Canon 18 dieser Synode legte als Strafe für Kleriker wegen sexueller Sittenwidrigkeiten fest, dass sie lebenslang wegen des Skandalons, das sie hervorgerufen haben, die Kommunion nicht mehr empfangen dürfen. Und Canon 30 ordnete an, dass diejenigen, welche in ihrer Jugend sexueller Verfehlungen schuldig geworden waren, nicht zum Subdiakon geweiht werden durften; im Falle, dass die Weihe schon gespendet worden war, waren sie zu entlassen.[27]

2. Mittelalterliche und frühneuzeitliche Anordnungen

Im Mittelalter wurde durch päpstliche Dekrete und Apostolische Konstitutionen einige Male der sexuelle Missbrauch Minderjähriger verurteilt, wenn auch in Umschreibungen und nicht in direkter Benennung. Die Umschreibungen orientierten sich an den Worten des Epheserbriefes (Eph 5,6; auch 2,2) und lauteten ungefähr: „*delictum/crimen contra naturam propter quod ira Dei venit in filios diffidentiae,* Verbrechen/Straftat gegen die Natur, weswegen der Zorn Gottes über die Söhne des Ungehorsams herabkommen wird".[28] Hierher gehören der auf Papst *Alexander III.* zurückgehende c. 11 des III. Laterankonzils im Jahre 1179 und der auf Papst *Innozenz III.* zurückgehende c. 14 des IV. Laterankonzils

[22] *Justin,* Apologiae/Apologien. Griechisch/deutsch. Eingeleitet, übersetzt und kommentiert von Jörg Ulrich, 2021, S. 38f.; auch *Drobner,* Patrologie (Fn. 19), S. 119.

[23] *Scicluna,* Ein Überblick (Fn. 15), S. 326f. m.w.N.

[24] Etwa *Drobner,* Patrologie (Fn. 19), S. 128.

[25] *Scicluna,* Ein Überblick (Fn. 15), S. 327.

[26] Knapp zu dieser Synode etwa *Domingo Ramos-Lissón,* Elvira, in: Konrad Baumgartner/Horst Bürkle/Klaus Ganzer/Walter Kasper u.a. (Hrsg.), LThK III, 3. Aufl. 1995, Sp. 614; zu den hier nur kurz angedeuteten Problemen, zu denen die Synode von Elvira Stellung nahm, vgl. auch *Karl Baus,* in: Hubert Jedin (Hrsg.), Handbuch der Kirchengeschichte, Bd. 2/1 (Sonderausgabe), 1985, S. 415ff. (416).

[27] *Scicluna,* Ein Überblick (Fn. 15), S. 328.

[28] *Scicluna,* Ein Überblick (Fn. 15), S. 329.

im Jahre 1214. Es gibt dabei Anordnungen betreffend Laien und Kleriker.[29] Auf dem V. Laterankonzil im Jahre 1514 wird unter Papst *Leo X.* der Tatbestand schon klar dem Strafrecht und dem *forum externum* zugeordnet. Er dekretierte: „Wird ein Laie oder ein Kleriker eines Verbrechens überführt, weshalb ‚der Zorn Gottes über die Söhne des Ungehorsams kommt', dann wird er mit den durch die heiligen Kanones oder durch das bürgerliche Recht auferlegten Strafen bestraft".[30] Papst *Pius V.* schließlich ordnete mit der Apostolischen Konstitution *Cum primum* vom 1. April 1566 an: „Wenn eine Person das schreckliche Verbrechen gegen die Natur begeht, für das der Zorn Gottes über die Söhne des Ungehorsams herabkommt, so soll er den weltlichen Autoritäten zu Strafverfolgung und Strafvollzug übergeben werden, und wenn er Kleriker ist, wird er von allem abgesetzt und der gleichen Bestrafung unterworfen".[31]

3. Die Apostolische Konstitution *Sacramentum poenitentiae* von 1741

Papst *Benedikt XIV.* erließ am 1. Juni 1741 mit der Apostolischen Konstitution *Sacramentum poenitentiae*[32] ein universalkirchliches Gesetz zu Delikten im Zusammenhang mit dem Bußsakrament, insbesondere zur Verführung zu einer Sünde gegen das sechste Gebot des Dekalogs bei Gelegenheit der Spendung dieses Sakraments durch einen Priester (*sollicitatio*) und zur Lossprechung eines Mitschuldigen an einer solchen Sünde (*absolutio complicis*). Die dort verwendeten Begriffe blieben für die Rechtssprache der Codices von 1917 und 1983, einschließlich der Strafrechtsreform von 2021, prägend. Die Konstitution traf auch Regelungen zur Zuständigkeit und betreffend falsche Anzeigen.[33] In den Jahren 1867, 1890 und 1897 folgten Instruktionen des *Heiligen Offiziums* mit Ausführungsbestimmungen.[34]

4. Der Codex des kanonischen Rechts von 1917

Im CIC/1917 lautet der in Fällen, die vor Inkrafttreten des nachfolgenden Gesetzbuches, des CIC/1983, geschehen sind, heute noch

[29] *Scicluna,* Ein Überblick (Fn. 15), S. 329, mit dem Wortlaut der betr. Canones.

[30] *Scicluna,* Ein Überblick (Fn. 15), S. 330 m. w. N.

[31] *Scicluna,* Ein Überblick (Fn. 15), S. 330 m. w. N.

[32] Der Text findet sich im Anhang der Quellenausgabe zum CIC/1917: Codex Iuris Canonici cum Fontium annotatione, Rom 1918, Documenta V, S. 709 ff. Er nimmt zu Beginn seines § 1 sogleich ausdrücklich Bezug auf die Konstitution *Universi dominici gregis* Papst *Gregors XV.* vom 30. August 1622, vgl. CIC/1917 Documenta V S. 709.

[33] Einzelheiten bei *Stefan Loppacher,* Processo penale canonico e abuso sessuale su minori, 2017, S. 3 ff.; *Davide Cito,* Il delitto di Sollecitazione in Confessione, in: Claudio Papale (Hrsg.), I delitti contro il Sacramento della Penitenza riservati alla Congregazione per la Dottrina della Fede, 2016, S. 71 ff. (72 ff.).

[34] *Loppacher,* Processo penale (Fn. 33), S. 6 ff. m. w. N.

anzuwendende c. 2359 § 2: „Hat ein Kleriker in höheren Weihen[35] – mag er dem Weltklerus oder einer Ordensgemeinschaft angehören – eine Straftat gegen das sechste Gebot des Dekalogs mit Minderjährigen unter sechzehn Jahren begangen [...], dann soll er suspendiert, für infam erklärt, jedes Amtes, jedes Benefiziums, jeder Dignität und überhaupt jeder Anstellung enthoben und in schwereren Fällen mit Deposition bestraft werden.[36] Mit der Suspension wurde nach c. 2078 § 1 CIC/1917 einem Kleriker das Recht genommen, sein Amt auszuüben oder die Früchte aus seinem Benefizium zu beziehen oder auch beides zugleich.[37] Die Infamie hatte nach c. 2294 § 1 CIC/1917 die Irregularität gemäß c. 984, 5° CIC/1917 zur Folge, so dass die betreffende Person nicht für den Altardienst bestimmt werden durfte;[38] darüber hinaus war sie unfähig, Benefizien, kirchliche Pensionen, Ämter oder Würden zu erlangen sowie kirchliche Ehrenrechte oder andere Rechte bzw. Dienste auszuüben. Dennoch vorgenommene Handlungen waren ungültig.[39] Der Deposition (vgl. c. 2298, 10° i.V.m. c. 2303 CIC/1917) entspricht heute die Entlassung aus dem Klerikerstand.[40] Erfolgt heute eine Verurteilung auf der Basis von c. 2359 § 2 CIC/1917, so werden lediglich Strafen ausgesprochen, die auch das heute anzuwendende Gesetz (vgl. c. 1313 § 1 CIC/1983 n.f.) vorsieht.

Mit der Formulierung *delictum contra sextum decalogi praeceptum* greift c. 2359 § 2 CIC/1917 die Worte der Konstitution *Sacramentum poenitentiae* Papst *Benedikts XIV.* von 1741 auf. Wie bereits erwähnt, wurde damit bis heute als „Ausgangspunkt" des „kirchlichen Sexualstrafrechts" das sechste Gebot „Du sollst nicht ehebrechen" gewählt, ohne jedoch im Gesetz eine Legaldefinition oder sonstige, wie auch immer geartete Begriffsklärung vorzunehmen. Verwiesen wird in diesem Zusammenhang – auch das wurde bereits erwähnt – auf die kirchliche Morallehre. Der *Katechismus der Katholischen Kirche,* der die verbindliche Glaubens- und Sittenlehre der katholischen Kirche enthält, erläutert hierzu unter Nr. 2336: „Die Überlieferung der Kirche hat das sechste Gebot als auf die gesamte menschliche Geschlechtlichkeit bezogen verstanden", sodass sämtliche vorstellbaren Formen von Unkeuschheit umfasst sind. Nr. 2351 des KKK

[35] Das meinte nach cc. 949, 950 CIC/1917 die Weihe zum Subdiakon, Diakon, Priester bzw. Bischof, vgl. *Heribert Jone,* Gesetzbuch der lateinischen Kirche. Erklärung der Kanones, Bd. 2, 2. Aufl. 1952, S. 182.

[36] Deutsche Übertragung unter Verwendung von *Heribert Jone,* Gesetzbuch der lateinischen Kirche. Erklärung der Kanones, Bd. 3, 2. Aufl. 1953, S. 611, sowie von *Scicluna,* Ein Überblick (Fn. 15), S. 330.

[37] Deutsche Übertragung unter Verwendung von *Jone,* Gesetzbuch, Bd. 3 (Fn. 36), S. 543.

[38] *Jone,* Gesetzbuch, Bd. 2 (Fn. 35), S. 201 f.

[39] *Jone,* Gesetzbuch, Bd. 3 (Fn. 36), S. 552.

[40] *Jone,* Gesetzbuch, Bd. 3 (Fn. 36), S. 554, 556f.

gibt ergänzend folgende Erklärung: „Unkeuschheit ist ein ungeregelter Genuss der geschlechtlichen Lust oder ein ungeordnetes Verlangen nach ihr. Die Geschlechtslust ist dann ungeordnet, wenn sie um ihrer selbst willen angestrebt und dabei von ihrer inneren Hinordnung auf Weitergabe des Lebens und auf liebende Vereinigung losgelöst wird." Daher kann festgehalten werden: „Das bedeutet mit anderen Worten: ‚Geordnet' und daher legitim ist jedwede Betätigung der Geschlechtskraft nur im Rahmen der Ehe (Nrn. 2360–2400). Daraus ist verständlich, dass jedwede auf geschlechtliche Lust gerichtete Handlung außerhalb der Ehe eine Verletzung des sechsten Gebotes darstellt (vgl. die Auflistung in den Nrn. 2352–2359) und folglich als sündhaft und in bestimmten Fällen zugleich als deliktisch angesehen wird".[41] Umgekehrt formuliert heißt dies, dass somit keineswegs jede als sündhaft zu bewertende Handlung zugleich nach kanonischem Recht eine Straftat darstellt(e).

Die Frage, ob die sexuelle Handlung einvernehmlich vorgenommen wurde oder nicht, berührt dabei ihre Einordnung als Straftat nicht. Die Strafbarkeit des Klerikers ist auch gegeben, wenn er selbst „verführt" wurde bzw. meint, dass dies der Fall sei (verantwortlich ist wegen der Unreife des Minderjährigen nämlich immer der erwachsene Teil). Handlungen, die vom staatlichen Strafrecht mangels Überschreitens der Schwelle der Erheblichkeit nicht erfasst werden, können im kanonischen Strafrecht relevant sein, sofern sie nur auf sexuelle Lusterregung ausgerichtet sind. Als Beispiele können hier Umarmungen in bekleidetem Zustand, ein Kuss oder ein gemeinsamer Saunabesuch genannt werden (beim Strafmaß ist der Grad der Schwere – in diesen Beispielen also die Geringfügigkeit – jedenfalls zu berücksichtigen). Die traditionelle Auslegung der Tatsachen war eher streng als mild. Wurde die äußere Tat ohne gerechten Grund vorgenommen, wurde eine unkeusche Absicht vermutet. Eine versuchte Handlung seitens des Klerikers war ebenfalls strafbar.[42]

Bemerkenswert ist im Recht des CIC/1917, dass es eine Norm zum Schutz Minderjähriger vor sexuellem Missbrauch gab, die als Täter nicht Kleriker erfasste. Nach c. 2357 § 1 war ein Laie, der wegen eines Sittlichkeitsdelikts mit Minderjährigen unter sechzehn Jahren staat-

[41] *Björn Gercke/Kerstin Stirner/Corinna Reckmann/Max Nosthoff-Horstmann*, Gutachten. Pflichtverletzungen von Diözesanverantwortlichen des Erzbistums Köln im Umgang mit Fällen sexuellen Missbrauchs von Minderjährigen und Schutzbefohlenen durch Kleriker oder sonstige pastorale Mitarbeitende des Erzbistums Köln im Zeitraum von 1975 bis 2018. Verantwortlichkeiten, Ursachen und Handlungsempfehlungen, 2021, S. 108ff. (131), abrufbar unter https://nbn-resolving.org/urn:nbn:de:hbz:kn28-1-17660 (zuletzt aufgerufen am 1.7.2024).

[42] *Gercke/Stirner/Reckmann/Nosthoff-Horstmann*, Gutachten (Fn. 41), S. 132; *Jone*, Gesetzbuch, Bd. 3 (Fn. 36), S. 611.

licherseits verurteilt worden war, ohne weiteres der *infamia iuris* (vgl. c. 2293 CIC/1917) verfallen;[43] er war also irregulär i.S.d. c. 984, 5° CIC/1917 und unfähig, bestimmte kirchliche Rechte, Ämter, Würden und Dienste zu erlangen bzw. auszuüben; auch konnte er nicht aktiv am Gottesdienst teilnehmen. Darüber hinaus konnte er nach klugem Ermessen des Ordinarius mit weiteren Strafen belegt werden.[44]

Die Verjährung für sexuellen Missbrauch Minderjähriger durch Kleriker trat gemäß c. 1703, 2° CIC/1917 nach fünf Jahren ein.[45]

5. Die Instruktion *Crimen sollicitationis* von 1922 und 1962

Am 9. Juni 1922 erließ das (damals in Kurzform sogenannte) Heilige Uffizium die Instruktion *De modo procedendi in causis sollicitationis.* Diese Instruktion blieb unveröffentlicht und wurde bei Bedarf den betroffenen Ordinarien zugesandt.[46] Die Instruktion ordnete umfassend die Rechtsmaterie der *sollicitatio,* also der Verführung zu einer Sünde gegen das sechste Gebot des Dekalogs durch einen Priester bei Gelegenheit der Beichte, auf der Grundlage der bisherigen Normen und der ständigen Praxis der Kongregation.[47] Am 16. März 1962 wurde eine leicht überarbeitete Fassung unter gleichem Titel erstellt, die ebenfalls unveröffentlicht blieb und bei Bedarf den zuständigen Ordinarien zugesandt wurde.[48] Der Unterschied zwischen den beiden Fassungen besteht insbesondere in der Anfügung von Nr. 74 über das Verfahren bei beteiligten Ordensklerikern.

Grund für die Nichtveröffentlichung der Instruktionen war wohl die Sorge um den Schutz der Kleriker vor falschen Anzeigen sowie um den Schutz vor Beeinträchtigung ihres guten Rufes und ihrer Privatsphäre. Die Nichtveröffentlichung zog allerdings die tragische Konsequenz nach sich, dass diese Normen in der Folgezeit ignoriert und nicht angewendet wurden.[49] Wenngleich das Thema der beiden Instruktionen die *sollicitatio* war, wurde nach den dort beschriebenen Verfahren auch in anderen Fällen sexuellen Fehlverhaltens vorgegangen, ausdrücklich in

43 *Jone,* Gesetzbuch, Bd. 2 (Fn. 35), S. 205.

44 *Jone,* Gesetzbuch, Bd. 3 (Fn. 36), S. 609f.

45 *Jone,* Gesetzbuch, Bd. 3 (Fn. 36), S. 128.

46 *Typis Polyglottis Vaticanis, Romae* 1922; Der Text ist heute allgemein abrufbar unter www.bishop-accountability.org/archives/Wall/1922_06_09_Solicitation_Instruction_Latin.pdf (zuletzt aufgerufen am 1.7.2024); vgl. auch *Loppacher,* Processo penale (Fn. 33), S. 9f., mit Fn. 31.

47 *Loppacher,* Processo penale (Fn. 33), S. 9f.

48 *Typis Polyglottis Vaticanis, Romae* 1962; der Text ist heute allgemein abrufbar unter www.cbsnews.com/htdocs/pdf/crimenlatinfull.pdf (zuletzt aufgerufen am 1.7.2024), doch fehlen S. 47 (Formular M), S. 57 (zweiter Teil des Formulars R) und S. 61 (Schluss des Formulars T); vgl. auch *Loppacher,* Processo penale (Fn. 33), S. 10 mit Fn. 32.

49 *Loppacher,* Processo penale (Fn. 33), S. 11f. m.w.N.

Fällen des sog. *Crimen pessimum* (vgl. Nrn. 71–73), womit sexueller Missbrauch Minderjähriger durch Kleriker auch außerhalb des Bußsakramentes zu nicht unbedeutenden Teilen eingeschlossen war.[50]

Am 25. Januar 1959 kündigte Papst *Johannes XXIII.* neben einer römischen Diözesansynode und einem ökumenischen Konzil ein *aggiornamento* des Codex Iuris Canonici an, also eine Anpassung des kirchlichen Gesetzbuchs an die Erfordernisse der Gegenwart.[51] Mit seiner kurz darauf, nämlich am 29. Juni 1959, erschienenen Enzyklika *Ad Petri Cathedram*[52] wurden diese Vorhaben bestätigt.[53] Das Konzil tagte in mehreren Sitzungsperioden vom 11. Oktober 1962 bis zum 8. Dezember 1965.[54] 1963 war Papst *Johannes XXIII.* gestorben; neuer Papst wurde *Paul VI.* Er setzte das Konzil und die Reformvorhaben fort. Die Erarbeitung eines neuen Codex Iuris Canonici wurde in Kommissionen vorangetrieben. 1967 gab Papst *Paul VI.* Leitlinien für die Erarbeitung des neuen Codex bekannt; der neunte Leitsatz widmete sich dem Strafrecht und sah vor, die Strafen zu reduzieren sowie Tatstrafen nur noch für schwerste Delikte vorzusehen.[55] Am 15. August 1967 erließ *Paul VI.* die neue Kurienordnung *Regimini Ecclesiae universiae*, in deren Nr. 36 die Glaubenskongregation weiterhin die Zuständigkeit für den Schutz der Würde des Bußsakramentes nach eigenen revidierten Normen erhielt.[56] Neue Normen wurden allerdings zunächst nicht erlassen. Der neue Codex wurde schließlich am 25. Januar 1983 mit Wirkung vom 27. November 1983 von Papst *Johannes Paul II.* in Kraft gesetzt.[57]

[50] *Loppacher,* Processo penale (Fn. 33), S. 13; auch *Klaus Lüdicke,* Der Glaubenskongregation vorbehalten. Zu den neuen strafrechtlichen Reservationen des Apostolischen Stuhls, in: Andreas Weiß/Stefan Ihli (Hrsg.), Flexibilitas Iuris Canonici, Festschrift für Richard Puza zum 60. Geburtstag, 2003, S. 441 ff. (442 f.).

[51] Ansprache vom 25.1.1959, AAS 51 (1959), S. 65 ff. (68 f.).

[52] AAS 51 (1959), S. 497 ff. (498).

[53] Vgl. nur *Heribert Schmitz,* Codex Iuris Canonici, in: Stephan Haering/Wilhelm Rees/Heribert Schmitz (Hrsg.), HKKR, 3. Aufl. 2015, § 6 S. 70 ff. (72 f.).

[54] *Karl Rahner/Herbert Vorgrimler,* Kleines Konzilskompendium, 35. Aufl. 2008, S. 34 ff.

[55] *Matthias Pulte,* Vaticanum II und Strafrechtsreform – Was war und was die Väter wollten, in: Matthias Pulte (Hrsg.), Tendenzen der kirchlichen Strafrechtsentwicklung, 2017, S. 167 ff.; *Schmitz,* Codex (Fn. 53), S. 79 f.; *Wilhelm Rees,* Das kirchliche Strafrecht in seiner Entwicklung vom CIC/1917 bis heute, in: Barbara Krämer/Philipp Thull (Hrsg.), Der Codex Iuris Canonici im Wandel. Entwicklungslinien vom CIC/1917 bis heute, 2021, S. 117 ff. (127).

[56] AAS 59 (1967), S. 885 ff. (898).

[57] Vgl. nur *Heribert Schmitz,* Codex Iuris Canonici, in: Stephan Haering/Heribert Schmitz (Hrsg.), Lexikon des Kirchenrechts, 2004, Sp. 155 ff. (155).

6. Der Codex des kanonischen Rechts von 1983

Im CIC/1983 wurde das Strafrecht tatsächlich um etliche Normen reduziert. Beibehalten wurde jedoch in angepasster Weise die Norm zum Schutz Minderjähriger vor sexuellem Missbrauch durch Kleriker. C. 1395 besagt in deutscher Übersetzung:

> *„§ 1 Ein Kleriker, der [...] in einem eheähnlichen Verhältnis lebt, sowie ein Kleriker, der in einer anderen äußeren Sünde gegen das sechste Gebot des Dekalogs verharrt und dadurch Ärgernis erregt, sollen mit der Suspension bestraft werden, der stufenweise andere Strafen bis zur Entlassung aus dem Klerikerstand hinzugefügt werden können, wenn die Straftat trotz Verwarnung andauert.*
> *§ 2 Ein Kleriker, der sich auf andere Weise gegen das sechste Gebot des Dekalogs verfehlt hat, soll, wenn nämlich er die Straftat mit Gewalt, durch Drohungen, öffentlich oder an einem Minderjährigen unter sechzehn Jahren begangen hat, mit gerechten Strafen belegt werden, gegebenenfalls die Entlassung aus dem Klerikerstand nicht ausgenommen.“*

An den entscheidenden Stellen blieb die Regelung im Verhältnis zum alten Recht von 1917 somit unverändert: Zum einen wurde die Straftat erneut als Verfehlung gegen das sechste Gebot des Dekalogs beschrieben. Zum andern wurden wiederum Minderjährige unter sechzehn Jahren geschützt. Die Aufzählung der Tatbestandsmerkmale ist taxativ.[58] Das Strafmaß wurde allgemein gehalten (es handelt sich um eine *poena indeterminata*, also eine unbestimmte Strafe, die vom Richter angemessen festzusetzen ist, vgl. c. 1315 § 2 CIC/1983; c. 2217 § 1, 1° CIC/1917),[59] aber es wurde eine Höchststrafe festgesetzt: Es sollten obligatorisch[60] gerechte Strafen verhängt werden, die Entlassung aus dem Klerikerstand nicht ausgenommen. Der Richter sollte auf diese Weise in die Lage versetzt werden, angemessen auf den Einzelfall zu reagieren. Für den Ordinarius bzw. seinen Delegaten im Verwaltungsstrafverfahren ist aber zu beachten, dass Strafen auf Dauer in solchen administrativen Verfahren nicht verhängt werden dürfen (vgl. c. 1342 § 2 CIC/1983).[61] Die Verjährung betrug gemäß c. 1362 § 1, 2° CIC/1983 unverändert fünf Jahre.

58 *Lüdicke*, in: Lüdicke (Hrsg.), MKCIC (Fn. 12), c. 1395 Rn. 3; *Helmuth Pree*, Priester ohne Amt. Probleme um die amissio status clericalis und ihre kirchenrechtlichen Rechtsfolgen, in: Hans Paarhammer/Alfred Rinnerthaler (Hrsg.), Scientia Canonum, Festschrift für Franz Pototschnig zum 65. Geburtstag, 1991, S. 233ff. (261).

59 *Lüdicke*, in: Lüdicke (Hrsg.), MKCIC (Fn. 12), c. 1315 Rn. 4; auch *Reinhold Sebott*, Das kirchliche Strafrecht. Kommentar zu den Kanones 1311 – 1399 des Codex Iuris Canonici, 1992, S. 226.

60 *Lüdicke*, in: Lüdicke (Hrsg.), MKCIC (Fn. 12), c. 1395 Rn. 8; auch *Sebott*, Das kirchliche Strafrecht (Fn. 59), S. 226.

61 Vgl. *Klaus Lüdicke*, in: Lüdicke (Hrsg.), MKCIC (Fn. 12), c. 1342 Rn. 5.

Nach Art. 52 der 1988 erlassenen Kurienordnung Papst *Johannes Pauls II*, der Apostolischen Konstitution *Pastor bonus*, die bis 2022 in Kraft war, hatte die damalige Kongregation für die Glaubenslehre die Zuständigkeit für die Glaubensdelikte und die schwerwiegenderen Delikte gegen die Sitten und für solche, die bei der Feier der Sakramente begangen wurden, wenn diese ihr angezeigt wurden. Sie sollte nach Maßgabe des allgemeinen oder ihres eigenen Rechts kanonische Strafen feststellen oder verhängen.

Wiederum kam es aber zunächst nicht zum Erlass revidierter Normen. Erst unter dem Eindruck der Missbrauchsskandale in den USA und in Irland wurden neue Normen erlassen.

IV. Die weltkirchliche Gesetzgebung unter dem Eindruck der Missbrauchsskandale in verschiedenen Ländern der Erde

1. Das Motu proprio *Sacramentorum Sanctitatis tutela* von 2001 und die zugehörigen Normen

In den 1990er Jahren schreckte die katholische Welt zunächst in den USA, dann auch in Irland auf, weil bekannt wurde, dass in den vergangenen Jahrzehnten in katholischen Jugendeinrichtungen, aber auch in der Jugendarbeit der Pfarreien und der Verbände in erheblicher Zahl sexueller Missbrauch Minderjähriger durch Kleriker begangen worden war. Im Jahre 2010 erlebte die katholische Kirche im deutschsprachigen Raum diesen Schock.[62] In den vergangenen Jahren kam es auch in Polen zu einem ähnlichen Erschrecken. Die Kirche reagierte auf verschiedene Weise. Hier soll insbesondere der Blick auf das gesetzgeberische Handeln des weltkirchlichen Gesetzgebers gerichtet werden.

Im Jahre 1994 wurde zunächst für die USA durch Indult, das der Apostolische Stuhl den dortigen Bischöfen gewährt hatte, die Schutzaltersgrenze auf 18 Jahre erhöht; auch wurde die Verjährungsfrist verlängert, nämlich auf zehn Jahre nach Vollendung des 18. Lebensjahres des Opfers; 1996 wurde dieses Indult auch den Bischöfen Irlands gewährt.[63]

[62] Zu den Problemen in der kirchlichen Kommunikation in diesen Jahren vgl. *Wunibald Müller*, Die kommunikative Herausforderung des Missbrauchsskandals – Defizite und Chancen, in: Müller/Wijlens, Aus dem Dunkel ans Licht (Fn. 11), S. 191 ff.

[63] *Jordi Bertomeu Farnós*, Considerazioni generali sul *Vademecum*, in: Claudio Papale (Hrsg.), Il *Vademecum* sui casi di abuso sessuale di minori commessi da chierici. Profili teorici e pratici, 2022, S. 7 ff. (10); auch *Wilhelm Rees*, Koordiniertes Vorgehen gegen sexuellen Missbrauch – Die Normen der Kongregation für die Glaubenslehre über die *Delicta graviora* vom 21.05.2010, in: Hallermann/Meckel/Pfannkuche/Pulte, Strafanspruch (Fn. 10), S. 67 ff. (101 f.).

Auf weltkirchlicher Ebene wurden nun die in den Kurienordnungen vorgesehenen eigenen Normen der Glaubenskongregation erarbeitet. Am 30. April 2001 wurde das Motu proprio *Sacramentorum Sanctitatis tutela* (kurz: SST) mit zugehörigen Normen für promulgiert erklärt. Das Motu proprio selbst wurde auch veröffentlicht,[64] nicht jedoch die Normen,[65] welche lediglich den Ordinarien zugesandt wurden. Durch ein auch allgemein veröffentlichtes Schreiben der Glaubenskongregation an die Bischöfe vom 18. Mai 2001[66] wurden ergänzende Informationen gegeben, die gewisse Rückschlüsse auf die Normen zuließen. Die Normen selbst, das machte der Titel des Motu proprio deutlich, hatten den klassischen Schutzzweck: Es ging um den Schutz der Sakramente, das bedeutete in Bezug auf den Missbrauch Minderjähriger durch Kleriker, dass formal in erster Linie das Weihesakrament (und der mit ihm in der lateinischen Kirche in der Regel verbundene Zölibat) geschützt wurde;[67] der Schutz der Minderjährigen selbst stand, vom Wortlaut des Schutzzwecks der Norm her gedacht, hintan. Diese traditionelle Haltung zog Kritik nach sich, was in der Sicht- und Arbeitsweise der Glaubenskongregation bald Anpassungen nach sich zog.

Mit Art. 4 § 1 SST/2001 wurde das Schutzalter der Minderjährigen nun für die gesamte Weltkirche auf 18 Jahre erhöht; § 2 sah eine gerechte Strafe vor, die Entlassung aus dem Klerikerstand nicht ausgenommen. Nach Art. 5 trat nun die Verjährung in der gesamten katholischen Kirche zehn Jahre nach Vollendung des 18. Lebensjahres des Opfers ein. Die neuen Regelungen entfalteten keine Rückwirkung.

Die Verfahren wurden ebenfalls einer Neuregelung unterzogen. Herrin des Verfahrens wurde die Glaubenskongregation. Wenn der Ordinarius Kenntnis von einem Missbrauchsfall erhielt, musste er nach Art. 13 SST/2001 eine Voruntersuchung[68] durchführen und deren Ergebnis

64 AAS 93 (2001), S. 737–739.

65 Sie sind aber abgedruckt (in lateinischer Sprache) in: AfkKR 171 (2002), S. 458ff. Zu den mit der Nichtveröffentlichung entstandenen Problemen vgl. *Klaus Lüdicke,* Sexueller Missbrauch und kirchliches Strafrecht – eine neue Herausforderung für die kirchlichen Gerichte, DPM 2004, S. 71ff. (72); *Wilhelm Rees,* Was ist und was sein soll. Zur Ahndung sexuellen Missbrauchs minderjähriger Personen im Recht der römisch-katholischen Kirche, ThQ 2019, S. 183ff. (189); *Rees,* Das kirchliche Strafrecht in seiner Entwicklung (Fn. 55), S. 137.

66 AAS 93 (2001), S. 785ff.; mit deutscher Übersetzung auch in AfkKR 170 (2001), S. 147ff.

67 Vgl. etwa *Haering,* Reichweite und Grenzen (Fn. 10), S. 214; *Myriam Wijlens,* Vom Schutz des Klerikerstandes zum Schutz des Geringsten: Die Notwendigkeit eines Paradigmenwechsels, in: Müller/Wijlens, Aus dem Dunkel ans Licht (Fn. 11), S. 23ff.

68 Vgl. dazu allgemein *Helmuth Pree,* Die Voruntersuchung (VU) im kirchlichen Strafrecht, in: Josef Otter/Markus Walser (Hrsg.), Iustitia et Ius. Festschrift für Elmar Güthoff, 2023, S. 261ff.

mit Akten an die Glaubenskongregation übermitteln, die über das weitere Vorgehen befand. Im Fall eines Strafverfahrens waren gemäß Art. 17 SST/2001 gerichtliche Prozesse vorgesehen, die vor der Kongregation selbst oder nach Art. 13 SST/2001 in deren Namen und Auftrag vor anderen Kirchengerichten durchgeführt werden konnten.

Bald schon zeigten sich in der Praxis der Glaubenskongregation erste Lücken bzw. Schwierigkeiten. Durch *Rescripta ex Audientia SS.mi* erhielt der Präfekt der Glaubenskongregation vom Heiligen Vater mehrfach spezielle Vollmachten, durch die schnell und angemessen auf die Probleme reagiert werden konnte. Andererseits kam auch Kritik von Fachleuten, weil sie befürchteten, dass Grundsätze des Strafrechts verletzt werden könnten. Am 7. November 2002 erhielt das Dikasterium das Recht, die bereits eingetretene Verjährung in Einzelfällen besonderer Schwere wieder aufheben zu können; auch erhielt sie das Recht, von den durch Artt. 8–12 SST/2001 geforderten Qualifikationen für das vorgesehene Gerichtspersonal in bestimmten Fällen dispensieren zu können, nämlich vom Doktorat im Kirchenrecht und von der Priesterweihe. Am 7. Februar 2003 wurde die Möglichkeit eröffnet, abweichend von Art. 17 SST/2001 wahlweise auf dem Gerichts- oder dem Verwaltungsweg in Strafverfahren betreffend die *Delicta graviora* vorzugehen,[69] eingeschlossen Delikte, die in der Person des Täters verbunden waren (*ratione conexionis personae*); das Dikasterium konnte seither reine Verfahrensfehler in Strafverfahren wegen der ihm reservierten Delikte heilen und auch – abweichend von c. 1342 § 2 CIC/1983 – die Erlaubnis erteilen, auch auf dem Verwaltungsweg Strafen auf Dauer, die Entlassung aus dem Klerikerstand nicht ausgeschlossen, zu verhängen; es erhielt die Möglichkeit, besonders schwere Fälle dem Papst direkt vorzulegen mit dem Ziel der Entlassung aus dem Klerikerstand. Schon eine Woche später, am 14. Februar 2003, erhielt das Dikasterium das Recht, in der Ordentlichen Versammlung des Dikasteriums (*Feria IV*) Beschwerden gegen seine Verwaltungsentscheidungen und Berufungen gegen seine Gerichtsentscheidungen zu lösen. Am 19. Februar 2004 erhielt die Glaubenskongregation schließlich das Recht, in Fällen der *Delicta graviora* auch gegen Kardinäle, Patriarchen, Bischöfe und Generalobere der Orden Verfahren zu führen und zu entscheiden (abweichend von c. 1405 CIC/1983 und c. 1060 CCEO, wonach diese Personen ihren Gerichtsstand beim Papst oder der Römischen Rota haben).

69 Vgl. dazu allgemein *Christoph Ohly*, Dekretverfahren versus Gerichtsweg – Sanktionsrechtliche Erwägungen zu einer kodikarischen Alternative, in: Pulte, Strafrechtsentwicklung (Fn. 55), S. 61 ff.

Diese besonderen Vollmachten sind mit dem Tod Papst *Johannes Pauls II.* erloschen; sie wurden aber von Papst *Benedikt XVI.* schon am 6. Mai 2005 bestätigt.[70]

2. Die Normen von 2010

Mit Wirkung vom 21. Mai 2010 trat eine Neufassung der Normen in Kraft. Sie wurde auch veröffentlicht,[71] was in der wissenschaftlichen Kanonistik begrüßt wurde.[72] Mit dieser Neufassung wurden zum einen die durch *Rescriptum ex Audientia* der Glaubenskongregation gegebenen speziellen Vollmachten in den Gesetzestext eingearbeitet (vgl. Artt. 1, 7, 8, 15, 18, 21 § 2, 27 SST/2010),[73] zum andern wurde der Tatbestand des sexuellen Missbrauchs Minderjähriger durch Kleriker mit Art. 6 SST/2010 weiter gefasst als mit dem bisherigen Art. 4 SST/2001. Die Schutzaltersgrenze der Missbrauchsopfer von 18 Jahren wurde bestätigt, gleichgestellt wurden ihnen nun aber Personen mit habituell eingeschränktem Vernunftgebrauch (Art. 6 § 1, 1° SST/2010). Zudem wurden nun auch Erwerb, Aufbewahrung und Verbreitung pornografischer Bilder von Minderjährigen unter 14 Jahren in jedweder Form und mit jedwedem Mittel durch einen Kleriker in übler Absicht unter Strafe gestellt (Art. 6 § 1, 2° SST/2010). Der Täter sollte je nach der Schwere des Verbrechens bestraft werden, die Entlassung oder Absetzung nicht ausgeschlossen (Art. 6 § 2 SST/2010). Anzumerken bleibt, dass die Herstellung von Pornografie von Minderjährigen unter 16 Jahren als bereits von c. 2359 § 2 CIC/1917 und von c. 1395 § 2 CIC/1983 miterfasst galt, von Minderjährigen unter 18 Jahren als von Art. 4 SST/2001 und nun auch wieder von Art. 6 SST/2010.[74] Die Verjährungsfrist wurde nochmals verlängert auf zwanzig Jahre nach Vollendung des 18. Lebensjahres des Opfers (Art. 7 SST/2010).

Ergänzend zu dieser gesetzgeberischen Tätigkeit hat die Kongregation für die Glaubenslehre mit ihrem Rundschreiben vom 3. Mai 2011[75]

70 Zum Ganzen vgl. *Bertomeu Farnós,* Considerazioni generali sul *Vademecum* (Fn. 63), S. 11f.

71 AAS 102 (2010), S. 419ff.

72 Vgl. nur *Rees,* Koordiniertes Vorgehen gegen sexuellen Missbrauch (Fn. 63), S. 67ff., 99f.

73 Eine Übersicht gibt die *Breve Relazione circa le Modifiche introdotte nelle Normae de gravioribus Delictis riservati alla Congregazione per la Dottrina della Fede,* AAS 102 (2010), S. 432ff.

74 Vgl. *Vademecum Ver. 2.0* vom 5. Juni 2022, Nr. 7, abrufbar unter https://www.vatican.va/roman_curia/congregations/cfaith/ddf/rc_ddf_doc_20220605_vademecum-casi-abuso-2.0_ge.html (zuletzt aufgerufen am 1.7.2024).

75 AAS 103 (2011), S. 406ff. in italienischer Sprache; deutsche Übersetzung in: *Sekretariat der Deutschen Bischofskonferenz* (Hrsg.), Aufklärung und Vorbeugung – Dokumente zum Umgang mit sexuellem Missbrauch im Bereich der Deutschen Bischofskonferenz (Arbeitshilfen Nr. 246), 2. Aufl. 2014, S. 140ff.

die Bischofskonferenzen aufgefordert, Leit- oder Richtlinien auszuarbeiten, die bei der Bearbeitung von Missbrauchsfällen helfen sollen.

3. Die Maßnahmen unter Papst *Franziskus*

Das Thema des sexuellen Missbrauchs hat auch den amtierenden Papst seit Beginn seines Pontifikats immer wieder herausgefordert. In verschiedenen Bereichen ist er tätig geworden, einerseits wie seine Vorgänger als Gesetzgeber, andererseits aber auch durch die Schaffung von Institutionen oder Ergreifung anderer Maßnahmen. Am 22. März 2014 errichtete er die Päpstliche Kommission zum Schutz Minderjähriger. Ihre Aufgaben liegen insbesondere in Beratung und Prävention sowie in der wissenschaftlichen Erforschung der Fragen um den Schutz Minderjähriger.[76] Sodann hat Papst *Franziskus* vom 21. bis 24. Februar 2019 die Vorsitzenden der Bischofskonferenzen im Vatikan zusammengerufen, um über die Vorgehensweise bei der Behandlung der Missbrauchsdelikte zu sprechen.[77]

Für die Behandlung der Beschwerden gegen Strafdekrete der Glaubenskongregation, die bisher gemäß Art. 27 SST/2010 an die *Feria IV* zu richten waren, richtete der Papst am 3. November 2014 ein *Collegio per l'esame dei Ricorsi in Materia di Delicta reservata* ein,[78] also ein Kollegium aus Kardinälen und Bischöfen, allesamt Kanonisten, die sich dieser schwierigen Materie widmen.

Am 4. Juni 2016 erließ Papst Franziskus das Motu proprio *Come una Madre amorevole* (CUMA),[79] mit dem er ergänzende Vorschriften für besonders schutzwürdige Personen erließ, die neben die bestehenden Vorschriften von SST/2010 traten. Die Zuständigkeit lag in diesen Fällen bei den Dikasterien der Römischen Kurie, die auch gewöhnlich für die betreffenden Täter zuständig waren (Art. 2 § 1 CUMA). Am 7. Mai 2019 erließ Papst *Franziskus* das detailliertere Motu proprio *Vos estis Lux Mundi* (VELM/2019)[80], in dessen Art. 7 die zuständigen Dikasterien für die Behandlung der Fälle des Missbrauchs schutzbedürftiger Personen nun ausdrücklich genannt wurden: die Kongregation für die Ostkirchen, falls der Täter einer katholischen Ostkirche angehört; die Kongregation für die Bischöfe, falls der Täter im Bischofsrang steht;

[76] *Segreteria di Stato* (Hrsg.), Annuario Pontificio, 2023, S. 1162f.; 1793.

[77] *Bertomeu Farnós,* Considerazioni generali sul *Vademecum* (Fn. 63), S. 7 m.w.N. Die Tagung ist dokumentiert unter https://www.vatican.va/resources/index_ge.htm#TREFFEN_[Vatikan,_21.-24._Februar_2019].html (zuletzt aufgerufen am 1.7.2024); die Predigt des Papstes in der Schlussmesse in: AAS 111 (2019), S. 318ff.

[78] Vgl. AAS 106 (2014), S. 885f.; *Segreteria di Stato* (Hrsg.), Annuario Pontificio (Fn. 76), S. 1158f.

[79] AAS 108 (2016), S. 715ff.

[80] AAS 111 (2019), S. 823ff.

die Kongregation für die Evangelisierung der Völker, falls der Täter einem Gebiet entstammt, in dem sie zuständig ist; die Kongregation für den Klerus, falls der Täter dem Klerus einer Diözese entstammt, die nicht im Zuständigkeitsbereich des Dikasteriums für die Evangelisierung der Völker liegt; die Kongregation für die Institute des geweihten Lebens und die Gesellschaften des Apostolischen Lebens, falls der Täter Ordensangehöriger ist (Art. 7 § 1 VELM/2019). Eine wichtige Neuerung brachte auch Art. 1 § 1 b) VELM/2019, indem die in diesem *Motu proprio* geregelten Verfahren auch gegenüber Personen anzuwenden sind, die Meldungen von Missbrauchsfällen an die zuständigen Stellen, darunter auch das Dikasterium für die Glaubenslehre, unterlassen haben und so die Verfolgung dieser Taten be- oder verhindert haben (sicher eine Reaktion auf die Erfahrung, dass eine nicht unerhebliche Zahl von Bischöfen oder Personen in vergleichbaren Positionen bzw. mit Zuständigkeit in der Bearbeitung dieser Fälle derartige vorgeschriebene Meldungen, insbesondere nach Art. 13 SST/2001 bzw. Art. 16 SST/2010, unterlassen haben). Am 25. März 2023 trat eine überarbeitete Fassung in Kraft.[81] Dort wird in Art. 7 § 1 VELM/2023 den bislang schon genannten Dikasterien das Dikasterium für die Laien, die Familie und das Leben angefügt, falls der Täter nicht Kleriker ist.

Eine Folge der oben genannten Tagung im Vatikan war die Erarbeitung eines *Vademecum*, also einer Handreichung ohne Gesetzeskraft für die in den Diözesen und Orden weltweit mit der Bearbeitung der Missbrauchsfälle befassten Personen. Es gibt insbesondere Auskunft über die Arbeitsweise des Dikasteriums für die Glaubenslehre, was nach c. 19 CIC/1983 Relevanz bei der Schließung von Gesetzeslücken hat.[82] Das *Vademecum 1.0* wurde am 16. Juli 2020 veröffentlicht.[83]

Ende des Jahres 2019 wurden wiederum durch *Rescriptum ex Audientia* Änderungen an den Normen SST/2010 vorgenommen. Im Reskript vom 3. Dezember 2019[84] hat Papst *Franziskus* auch Erwerb, Aufbewah-

81 Abrufbar unter https://www.vatican.va/content/francesco/la/motu_proprio/documents/20230325-motu-proprio-vos-estis-lux-mundi-aggiornato.html (mit Links zu Übersetzungen, auch ins Deutsche; zuletzt aufgerufen am 1.7.2024).

82 *Gercke/Stirner/Reckmann/Nosthoff-Horstmann,* Gutachten (Fn. 41), S. 110 mit Fn. 114.

83 Zum *Vademecum 1.0* vgl. den Sammelband von *Claudio Papale* (Hrsg.), Il *Vademecum* sui casi di abuso sessuale di minori commessi da chierici. Profili teorici e pratici, 2022, dort der ital. Text im Anhang S. 103 ff.; der Text ist auch abrufbar unter https://www.vatican.va/roman_curia/congregations/cfaith/documents/rc_con_cfaith_doc_20200716_vademecum-casi-abuso_ge.html (mit Links zu Übersetzungen, auch ins Deutsche; zuletzt aufgerufen am 1.7.2024).

84 Abrufbar unter https://www.vatican.va/roman_curia/secretariat_state/2019/documents/rc-seg-st-20191203_rescriptum_it.html (mit Links zu Übersetzungen, auch ins Deutsche; zuletzt aufgerufen am 1.7.2024); zu den Auswirkungen

rung und Verbreitung jugendpornografischer Bilder unter Strafe gestellt; die Schutzaltersgrenze wurde hier also von vierzehn auf achtzehn Jahre erhöht, Art. 1 des Reskripts änderte somit Art. 6 § 1, 2° SST/2010. Darüber hinaus wurden Laien als Anwälte und Prokuratoren in den Verfahren vor der Glaubenskongregation zugelassen. Art. 2 des Reskripts änderte insoweit die Art. 13 und 14 SST/2010. In der Instruktion *Sulla riservatezza delle cause*, also über die Vertraulichkeit der Fälle, vom 6. Dezember 2019,[85] wurde das päpstliche Geheimnis, das bisher für alle reservierten Delikte gemäß Art. 25 SST/2001 bzw. Art. 30 SST/2010 einzuhalten war, für die Missbrauchsfälle aufgehoben (vgl. Nr. 1 des Reskripts), sodass eine adäquate Öffentlichkeitsarbeit möglich sowie die Zusammenarbeit mit den Staaten erleichtert wurde. Aspekte des Persönlichkeits- und Datenschutzes blieben unberührt (vgl. Nrn. 3 u. 4 des Reskripts).

Als eine bedeutende Handlung von Papst *Franziskus* in Bezug auf die Behandlung der Missbrauchsfälle muss auch die Reform des sechsten Buches des CIC/1983[86] gelten, denn die Strafvorschriften zum Schutz Minderjähriger vor sexuellem Missbrauch erfuhren im Zuge dieser Reform eine Neufassung, die zum einen eine Angleichung an das durch SST gegebene spezielle Recht (eingeschlossen das Reskript vom 3. Dezember 2019) bedeutete,[87] zum andern aber auch die Strafbarkeit von Tätern, die Laien sind, unter bestimmten Voraussetzungen wiedereinführte. C. 1398 CIC/1983 n.F. lautet:

> *„§ 1 Mit dem Amtsentzug und anderen gerechten Strafen, wenn es die Schwere des Falles nahelegt, die Entlassung aus dem Klerikerstand nicht ausgeschlossen, soll ein Kleriker bestraft werden:*
> *1° der eine Straftat gegen das sechste Gebot des Dekalogs mit einem Minderjährigen oder einer Person begeht, deren Vernunftgebrauch habituell eingeschränkt ist oder der das Recht einen gleichen Schutz zuerkennt;*
> *2° der einen Minderjährigen oder eine Person, deren Vernunftgebrauch habituell eingeschränkt ist oder der das Recht einen gleichen Schutz zuerkennt, dazu hinführt oder verleitet, sich pornografisch zu zeigen oder an echten oder simulierten pornografischen Darstellungen teilzunehmen;*

des Reskripts in Bezug auf die Zuständigkeiten vgl. Nr. 6 des *Vademecum* (Fn. 74).

85 Abrufbar unter https://www.vatican.va/roman_curia/secretariat_state/2019/documents/rc-seg-st-20191206_rescriptum_it.html (mit Links zu Übersetzungen, auch ins Deutsche; zuletzt aufgerufen am 1.7.2024).

86 Zur Reform vgl. *Markus Graulich,* Die große Strafrechtsreform der Päpste Benedikt XVI. und Franziskus, in: Matthias Pulte (Hrsg.), Tendenzen der kirchlichen Strafrechtsentwicklung, 2017, S. 11 ff.

87 *Markus Graulich,* Kommentar zum erneuerten Strafrecht. cc. 1354 – 1399 CIC, in: Graulich/Hallermann, Das neue kirchliche Strafrecht (Fn. 5), S. 169 ff. (214).

3° der für sich gegen die guten Sitten in jedweder Form und mit jedwedem Mittel pornografische Bilder von Minderjährigen oder Personen, deren Vernunftgebrauch habituell eingeschränkt ist, erwirbt, aufbewahrt, zeigt oder verbreitet.

§ 2 Wenn ein Mitglied eines Instituts des Geweihten Lebens oder einer Gesellschaft des Apostolischen Lebens oder sonst ein Gläubiger, der in der Kirche eine Würde bekleidet oder ein Amt oder eine Funktion ausübt, eine der Straftaten des §1 oder des c. 1395 §3 begeht, soll er nach Maßgabe des c. 1336 §§2–4 bestraft werden; wobei je nach Schwere der Straftat andere Strafen hinzugefügt werden können.“

Nach c. 1395 CIC/1983 n.F. werden dagegen ausschließlich diejenigen Sexualstraftaten von Klerikern geahndet, die nicht Missbrauch von Minderjährigen unter achtzehn Jahren (vgl. c. 97 § 1 CIC/1983) oder von Personen mit habituell eingeschränktem Vernunftgebrauch (vgl. c. 97 § 2 CIC/1983: Gleichstellung dieser Personen mit Kindern unter sieben Jahren) oder von diesen rechtlich gleichgestellten Personen sind.

C. 1398 CIC/1983 n.F. bleibt bei der Tatbestandsbeschreibung bei der Formulierung „Verstoß gegen das sechste Gebot mit einem Minderjährigen“ in der beschriebenen Tradition seit *Crimen Sollicitationis* von 1741. Der Kommentator *Markus Graulich*, Untersekretär im Dikasterium für die Gesetzestexte, verweist insofern – wie in der Vergangenheit – auf die Nrn. 2351–2359 des Katechismus der Katholischen Kirche und merkt lakonisch an: „Auf Grund der engen Verbindung, welche in der Kirche zwischen der Rechtsordnung und der Theologie, in diesem Fall besonders der Moraltheologie besteht, ist es keine Überforderung des Rechtsanwenders, zum Katechismus zu greifen“.[88] Mit der Hinzufügung von Personen, denen das Recht einen besonderen Schutz zuerkennt, wird (bewusst unter Verzicht auf ausdrücklichen Bezug zu VELM, aber die dort genannten *persone vulnerabili* sind jedenfalls einbezogen) der Kreis der geschützten Personen im Verhältnis zu c. 1395 § 2 CIC/1983 a.F. und im Verhältnis zu Art. 6 SST/2010 (und Art. 6 SST/2021) erheblich erweitert. Ebenfalls wird im Verhältnis zum alten Recht der Tatbestand mit Einbeziehung der Verführung oder Verleitung zur Mitwirkung bei echten oder simulierten pornografischen Darstellungen gemäß Nr. 2 des c. 1398 § 1 CIC/1983 n.F. ausgeweitet.[89] Dies ändert aber nichts an den Zuständigkeiten des Dikasteriums für die Glaubenslehre, die sich weiter allein nach SST/2010 (und SST/2021) richten.

88 *Graulich*, Kommentar (Fn. 87), S. 215, dort auch Ablehnung des Vorschlags, die Terminologie des c. 1453 § 1 CCEO zu übernehmen (*in peccato externo contra castitatem*), weil diese Begrifflichkeit der lateinischen Rechtstradition fremd sei und neue Probleme der Interpretation zur Folge haben könne.

89 *Graulich*, Kommentar (Fn. 87), S. 215.

Die Reform des Strafrechts des CIC/1983 ging einher mit einer ohnehin vorgesehenen Überarbeitung von SST/2010. Mit Reskript vom 11. Oktober 2021 trat am 8. Dezember 2021 schließlich die Neufassung der Normen SST/2021 in Kraft.[90] Sie brachten eine Einarbeitung des neuen kodikarischen Strafrechts sowie der Erfahrungen des Dikasteriums für die Glaubenslehre in den vorangegangenen knapp zehn Jahren in der Bearbeitung der reservierten Delikte, insbesondere der Missbrauchsfälle. Art. 6 SST/2021 stellt nun den Verstoß eines Klerikers gegen das sechste Gebot des Dekalogs mit einem Minderjährigen unter achtzehn Jahren oder mit einer Person mit habituell eingeschränktem Vernunftgebrauch unter Strafe; es wird darüber hinaus klargestellt, dass Unwissenheit oder Irrtum über das Alter des Minderjährigen keinen Strafmilderungs- oder Entschuldigungsgrund darstellt (Art. 6, 1° SST/2021). Sodann werden Erwerb, Aufbewahrung und Verbreitung pornografischer Bilder von Minderjährigen unter achtzehn Jahren in jedweder Form oder mit jedwedem Mittel durch einen Kleriker in lustvoller oder gewinnsüchtiger Absicht geahndet (Art. 6, 2° SST/2021). Art. 7 SST/2021 legt als Strafen für die reservierten Delikte das fest, was die beiden Codices der katholischen Kirche und die Normen SST/2021 festlegen, gegebenenfalls außerdem eine gerechte Strafe entsprechend der Schwere des Verbrechens, bei Klerikern die Entlassung bzw. Absetzung nicht ausgeschlossen.[91] Nach Art. 8 SST/2021 beträgt die Verjährung zwanzig Jahre (§ 1); die Frist beginnt bei den Delikten nach Art. 6, 1° SST/2021 mit Vollendung des achtzehnten Lebensjahres des Opfers (§ 2). Das Dikasterium kann bei den reservierten Delikten im Einzelfall die bereits eingetretene Verjährung wieder aufheben, auch wenn es sich um Straftaten handelt, die vor Inkrafttreten dieser Normen begangen wurden (§ 3).

Der neuformulierte Art. 6 SST/2021 hat also grundsätzlich die zuvor schon bestehenden Regelungen übernommen und mit Klarstellungen ergänzt. Die Erweiterung des Kreises der möglichen Opfer sexuellen Missbrauchs wie in VELM und c. 1398 CIC/1983 n. F. wurde nicht mitvollzogen, weil dieser erweiterte Personenkreis nicht in die Zuständigkeit des Dikasteriums für die Glaubenslehre fällt.

[90] Promulgiert mit Veröffentlichung in: L'Osservatore Romano, 07.12.2021, S. 6 (in ital. Sprache); die lat. Fassung ist abrufbar unter https://www.vatican.va/roman_curia/congregations/cfaith/documents/rc_con_cfaith_doc_20211011_norme-delittiriservati-cfaith_la.html (mit Links zu Übersetzungen, auch ins Deutsche, zuletzt aufgerufen am 1.7.2024).

[91] *Markus Walser,* Kriterien der Strafzumessung bei Sexualdelikten in kirchlichen Strafverfahren. Rechtslage und Erfahrungen aus der Praxis, in: Otter/Walser, FS Güthoff (Fn. 68), S. 569ff.

Mit der Reform des sechsten Buches des CIC/1983 und der Neufassung der Normen zum Schutz Minderjähriger vor sexuellem Missbrauch durch SST/2021 wurde auch das *Vademecum* angepasst. Diese zweite Fassung gilt seit 5. Juni 2022.[92]

Die von Papst *Franziskus* am 19. März 2022 erlassene neue Kurienordnung *Praedicate Evangelium* bestätigte in ihrer Nr. 76 die Zuständigkeiten der Disziplinarsektion des Dikasteriums für die Glaubenslehre im Wesentlichen.[93]

V. Die Umsetzung dieser weltkirchlichen Gesetzgebung und der anderen Maßnahmen in Deutschland

Hier genügt es, mit einigen Schlaglichtern Probleme in der Bearbeitung der Missbrauchsfälle anzusprechen, ohne auf beispielsweise die Situation in allen katholischen Diözesen Deutschlands im Einzelnen einzugehen. Zunächst sei an die Abfassung der Leitlinien der Deutschen Bischofskonferenz erinnert. Die erste Fassung entstand bereits 2002, die erste Überarbeitung erfolgte bald nach dem Missbrauchsskandal 2010, ausgehend vom Berliner Canisius-Kolleg der Jesuiten. 2013 erfolgte eine Aktualisierung.[94] Seit 1. Januar 2020 ist nun die Ordnung für den Umgang mit sexuellem Missbrauch Minderjähriger und schutz- und hilfebedürftiger Erwachsener durch Kleriker und sonstige Beschäftigte im kirchlichen Dienst in Kraft,[95] inzwischen in der angepassten Version vom 24. Januar 2022. Auf gesetzgeberischer Seite – wobei die betr. Regelungen immer von den jeweiligen Bischöfen für ihre Diözese eigens in Kraft zu setzen sind – hat man also durchaus gehandelt.

[92] *Vademecum* (Fn. 74); eine Einführung und Vorstellung des Textes bietet *Manfred Bauer,* Das *Vademecum* des Dikasteriums für die Glaubenslehre zu einigen Fragen in den Verfahren zur Behandlung von Fällen sexuellen Missbrauchs Minderjähriger durch Kleriker, in: Otter/Walser, FS Güthoff (Fn. 68), S. 261 ff.

[93] Abrufbar unter https://www.vatican.va/content/francesco/la/apost_constitutions/documents/20220319-costituzione-ap-praedicate-evangelium.html (mit Links zu Übersetzungen, auch ins Deutsche; zuletzt aufgerufen am 1.7.2024); vgl. *Bauer,* Die *delicta graviora* (Fn. 12), S. 44ff.

[94] *Robert Zollitsch,* Vorwort, in: Sekretariat der Deutschen Bischofskonferenz (Hrsg.), Aufklärung und Vorbeugung – Dokumente zum Umgang mit sexuellem Missbrauch im Bereich der Deutschen Bischofskonferenz (Arbeitshilfen Nr. 246), 2. Aufl. 2014, S. 5ff.

[95] Abrufbar unter https://www.dbk.de/fileadmin/redaktion/microsites/Sexualisierte_Gewalt_und_Praevention/Dokumente/2022-01-24-Ordnung-fuer-den-Umgang-mit-sex.-Missbrauch-Minderjaehriger-Interventionsordnung.pdf (zuletzt aufgerufen am 1.7.2024).

Die Gutachten, welche entweder für ganz Deutschland (MHG-Studie)[96] oder für die einzelnen Diözesen erstellt wurden oder werden, zeigen hingegen in der Umsetzung der weltkirchlichen Normen wie der Leitlinien erhebliche Defizite.[97] Auf das Wirken prominenter Kirchenmänner wie Erzbischof *Robert Zollitsch*[98] oder Kardinal *Karl Lehmann*,[99] um nur zwei herauszugreifen, fiel so ein gewaltiger Schatten. Erst in den Jahren nach 2010/11 steigerten sich auch die Anzeigen bei staatlichen Stellen, was offenbar mit dem medialen Druck zusammenhing, der nach dem Missbrauchsskandal 2010 in Deutschland aufgebaut wurde.[100]

VI. Ergebnis

So stellt sich die eingangs bereits vorgetragene Frage, ob das kirchliche Straf- und Sanktionsrecht die Bewährungsprobe beim Thema sexueller Missbrauch bestanden hat. Für die weltkirchliche Gesetzgebung – das zeigt der Hauptteil dieser Arbeit – kann man im Großen und Ganzen wohl sagen, dass sie bestanden wurde. Der weltkirchliche Gesetzgeber hat seit Aufkommen der ersten Missbrauchsskandale in der Mitte der 1990er Jahre in den USA und in Irland seine betreffenden Normen im Bereich des materiellen Rechts wie des Verfahrensrechts einer massiven Nachbesserung und Neuerung unterzogen. Nicht verschwiegen werden darf, dass dies teils gegen nicht unerhebliche Widerstände durch-

96 *Harald Dreßing/Hans J. Salize/Dieter Dölling/Dieter Hermann* u. a., Forschungsprojekt. Sexueller Missbrauch an Minderjährigen durch katholische Priester, Diakone und männliche Ordensangehörige im Bereich der Deutschen Bischofskonferenz. Projektbericht, 2018, abrufbar unter https://www.dbk.de/fileadmin/redaktion/diverse_downloads/dossiers_2018/MHG-Studie-gesamt.pdf (zuletzt aufgerufen am 1.7.2024).

97 Vgl. *Dreßing/Salize/Dölling/Hermann*, Forschungsprojekt (Fn. 96), S. 297.

98 Vgl. *Eugen Endress/Edgar Villwock*, Arbeitsgruppe „Machtstrukturen und Aktenanalyse" der GE-Kommission zur Aufarbeitung sexuellen Missbrauchs in der Erzdiözese Freiburg. Abschlussbericht vom 11. April 2023, 2023, abrufbar unter https://www.google.com/url?sa=t&source=web&rct=j&opi=89978449&url=https://www.ebfr.de/media/download/variant/1068824/bericht-ag-aktenanalyse.pdf&ved=2ahUKEwi5ruOUjpOIAxUv0wIHHfzKBbcQFnoECBIQAQ&usg=AOvVaw2OgmZYRW7oS83HucXkr2xf (zuletzt aufgerufen am 1.7.2024), S. 158 ff.

99 Vgl. *Ulrich Weber/Johannes Baumeister*, Erfahren. Verstehen. Vorsorgen. Studie zu Taten gegen die sexuelle Selbstbestimmung seit 1945 im Verantwortungsbereich des Bistums Mainz. 3.3.2023, 2023, abrufbar unter https://www.uw-recht.org/images/230327%20Bericht%20EVV_Druck.pdf (zuletzt aufgerufen am 1.7.2024), S. 222 ff.

100 *Dreßing/Salize/Dölling/Hermann*, Forschungsprojekt (Fn. 96), S. 299.

gesetzt werden musste.[101] Dieser Prozess dauert an: Das Dikasterium für die Glaubenslehre ist willens, die Normen und entsprechend auch das *Vademecum* immer neuen Erfordernissen anzupassen und so aktuell zu halten.

Auf der Ebene der Deutschen Bischofskonferenz kann ebenfalls festgestellt werden, dass mit Verabschiedung der Leitlinien, der Vorschriften für die Zahlungen in Anerkennung des Erlittenen und anderer Regelungen zunächst sehr schnell gehandelt wurde (nämlich 2002, also lange vor dem Skandal des Jahres 2010) und auch immer wieder nachgebessert wurde. Insofern – auch unter Berücksichtigung des Umstands, dass medialer Druck in vielerlei Weise beschleunigend wirkte – kann ebenfalls festgehalten werden, dass die Bewährungsprobe bestanden wurde.

Problematisch wird es, wenn sich der Blick auf die konkrete Umsetzung richtet: Die MHG-Studie wie die diözesanen Gutachten haben viele Versäumnisse in diesem Feld aufgezeigt. Die Eigenverantwortung der Bischöfe für ihre Diözese bzw. der höheren Oberen für ihre Ordensinstitute hatte dazu geführt, dass erforderliche Handlungen, auch rechtlich zwingend vorgeschriebene, unterlassen wurden. Zu hoffen bleibt, dass daraus gelernt wird und ausgehend von den (auch schmerzhaften) Erkenntnissen, die die katholische Kirche auf ihrem nicht einfachen Weg der Aufarbeitung des sexuellen Missbrauchs Minderjähriger durch Kleriker bisher gewonnen hat, auch in anderen gesellschaftlichen Bereichen ein heilsamer Denkprozess angestoßen wird.

[101] *Bertomeu Farnós,* Considerazioni generali sul *Vademecum* (Fn. 63), S. 11.

Leitsätze
zum Vortrag von Dr. iur. utr. Lic. iur. can. Manfred Bauer:

„Der sexuelle Missbrauch als Bewährungsprobe für das kirchliche Straf- und Sanktionsrecht"

1. Sexueller Missbrauch Minderjähriger wurde in der Kirche immer schon als schwere moralische Verfehlung betrachtet und geahndet.
2. Mit der Ausbildung eines eigenständigen Kirchenrechts wurden durch Konzilsbeschlüsse und päpstliche Anordnungen strafrechtliche Regelungen zum sexuellen Missbrauch Minderjähriger getroffen.
3. Mit c. 2359 § 2 CIC/1917 wurde der sexuelle Missbrauch Minderjähriger bis zum vollendeten 16. Lebensjahr durch Kleriker mit Strafen belegt, in schwereren Fällen mit der Deposition; Verjährung trat nach fünf Jahren ein (vgl. c. 1703, 2° CIC/1917); c. 2357 § 1 CIC/1917 stellte auch sexuellen Missbrauch Minderjähriger bis zum vollendeten 16. Lebensjahr durch Laien unter Strafe (*infamia iuris*).
4. C. 1395 § 2 CIC/1983 a. F. sah für sexuellen Missbrauch Minderjähriger bis zum vollendeten 16. Lebensjahr durch Kleriker gerechte Strafen vor, die Entlassung aus dem Klerikerstand nicht ausgeschlossen; Verjährung trat nach fünf Jahren ein (vgl. c. 1362 § 1, 2° CIC/1983); eine dem c. 2357 § 1 CIC/1917 entsprechende Norm gab es im CIC/1983 nicht mehr.
5. Art. 4 SST/2001 erhöhte das Schutzalter auf das vollendete 18. Lebensjahr; die Verjährung trat nun zehn Jahre nach Vollendung des 18. Lebensjahres des minderjährigen Opfers ein (Art. 5 SST/2001); seit 2002 erhielt die Glaubenskongregation das Recht, im Einzelfall die bereits eingetretene Verjährung aufzuheben; angedroht wurden Strafen je nach Schwere des Verbrechens, die Entlassung aus dem Klerikerstand nicht ausgeschlossen.
6. Art. 6 § 1 SST/2010 schützte Minderjährige (bis zum vollendeten 18. Lebensjahr) sowie Personen mit habituell eingeschränktem Vernunftgebrauch; Art. 6 § 2 SST/2010 stellte Erwerb, Aufbewahrung und Verbreitung kinderpornografischer Darstellungen (bis zum vollendeten 14. Lebensjahr) unter Strafe, die Entlassung aus dem Klerikerstand nicht ausgeschlossen; die Verjährung trat zwanzig Jahre nach Vollendung des 18. Lebensjahres des minderjährigen Opfers ein, wobei die Glaubenskongregation im Einzelfall die bereits eingetretene Verjährung aufheben konnte (Art. 7 SST/2010).

7. Seit 2020 sind Erwerb, Aufbewahrung und Verbreitung kinder- und jugendpornografischer Darstellungen bis zum vollendeten 18. Lebensjahr strafbar.
8. Art. 6 § 1 SST/2021 schützt Minderjährige (bis zum vollendeten 18. Lebensjahr) sowie Personen mit habituell eingeschränktem Vernunftgebrauch; Art. 6 § 2 SST/2021 stellt Erwerb, Aufbewahrung und Verbreitung kinder- und jugendpornografischer Darstellungen (bis zum vollendeten 18. Lebensjahr) unter Strafe, die Entlassung aus dem Klerikerstand nicht ausgeschlossen (Art. 7 SST/2021); die Verjährung tritt zwanzig Jahre nach Vollendung des 18. Lebensjahres des minderjährigen Opfers ein, wobei das Dikasterium für die Glaubenslehre im Einzelfall die bereits eingetretene Verjährung aufheben kann (Art. 8 SST/2021).
9. C. 1398 CIC n.F. bestraft sexuellen Missbrauch Minderjähriger nicht mehr nur durch Kleriker, sondern auch durch andere Personen, die in der Kirche eine Würde bekleiden oder ein Amt oder eine Funktion ausüben; die Zuständigkeit des Dikasteriums für die Glaubenslehre richtet sich aber unverändert nach den Regelungen in SST/2021.

Prof. Dr. phil. Dr. iur. Alexander Ignor

Das Verhältnis von kirchlichem und staatlichem Strafrecht

I. Einleitung

Zunächst danke ich für die Einladung zu dieser hochinteressanten Tagung und die Ehre, einen Beitrag zum Thema „Verhältnis von kirchlichem und staatlichem Strafrecht" leisten zu dürfen – obwohl ich kein Fachmann des Kirchenrechts bin. Ich habe Rechtswissenschaft und Geschichte studiert und mich im Laufe meines beruflichen Lebens bis heute vor allem mit dem staatlichen Strafrecht beschäftigt, nur zeitweise mit kirchlichem Recht. So habe ich im Rahmen meiner rechtshistorischen Forschungen einige Ausflüge in die Geschichte des kirchlichen Rechts unternommen und als Rechtsanwalt einmal an einem staatlichen Strafverfahren mitgewirkt, in dem das katholische Kirchenrecht eine bedeutsame Rolle spielte, worüber ich im Folgenden berichten darf. Zunächst aber einige allgemeine Bemerkungen zum Thema der Tagung.

II. Zur Geschichte des kirchlichen Rechts

Wer sich mit der Geschichte des Kirchenrechts beschäftigt, wird feststellen, dass es im Verlauf der abendländischen Geschichte einen großen und, wie mir scheint, bis heute nicht vollständig erforschten Einfluss auf die Entwicklung des staatlichen Strafrechts genommen hat.

Dieser Einfluss lässt sich vor allem im frühen und hohen Mittelalter beobachten, als es noch keine Staaten im modernen Sinne gab, nicht einmal frühmoderne territoriale politische Herrschaften, sondern die Menschen überwiegend in Bauern- und Kriegergesellschaften mit ganz eigenen Institutionen zur Bewältigung innergesellschaftlicher Konflikte lebten.[1] Einen anschaulichen Einblick in diese Welt hat der Vortrag von *Stephan Dusil* gegeben.[2]

Dusil hat auch bereits darauf aufmerksam gemacht, dass die Kirche etwa ab dem Jahre 1200 einen eigenen Strafanspruch durchsetzte, der mit Änderungen im Prozessrecht einherging und mit den Begriffen Offizialmaxime und Inquisitionsprinzip verknüpft ist sowie mit einer Hierarchie kirchlicher Gerichte und einem streng reglementierten Beweisrecht.

Ich möchte diesen Ausführungen die Beobachtung hinzufügen, dass die „Geburt" des sogenannten Inquisitionsverfahrens in einem engen Zusammenhang mit der von Papst *Gregor VII.* (Pontifikat 1073-1085) angestoßenen und später namentlich von Papst *Innozenz III.* (Pontifikat 1198-1216) betriebenen Kirchenreform stand, also vornehmlich ein Ausfluss der damit beabsichtigten Disziplinierung von Klerikern war.[3] Mittels des neuen Prozesstyps der *inquisitio* sollte den Mängeln des herkömmlichen kirchlichen Strafverfahrens, das vom spätrömischen Akkusationsprozess geprägt war, entgegengewirkt werden. In der Dekretale *Qualiter et Quando* vom 26. Februar 1206, die wenig später, 1215, auf dem Vierten Laterankonzil in das Kirchenrecht übernommen wurde, sind die drei Elemente dieses Verfahrenstyps erstmals konsequent zusammengeführt: das Offizialprinzip, der Untersuchungsgrundsatz und – in Kombination damit – das Prinzip der materiellen Wahrheit.

Auch die „Geburt der Strafe"[4] als eine spezifische Sanktion normwidrigen Verhaltens scheint sich im Verlauf des Übergangs vom frühen zum hohen Mittelalter insbesondere aufgrund kirchlichen Einflusses vollzogen zu haben.[5] Während die frühmittelalterlichen Bußen primär als Mittel der Entschädigung für erlittenen Schaden und der Beför-

1 Dazu *Jürgen Weitzel*, Dinggenossenschaft und Recht. Untersuchungen zum Rechtsverständnis im fränkisch-deutschen Mittelalter. Zwei Teilbände, 1985; *Alexander Ignor*, Indiz und Integrität. Anmerkungen zum Gerichtsverfahren des Sachsenspiegels, in: Ruth Schmidt-Wiegand (Hrsg.), Text-Bild-Interpretation. Untersuchungen zu den Bilderhandschriften des Sachsenspiegels, Bd. I, 1986, S. 77ff.

2 Vgl. den Beitrag von *Stephan Dusil* im vorliegenden Band, S. 14ff. Zur Geschichte des kirchlichen Strafrechts in früher und späterer Zeit s. ferner den Überblick bei *Wilhelm Rees*, Die Strafgewalt der Kirche. Das geltende kirchliche Strafrecht – dargestellt auf der Grundlage seiner Entwicklungsgeschichte, 1993, S. 116ff.

3 Dazu *Alexander Ignor*, Geschichte des Strafprozesses in Deutschland 1532-1846. Von der Carolina Karls V. bis zu den Reformen des Vormärz, 2002, S. 47ff. m.w.N.

4 Vgl. *Viktor Achter*, Geburt der Strafe, 1951.

5 *Ignor*, Geschichte (Fn. 3), S. 74 m.w.N.

derung der inneren Einsicht in begangenes Unrecht verhängt wurden, entwickelte sich um das Jahr 1000 ein Verständnis von Strafe als Übel, das verhängt wird, um das gesellschaftliche Unwerturteil über Tat und Täter zum Ausdruck zu bringen. Damit korrelierte die Entwicklung des Verbrechensbegriffs in der Kanonistik. Das kirchenrechtlich zu ahndende Kirchenverbrechen (*crimen*) war zwar nicht identisch mit der Sünde (*peccatum*); die Kanonisten bemühten sich gerade um eine Unterscheidung von Sünde und Verbrechen. Es knüpfte aber an den religiösen Sündenbegriff an: Schwere Sünde, äußere Handlung und Ärgernis für die Kirche bildeten beispielsweise bei *Abaelard* (1079-1142) dessen Elemente.[6]

III. Zu einigen Inhalten des kanonischen Strafrechts, verglichen mit dem staatlichen Strafrecht

Das geltende Strafrecht der katholischen Kirche ist in dem im Jahre 2021 erneuerten Text des 6. Buchs des Codex Iuris Canonici (CIC) geregelt (*De sanctionibus poenalibus in ecclesia*, cc. 1311 bis 1399 CIC).[7] Die Vorschriften sind eine Überarbeitung des 6. Buches des CIC aus dem Jahre 1983,[8] der seinerseits eine Revision des im CIC von 1917 kodifizierten kanonischen Rechts war.[9]

Bei dem Strafrecht des CIC handelt es sich nicht nur um ein Disziplinarrecht für Geistliche und Personen, die amtlich, ehrenamtlich oder privatrechtlich für die katholische Kirche tätig sind, vergleichbar den evangelischen Lehrbeanstandungen und Sanktionsregelungen, die eindrucksvoll *Christoph Thiele* beschrieben hat.[10]

Das Strafrecht des CIC reicht beträchtlich weiter. Es beinhaltet sowohl Straftaten, die nur von Klerikern und Ordensleuten, als auch solche, die von sonstigen Gläubigen (*christifideles*, c. 1311 § 1 CIC) begangen wer-

6 *Stephan Kuttner*, Kanonistische Schuldlehre von Gratian bis auf die Dekretalen Gregors IX. Systematisch auf Grund der handschriftlichen Quellen dargestellt, 1935, S. 30; 47; *Rees*, Strafgewalt der Kirche (Fn. 2), S. 141.

7 Im Folgenden zitiert nach *Markus Graulich/Heribert Hallermann (Hrsg.)*, Das neue kirchliche Strafrecht. Einführung und Kommentar, 2021.

8 Zu den Strafvorschriften im CIC von 1983 *Rees*, Strafgewalt der Kirche (Fn. 2), S. 362 ff.

9 Zum Strafrecht des CIC von 1917 *Rees*, Strafgewalt der Kirche (Fn. 2), S. 172 ff. Zur Entstehung der 2021 in Kraft getretenen Revision *Markus Graulich*, Der lange Weg zum erneuerten Strafrecht, in: Graulich/Hallermann, Das neue kirchliche Strafrecht (Fn. 7), S. 13 ff. Zu „Kontinuität und Reform" der Gesetzgebung s. *Heribert Hallermann*, Kontinuität und Reform. Ein erster Einblick in den textus recognitus des Liber VI, in: Graulich/Hallermann, Das neue kirchliche Strafrecht (Fn. 7), S. 19 ff.

10 Vgl. den Beitrag von *Christoph Thiele* im vorliegenden Band, S. 61 ff.

den können. Teil I des 6. Buches enthält allgemeine Bestimmungen über Straftaten und Strafen (cc. 1311 bis 1363 CIC), Teil II die einzelnen Straftatbestände (cc. 1364 bis 1399 CIC). Manche Normen ähneln dem staatlichen Strafrecht, wie es beispielsweise im deutschen Strafgesetzbuch (StGB) normiert ist. Die meisten unterscheiden sich deutlich davon.[11]

Das gilt insbesondere für die Art und Weise der Strafen und für die meisten Straftatbestände. Sie spiegeln das katholische Verständnis von der Kirche als einer Heilsgemeinschaft wider, die diejenigen, die ihre äußere Ordnung verletzen, sowohl um ihres eigenen Heils willen als auch zur Wiederherstellung der Ordnung im Interesse der katholischen Gemeinschaft durch Strafsanktionen zurechtzuweisen hat.[12] Dieses Verständnis kommt deutlich in der Apostolischen Konstitution *Pascite gregem Dei* („Weidet die Herde des Herren") zum Ausdruck, mit der Papst *Franziskus* das neue Strafrecht am 23. Mai 2021 in Kraft gesetzt hat.[13] Darin werden die Regeln des Strafrechts in Bezug gesetzt zu dem Ziel der Kirche, welches immer im Heil der Seelen bestehe (*salus animarum*).

Der Codex kennt zwei Arten von Strafen (*sanctiones poenales*), zum einen Besserungs- oder Beugestrafen, zum anderen Sühnestrafen (c. 1312 §§ 1 und 2 CIC). Zugleich unterscheidet er zwischen sog. Tatstrafen und sog. Spruchstrafen. Dazu gleich mehr. Darüber hinaus sind in cc. 1339, 1340 CIC Strafsicherungsmittel und Bußen vorgesehen, die eher präventiven als repressiven Charakter haben. Sie sollen hier außer Betracht bleiben.

Als Strafzwecke werden in c. 1311 § 2 CIC explizit die Wiederherstellung der Gerechtigkeit (*restitutio iustitiae*), die Besserung des Täters (*emendatio rei*) und die Beseitigung des Ärgernisses (*reparationem scandali*) genannt. Während sich für die ersten beiden Strafzwecke Pendants im staatlichen Strafrecht finden, ist diesem das „Ärgernis" als Kriterium einer Straftat, das uns schon bei den Kanonisten des Mittelalters begegnet (s. o.), fremd. Nähere Erläuterungen hierzu sind schwer zu finden. Man darf annehmen, dass damit eine Normverfehlung gemeint ist, die sich im Einzelfall als besonders schwerwiegend darstellt.

Das Kanonische Recht sieht viele Milderungsmöglichkeiten vor, sogar das Absehen von Strafe (c. 1355 CIC).[14] C. 1343 CIC bestimmt, dass dann, wenn Gesetz oder Verwaltungsbefehl dem Richter die Vollmacht geben, eine Strafe zu verhängen oder nicht, dieser unter Beachtung bestimmter in c. 1326 § 3 CIC genannter Gesichtspunkte nach

[11] Vgl. den Beitrag von *Sabine Konrad* im vorliegenden Band, S. 36 ff.

[12] *Rees*, Strafgewalt der Kirche (Fn. 2), S. 39 ff. und c. 1311 CIC.

[13] In: Graulich/Hallermann, Das neue kirchliche Strafrecht (Fn. 7), S. 52 ff.

[14] Bei bestimmten Straftaten allerdings nur durch den Apostolischen Stuhl, s. dazu die Kommentierung zu c. 1354 mit dem Hinweis auf das Motu proprio *Sacramentorum Sanctitatis tutela* (SST) von *Markus Graulich,* Kommentar zum erneuerten Strafrecht. cc. 1354 – 1399 CIC, in: Markus/Hallermann, Das neue kirchliche Strafrecht (Fn. 7), S. 169 ff.

Gewissen und Klugheit (*pro sua conscientia et prudentia*) zu entscheiden habe, was nötig ist, um Gerechtigkeit wiederherzustellen, den Täter zu bessern und das Ärgernis zu beheben. Wenn die Sache es erfordere, könne er die Strafe mildern oder an ihre Stelle eine Buße (*paenitentia*, c. 1340 § 1 CIC) auferlegen. Überhaupt sollen Strafen nur insoweit verhängt werden, als sie wirklich erforderlich sind, um die kirchliche Disziplin besser sicherzustellen (*ad aptius providendum ecclesiasticae disciplinae*, c. 1317 CIC). Das ist eine von vielen Eigentümlichkeiten, die das kanonische Recht vom staatlichen Strafrecht unterscheidet. Das StGB kennt ein so weites richterliches Ermessen nicht.

Möglicherweise resultiert dieses Ermessen aus der starken Täterorientierung des kanonischen Strafrechts, das darauf abzielt, den Täter möglichst wieder in die katholische Gemeinschaft zu integrieren, wenn er sich reuig zeigt und zur Wiederherstellung der Ordnung einen Beitrag leistet.[15] Der generalpräventive Gedanke der Normbewehrung scheint dem kanonischen Recht eher fremd zu sein, ebenso die Vorstellung, die Bestrafung müsse auch den Folgen der Tat bei einem natürlichen Opfer Rechnung tragen. Tatsächlich beinhalten die meisten Straftatbestände Verletzungen der Ordnung des Glaubenslebens.

Die Täterorientierung zeigt sich bereits in der Art und Weise der Strafen. Der CIC kennt, wie gesagt, Besserungs- und Beugestrafen sowie Sühnestrafen. Zu ersteren (*ponaenae medicinales seu censurae*) gehören die Exkommunikation (c. 1331 CIC), das Interdikt (c. 1332 CIC) und die Suspension (c. 1333 CIC). Das Interdikt beinhaltet das Verbot, das eucharistische Opfer und andere Sakramente zu feiern, Sakramente zu empfangen, Sakramentalien zu spenden und andere Zeremonien des liturgischen Kultes zu feiern (c. 1332 i. V. m. c. 1331 § 1 1° bis 4° CIC). Die Suspension verbietet alle oder einige Akte der Weihegewalt, alle oder einige Akte der Leitungsgewalt sowie die Ausübung aller oder einiger der mit einem Amt verbundenen Rechte oder Aufgaben (c. 1333 § 1 CIC). Die Besserungs- und Beugestrafen zielen, wie der Name schon sagt, auf die *Besserung des Straftäters*.[16] Nach c. 1347 § 1 CIC darf eine solche Strafe nicht gültig verhängt werden, wenn der Täter nicht vorher mindestens einmal verwarnt wurde, seine Widergesetzlichkeit aufzugeben, und ihm eine entsprechende Zeitspanne für den Sinneswandel gewährt wurde. Gemäß c. 1347 § 2 ist davon auszugehen, dass ein Täter von der Widergesetzlichkeit abgelassen hat, wenn er die Straftat wirklich bereut und außerdem eine Behebung des Ärgernisses und eine angemessene Wiedergutmachung des Schadens geleistet oder zumin-

[15] Papst *Johannes Paul II.* hat die Strafe als ein Mittel zur Beseitigung des Fehlverhaltens gegenüber dem individuellen und allgemeinen Wohl bezeichnet, *Rees*, Strafgewalt der Kirche (Fn. 2), S. 329.

[16] *Rees*, Strafgewalt der Kirche (Fn. 2), S. 369.

dest ernsthaft versprochen hat. Dementsprechend werden Besserungs- und Beugestrafen so lange verhängt, bis sie aufgehoben werden können.

Sühnestrafen (*poenae expiatoriae*), die speziell gegen Kleriker und Ordensleute – dauerhaft oder auf Zeit – verhängt werden können, bezwecken die *Sühne* des Täters zur Vergebung der Schuld. Dazu zählen das Gebot bzw. Verbot, sich an einem bestimmten Ort aufzuhalten, ferner Beschränkungen der Ausübung von Akten der Weihe- und Leitungsgewalt sowie der Rechtsentzug aller oder einiger Ämter, Aufgaben, Dienste oder Funktionen und, als strengste Sanktion, die Entlassung aus dem Klerikerstand (cc. 1336 bis 1338 CIC).

Eine eigenartige Besonderheit des kanonischen Strafrechts, für die sich im staatlichen Strafrecht nichts Vergleichbares findet, ist die sog. Tatstrafe (*poena latae sententia*). Anders als die sog. Spruchstrafe (*poena ferendae sententiae*) wird sie nicht durch einen Richter oder ein Gericht verhängt, sondern tritt von Rechts wegen durch Begehen der Straftat von selbst ein (c. 1314 CIC). Nach kirchenrechtlichem Verständnis bindet sie den Täter in dem Augenblick, in dem er sich seiner Straftat bewusst wird, was bedeutet, dass er die Strafe an sich selbst vollziehen muss.[17]

Die materiellen Straftatbestände sind ähnlich wie im säkularen Recht auf bestimmte Schutzgüter hin ausgerichtet, freilich vor allem auf solche, die für die katholische Kirche als von einer bestimmten Ordnung geprägten Glaubensgemeinschaft wichtig sind. Der CIC enthält im zweiten Teil des 6. Buches unter Titel I *Straftaten gegen den Glauben und die Einheit der Kirche* (cc. 1364 bis 1369 CIC), unter Titel II *Straftaten gegen die kirchliche Autorität und die Ausübung des kirchlichen Amtes* (cc. 1370 bis 1378 CIC), unter Titel III *Straftaten gegen die Sakramente* (cc. 1379 bis 1389), unter Titel IV *Straftaten gegen den guten Ruf und das Fälschungsdelikt* (cc. 1390, 1391 CIC), unter Titel VI *Straftaten gegen besondere Verpflichtungen* (cc. 1392 bis 1396 CIC) sowie unter Titel VII *Straftaten gegen Leben, Würde und Freiheit des Menschen* (cc. 1397, 1398). Schließlich sieht c. 1399 CIC vor, dass, außer in Fällen, die im CIC oder in anderen Gesetzen geregelt sind, die äußere Verletzung eines göttlichen oder kanonischen Gesetzes nur dann mit einer gerechten Strafe belegt werden kann, wenn die besondere Schwere der Rechtsverletzung eine Bestrafung erfordert und die Notwendigkeit drängt, Ärgernissen zuvorzukommen oder sie zu beheben. Hierbei scheint es sich auf denen ersten Blick („nur") um eine Begrenzung von Straftaten zu handeln. Tatsächlich geht es hierbei jedoch zunächst um eine Ausweitung über die Tatbestände des CIC hinaus („Außer in den Fällen, die in diesen oder anderen Gesetzen geregelt sind […]"), die mit dem Bestimmtheitsgebot des Art. 103 Abs. 2 GG gewiss nicht vereinbar ist.

Strafbare Handlungen von Klerikern beinhalteten speziell die unter Titel V in den cc. 1392 bis 1396 CIC normierten *Straftaten gegen besondere*

[17] *Rees*, Strafgewalt der Kirche (Fn. 2), S. 102 f.

Verpflichtungen, beispielsweise das Betreiben von Handel und Gewerbe entgegen den kanonischen Vorschriften (c. 1393 § 1 CIC), das Konkubinat und jedes Verbleiben in einer anderen Sünde gegen das sechste Gebot, wodurch ein Ärgernis erregt wird (c. 1395 § 1 CIC). Insbesondere mit diesen Straftaten korrelieren speziell für Kleriker vorgesehene zeitweilige oder dauerhafte Sühnestrafen.

Außer in den unter Titel V geregelten Straftatbeständen sind aber auch in weiteren Straftatbeständen spezielle Sanktionen für Kleriker als Täter vorgesehen. So soll beispielsweise gemäß dem unter Titel VI normierten c. 1395 § 3 CIC ein Kleriker mit gerechten Strafen (*iustis poenis*), die Entlassung aus dem Klerikerstand nicht ausgenommen, bestraft werden, der mit Gewalt oder durch Drohungen oder Missbrauch seiner Autorität eine Straftat gegen das sechste Gebot des Dekalogs begangen oder jemanden gezwungen hat, sexuelle Handlungen vorzunehmen oder zu ertragen. Außerdem pönalisiert der neu gefasste Tatbestand des c. 1398 § 1 – der zu den unter Titel VII aufgeführten Straftaten gegen Leben, Würde und Freiheit des Menschen gehört – speziell Verfehlungen von Klerikern gegen das sechste Gebot des Dekalogs mit einem Minderjährigen oder einer Person, deren Vernunftgebrauch habituell eingeschränkt ist (1°), sowie die Verführung oder Verleitung solcher Schutzbedürftiger, an echten oder simulierten pornographischen Darstellungen teilzunehmen oder diese umzusetzen (2°). Der Täter soll mit der Amtsenthebung und, wenn es die Schwere des Falles nahelegt, anderen gerechten Strafen, die Entlassung aus dem Klerikerstand nicht ausgenommen, bestraft werden. Diese neuen Strafvorschriften sind offensichtlich dem Missbrauchsskandal geschuldet.[18]

Regelungen über das Verhältnis des kanonischen Rechts zum staatlichen Recht enthält der Codex nicht.

IV. Die Selbstständigkeit des kirchlichen Strafrechts gegenüber dem staatlichen Strafrecht

In c. 1311 CIC, dem ersten Kanon des 6. Buches des CIC, heißt es nicht wenig selbstbewusst, es sei das angeborene und eigene Recht der Kirche, Gläubige, die Straftaten begangen haben, durch Strafmittel zurechtzuweisen. Vom Standpunkt eines säkularen Staates aus gesehen, ist dieser Anspruch möglicherweise nicht ohne Weiteres selbstverständlich. Aber jedenfalls im Geltungsbereich des Grundgesetzes ist er mit Blick auf

[18] S. dazu *Klaus Mertes*, Das Verhältnis von kirchlichem und weltlichem Strafrecht. Eine Bestandsaufnahme, abrufbar unter: https://www.kas.de/documents/252038/16166715/Das+Verhältnis+von+kirchlichem+und+weltlichem+Strafrecht.pdf/ad1ef3a6-00ac-ffb6-843a-56d423d24078?version=1.2&t=1648631002961 (zuletzt aufgerufen am 1.7.2024).

das in Art. 140 GG i.V.m. Art. 137 Abs. 3 WRV verankerte Selbstbestimmungsrecht der Religionsgesellschaften nicht nur vertretbar, sondern wird von diesem sogar umfasst, sofern diese Zurechtweisung nicht gegen die Rechtsordnung verstößt: „Jede Religionsgesellschaft ordnet und verwaltet ihre Angelegenheiten selbständig innerhalb der Schranken des für alle geltenden Gesetzes." Das Selbstbestimmungsrecht der Religionsgesellschaften/Kirchen korrespondiert mit der individuellen und kollektiven Glaubens- und Weltanschauungsfreiheit des Art. 4 GG. Beide Rechte „entstammen einem für die Staatsgewalt unantastbaren Freiheitsbereich und leiten ihre Gewalt nicht vom Staat her" (Bundesverfassungsgericht).[19]

Zu dem verfassungsrechtlich geregelten Autonomiebereich der Religionsgesellschaften/Kirchen gehören die innere Organisation, das kirchliche Finanzwesen und die Vermögensverwaltung sowie eine eigene, den staatlichen Rechtsschutz verdrängende Gerichtsbarkeit.[20] Für die katholische Kirche bedeutet das: Gerät ein Mitglied oder Amtsträger in den Verdacht, eine Strafnorm des kanonischen Rechts verletzt zu haben, dann ist es ihre Angelegenheit, diesem Verdacht nach ihren Regeln nachzugehen und den für schuldig befundenen Täter ggf. zu sanktionieren. Ob und inwieweit insoweit ein „Verfolgungszwang" besteht, scheint unklar zu sein.[21]

Wie aber verhält es sich, wenn ein Mitglied der katholischen Kirche in einer innerkirchlichen Angelegenheit, die dem Autonomiebereich des kirchlichen Selbstbestimmungsrechts unterfällt, eine Handlung begeht, die nicht allein eine Straftat im Sinne des kanonischen Rechts ist, sondern auch eine Straftat im Sinne des staatlichen Strafrechts sein könnte? Unterfällt eine solche Handlung einschränkungslos dem staatlichen Strafanspruch oder ergeben sich insoweit mögliche Beschränkungen aus dem Selbstbestimmungsrecht der Kirchen? Die Antwort scheint auf der Hand zu liegen: Natürlich berührt im säkularen Staat das kirchliche Selbstbestimmungsrecht nicht den staatlichen Strafanspruch. Wer sich nach staatlichem Recht möglicherweise strafbar gemacht hat, unterliegt als Staatsbürger grundsätzlich der staatlichen Strafverfolgung (§ 152 Abs. 2 StPO – Legalitätsprinzip), es sei denn, bei der Straftat handelt es sich um ein absolutes Antragsdelikt. Anderenfalls würde der staatliche Strafanspruch ausgehöhlt werden.[22]

Ganz so eindeutig liegen die Dinge indes nicht.

19 BVerfGE 42, 312 (332).

20 BVerfG, NVwZ 1989, S. 452 (452).

21 S. dazu *Mertes*, Verhältnis (Fn. 18), S. 3.

22 In diesem Sinne etwa *Frauke Rostalski*, Verfahrenseinstellung bei „innerkirchlichen Angelegenheiten". Plädoyer für die (Wieder-)Aufnahme staatsanwaltlicher Ermittlungen gegen den früheren Limburger Bischof wegen des Vorwurfs der Untreue, RW 2015, S. 1 ff.

V. Zur Beschränkung der staatlichen Strafverfolgung bei Verstößen ausschließlich gegen innerkirchliches Recht

Die Staatsanwaltschaft Limburg a. d. Lahn gelangte im Jahre 2014 im Rahmen von Vorermittlungen anlässlich von Medienberichten zu den Kosten und der Finanzierung von Umbauten des Limburger Bischofssitzes und der Prüfung eines Anfangsverdachtes der strafbaren Untreue (§ 266 StGB) im Ergebnis zur Verneinung eines solchen Verdachtes, indem sie ein Prozesshindernis in Form eines sog. Befassungsverbotes als gegeben ansah. Zwar konnte sie etliche Verstöße gegen innerkirchliches Recht feststellen, insbesondere gegen Beteiligungsrechte kirchlicher Gremien. Die Staatsanwaltschaft verneinte aber grundsätzlich eine Strafbarkeit nach dem StGB bei „innerkirchlichen Entscheidungen und Verhaltensweisen, wenn außerkirchliche Belange nicht strafrechtlich relevant tangiert“ sind, was bei dem Sachverhalt der Fall sei.[23]

Der Sachverhalt zeichnete sich insbesondere durch drei Besonderheiten aus. Zum einen war der mögliche Hauptverdächtige ein katholischer Bischof, also ein hoher kirchlicher Amtsträger, der als solcher die oberste gesetzgebende, ausführende und richterliche Gewalt in seiner Diözese innehatte. Bei seiner Einflussnahme auf die Bauten und deren Finanzierung mit kirchlichen Finanzmitteln war er in eben dieser Funktion tätig.

Zweitens handelte es sich bei dem möglicherweise verletzten Vermögen ausschließlich um kirchliches Vermögen, nämlich um Vermögen des Bischöflichen Stuhls und eines Diözesanwerks (St. Georgswerk), dessen Träger der Diözesanbischof bzw. der Bischöfliche Stuhl waren.

Drittens kamen als (möglicherweise) verletzte Rechtsvorschriften, die eine Vermögensbetreuungspflicht i. S. d. § 266 Abs. 1 StGB hätten begründen können, ausschließlich kirchenrechtliche Vorschriften in Betracht: zum einen diözesanrechtliche Normen wie die Statute des bischöflichen Stuhls, das Gesetz über die Verwaltung und Vertretung

[23] Der Verfasser war an diesem Verfahren als Rechtsvertreter des Bischöflichen Stuhles beteiligt und hat die – von der Staatsanwaltschaft Limburg a. d. Lahn übernommene, im Folgenden knapp dargestellte – rechtliche Begründung eines Befassungsverbots zusammen mit Rechtsanwältin Dr. *Camilla Bertheau* erarbeitet. Zur Einstellungsbegründung der Staatsanwaltschaft s. die vom 2.7.2014 datierende Presseinformation, abrufbar unter: https://bistumlimburg.de/fileadmin/redaktion/Portal/Meldungen/2014/Causa_TVE/Presseerklaerung_der_Staatsanwaltschaft.pdf (zuletzt aufgerufen am 1.7.2024). Zum Sachverhalt und den einschlägigen kirchenrechtlichen Normen s. den ausführlichen „Abschlussbericht über die externe kirchliche Prüfung der Baumaßnahme auf dem Domberg in Limburg für den Vorsitzenden der Deutschen Bischofskonferenz Erzbischof Dr. Robert Zollitsch, vorgelegt von der Prüfungskommission“ (abrufbar unter: https://www.dbk.de/fileadmin/redaktion/diverse_downloads/presse_2014/2014-050b-Abschlussbericht-Limburg.pdf (zuletzt aufgerufen am 1.7.2024).

des Kirchenvermögens im Bistum Limburg (KVVG), das Statut des Domkapitels und die Satzung der Verwaltungskammer des Bischöflichen Ordinariats Limburg; zum anderen überdiözesanrechtliche Normen wie c. 1292 § 2 CIC (sog. Romgrenze) und die Nummern 18 und 19 der Partikularnormen der deutschen Bischofskonferenz.

Das bedeutete: Die Frage, ob sich der seinerzeitige Bischof und ggf. weitere Personen einer Untreue gem. § 266 Abs. 1 StGB bzw. der Beihilfe (§ 27 StGB) dazu strafbar gemacht hatten, hätte hinsichtlich aller objektiven Tatbestandsmerkmale (Befugnis über fremdes Vermögen zu verfügen, Verletzung einer Vermögensbetreuungspflicht und Nachteil) der Prüfung, Auslegung und Anwendung kirchenrechtlicher Vorschriften bedurft.[24]

Die Staatsanwaltschaft stieg in eine nähere diesbezügliche Prüfung gar nicht erst ein, sondern erachtete die interne Vermögensverwaltung des Bischöfliche Stuhls, der bei den Baumaßnahmen auf dem Domplatz die Bauherrschaft innehatte und den „Löwenanteil" der Baukosten getragen hatte, als eine „innerkirchliche Angelegenheit", die sich der Beurteilung der Strafjustiz entziehen würde. Dieser Gesichtspunkt würde auch hinsichtlich der Aufhebung des St. Georgswerkes und der Verwendung der hierdurch frei gewordenen Mittel gelten.[25]

Das Ergebnis mag überraschen.[26] Es folgt aber aus dem kirchlichen Selbstbestimmungsrecht in der Auslegung durch das Bundesverfassungsgericht und der Eigentümlichkeit des § 266 StGB.

Zwar zählen die staatlichen Strafgesetze grundsätzlich zu den für alle geltenden Gesetzen, die das Selbstbestimmungsrecht der Religionsgesellschaften beschränken (Art. 137 Abs. 3 S. 1 WRV).[27] Straftaten gegen die körperliche Unversehrtheit oder gegen die sexuelle Selbstbestimmung unterliegen daher auch dann dem staatlichen Strafanspruch, wenn sie innerhalb einer Religionsgemeinschaft begangen werden. In

[24] Die Strafvorschrift des § 266 Abs. 1 StGB lautet: „Wer die ihm durch Gesetz, behördlichen Auftrag oder Rechtsgeschäft eingeräumte Befugnis, über fremdes Vermögen zu verfügen oder einen anderen zu verpflichten, mißbraucht oder die ihm kraft Gesetzes, behördlichen Auftrags, Rechtsgeschäfts oder eines Treueverhältnisses obliegende Pflicht, fremde Vermögensinteressen wahrzunehmen, verletzt und dadurch dem, dessen Vermögensinteressen er zu betreuen hat, Nachteil zufügt, wird mit Freiheitsstrafe bis zu fünf Jahren oder mit Geldstrafe bestraft."

[25] S. Presseinformation v. 2.7.2014.

[26] Ablehnend *Rostalski*, Plädoyer (Fn. 22). Zustimmend im Ergebnis *Christian Waldhoff*, Schwarze Kassen bei der Kirche? Finanzen und Haushalt in der katholischen und in der evangelischen Kirche, KuR 2014, S. 171 ff.; *Robert Gmeiner*, Die Begrenzung des staatlichen Strafanspruchs durch das Kirchenrecht am Beispiel der Untreue, ZIS 2016, S. 19ff.

[27] *Klaus Stern*, Das Staatsrecht der Bundesrepublik Deutschland, Bd. IV/2, 1. Aufl. 2011, § 119 S. 1258; vgl. OLG Köln, NJW 2000, S. 1053.

diesen Fällen werden offensichtlich nicht nur kircheninterne Rechtsgüter verletzt, sondern insbesondere die davon zu trennenden Rechtsgüter der Verletzten. Hier hat der Staat ein eigenes Interesse an der Normbewehrung und ist zum Schutz der Rechtsgüter der Verletzten zur Strafverfolgung verpflichtet.

Diese eindeutigen Fälle dürfen jedoch nicht den Blick darauf verstellen, dass bei staatlichen Strafverfolgungsmaßnahmen, die von der Auslegung und Anwendung kirchlichen Rechts abhängen, wie auch sonst bei staatlichen Maßnahmen, die in die Freiheitsbereiche der Kirchen eingreifen, die vom Bundesverfassungsgericht entwickelte „Wechselwirkung von Kirchenfreiheit und Schrankenzweck" zu beachten ist. Diese leitet sich daraus her, dass Art. 137 Abs. 3 S. 1 WRV „in Rücksicht auf das zwingende Erfordernis friedlichen Zusammenlebens von Staat und Kirchen" sowohl „das selbständige Ordnen und Verwalten der eigenen Angelegenheiten durch die Kirchen" als auch „den staatlichen Schutz anderer für das Gemeinwesen bedeutsamer Rechtsgüter" gewährleistet.[28]

Dementsprechend muss bei Eingriffen in die Kirchenfreiheit stets eine Abwägung der im Einzelfall betroffenen Rechtsgüter erfolgen. Die durch das Strafgesetzbuch geschützten Interessen sind, auch soweit es sich um Gemeinwohlinteressen handelt, nicht schon als solche dazu geeignet, religiöse Selbstbestimmungsrechte einzuschränken. Vielmehr sind sie mit dem Selbstbestimmungsrecht unter Berücksichtigung des Verhältnismäßigkeitsgrundsatzes abzuwägen.[29] Dabei ist dem Selbstverständnis der Kirchen und Religionsgemeinschaften besonderes Gewicht beizumessen.[30]

Abzuwägen ist das Maß der Beeinträchtigung der Selbstbestimmungsinteressen der Religionsgemeinschaft durch einen staatlichen Eingriff gegen das Maß der Gemeinwohlrelevanz des in Rede stehenden Sachverhalts. Je mehr die Selbstverwaltung der Religionsgemeinschaft in ihrem Kernbereich betroffen ist, umso bedeutender und schwerwiegender muss das Gemeinwohlinteresse sein, um einen Eingriff zu rechtfertigen. Ferner ist zu bedenken, dass den Strafverfolgungsbehörden schlicht die Kompetenz fehlt, auf Glaubenssätzen fußendes innerkirchliches Recht anzuwenden.[31] Schließlich ist zu berücksichtigen, inwieweit

[28] BVerfGE 53, 366 (400f.); zu der Abwägungslehre ferner *Peter Unruh,* in: Peter M. Huber/Andreas Voßkuhle (Hrsg.), Grundgesetz Kommentar, Bd. 3, 8. Aufl. 2024, Art. 137 WRV Rn. 42; *Dirk Ehlers,* in: Michael Sachs (Hrsg.), Grundgesetz Kommentar, Art. 137 WRV Rn. 12; *Arnd Uhle,* Staatskirchenrecht, in: Klaus Stern/Helge Sodan/Markus Möstl (Hrsg.), Das Staatsrecht der Bundesrepublik Deutschland im europäischen Staatenverbund, Bd. I, 2. Aufl. 2022, § 29 Rn. 56; sowie *Waldhoff,* Schwarze Kassen (Fn. 26), S. 185 m.w.N.

[29] *Stern,* Staatsrecht, Bd. IV/2 (Fn. 27), S. 1258.

[30] BGH, NJW 2000, S. 1555 (1556).

[31] *Waldhoff,* Schwarze Kassen (Fn. 26), S. 183f.

die jeweilige Religionsgemeinschaft eigene Vorschriften und Mechanismen zur Regelung der eigenen Angelegenheiten vorsieht. Interessen des Gemeinwohls, die den staatlichen Schutz der Belange einer Religionsgemeinschaft erfordern, sind in dem Maße weniger betroffen, in welchem die Religionsgemeinschaft selbst angemessene Regelungen trifft. Dieser Gedanke zeigt sich beispielsweise in expliziten Gesetzesausnahmen (Exemtion) zugunsten der Religionsgemeinschaften (z. B. § 118 Abs. 2 BetrVG).

Die Durchführung des Bauvorhabens am Domberg in Limburg und der damit verbundene Einsatz kirchlichen Vermögens waren rein kircheninterne Angelegenheiten ohne einen dem staatlichen Schutz unterstehenden Gemeinwohlbezug. Es standen ausschließlich mögliche Verstöße kirchlicher Funktionsträger gegen kirchenrechtliche Regeln zu Lasten eines kirchlichen Vermögensträgers in Rede. Der Sachverhalt besaß keine konkrete Gemeinwohlrelevanz.[32]

Infolgedessen wurde der Sachverhalt auch nicht von § 266 StGB erfasst. Die Strafvorschrift schützt grundsätzlich das individuelle Vermögen des Treugebers, Gemeinwohlinteressen nur in besonderen Fällen, z. B. im Falle öffentlicher Gelder. Ein individuelles oder kollektives Vertrauen in die Sicherheit der Güterzuordnung schützt die Vorschrift dagegen nicht, nach ganz herrschender Meinung erst recht nicht die Funktionsfähigkeit der Wirtschaftsordnung als solche.[33] Die Strafvorschrift ist zudem akzessorisch geprägt. Der Vorwurf der Untreue knüpft an einen Verstoß gegen eine Vermögensbetreuungspflicht an. Diese wird in § 266 StGB nicht geregelt, sondern von der Strafnorm vorausgesetzt. Umfang und Grenzen der Vermögensbetreuungspflicht bestimmen sich allein nach dem zugrunde liegenden Rechtsverhältnis. Im Limburger Fall richteten sich die maßgeblichen Rechtsverhältnisse ausschließlich nach kirchlichem Recht.[34] Insbesondere mit deren Auslegung hätten die staatlichen Behörden in das von der Verfassung garantierte Selbstbestimmungsrecht der Kirche zur Ordnung und Verwaltung

[32] Anders z. B. der dem Urt. des OLG Köln, NJW 2000, S. 1053 zugrunde liegende Sachverhalt (unberechtigtes Führen des Titels „Erzbischof"), weil das in Rede stehende Verbot des Titelmissbrauchs unmittelbar dem Schutz „der Allgemeinheit vor dem Auftreten von Personen (dient), die sich durch den nicht ‚verdienten' Gebrauch von Bezeichnungen den Schein besonderer Fähigkeiten und Vertrauenswürdigkeit geben", *Thomas Fischer*, Strafgesetzbuch mit Nebengesetzen, 71. Aufl. 2024, § 132a Rn. 2.

[33] *Fischer*, Strafgesetzbuch (Fn. 32), § 266 Rn. 2; *Urs Kindhäuser*, in: Urs Kindhäuser/Ulfrid Neumann/Hans-Ullrich Paeffgen/Frank Saliger (Hrsg.), Nomos-Kommentar Strafgesetzbuch, § 266 Rn. 1; *Bernd Schünemann*, in: Gabriele Cirener/Henning Radtke/Ruth Rissing-van-Saan/Thomas Rönnau u. a. (Hrsg.), Leipziger Kommentar Strafgesetzbuch, Bd. 14, 13. Aufl. 2022, § 266 Rn. 23.

[34] Anders der dem Urt. BGH, NJW 1983, S. 1807 zugrunde liegende Sachverhalt (zivilrechtlich begründete Treuepflicht).

ihrer Angelegenheiten eingegriffen. Demgegenüber war der weltliche Rechtskreis nicht berührt. Eine mögliche Verletzung kircheninterner Vermögensbetreuungspflichten konnte mithin nicht zum Anlass eines staatsanwaltschaftlichen Ermittlungsverfahrens genommen werden.[35]

Auch das mediale und sonstige öffentliche Interesse[36] begründete naturgemäß keine Gemeinwohlrelevanz. Zwar haben die Vorgänge in Limburg auch zu einer öffentlichen Diskussion über die Funktion und Transparenz kirchlicher Vermögensträger und der katholischen Kirche im Allgemeinen geführt. Anlass war und blieb indes ein rein kircheninterner Vorgang, der keine rechtlich schützenswerten Interessen der Allgemeinheit berührte. Daher war dem Staat ein Eingriff in das Selbstbestimmungsrecht des Bischöflichen Stuhls durch strafrechtliche Ermittlungen verwehrt.

Diesem Ergebnis widerstreitet nicht die staatliche Justizgewährungspflicht (Art. 19 Abs. 4 und Art. 92 GG);[37] denn mangels Gemeinwohlrelevanz kam dem Staat schon nicht die Kompetenz zu, eine Entscheidung in der Sache zu treffen. Gemäß der Abwägungslehre kann nur eine Rechtsposition, die sich materiell gegenüber dem kirchlichen Selbstbestimmungsrecht durchsetzt, auch prozessual durchgesetzt werden.[38] Im Übrigen ist die Religionsgemeinschaft selbst dazu berufen, ihre Angelegenheiten zu ordnen.

VI. Zur besonderen Verantwortung für die Aufklärung interner Regelverstöße

Mit dem weit verstandenen Selbstbestimmungsrecht der Kirchen gerade auch hinsichtlich der Sanktionierung ihrer Amtsträger und sonstigen Mitglieder, soweit es kircheninterne Angelegenheiten betrifft, geht eine besondere Verantwortung für die Aufklärung und ggf. Sanktionierung interner Regelverstöße einher. In der „Causa Limburg" ist eine Aufarbeitung erfolgt, wie der Abschlussbericht vom 14. Februar 2014 belegt. Der seinerzeitige Bischof bot Papst *Franziskus* seinen Amtsverzicht an, den dieser angenommen hat.[39]

35 So im Ergebnis auch *Waldhoff*, Schwarze Kassen (Fn. 26), S. 187: „Beruht der Rechtsverstoß jedoch ausschließlich auf einer lediglich kirchenrechtlich manifesten Verletzung innerkirchlichen Rechts, wäre die Anwendung des Untreuetatbestands ein unzulässiger paternalistischer, kirchliche Autonomie verletzender Übergriff im Sinne eines Schutzes der Kirche vor sich selbst."

36 Nachweise bei *Waldhoff*, Schwarze Kassen (Fn. 26), S. 171 mit Fn. 4.

37 In diese Richtung wohl *Rostalski*, Plädoyer (Fn. 22), S. 23.

38 *Stefan Magen* in: Dieter C. Umbach/ Thomas Clemens (Hrsg.), Grundgesetz Mitarbeiterkommentar und Handbuch, Bd. II, 2002, Art. 140 Rn. 81; vgl. auch *Unruh*, in: Huber/Voßkuhle (Fn. 28), Art. 137 WRV Rn. 123f.

39 S. dazu c. 401 § 2 CIC/1983.

Generell werden die Kirchen ihre verfassungsrechtliche „Sonderstellung“[40] auf Dauer nur behaupten können, wenn nicht zuletzt sie selbst mit ihren eigenen Mitteln die Integrität ihrer Verantwortlichen sicherstellen. Es darf nicht der Eindruck eines rechtsfreien Raumes entstehen, in dem Normverstöße ungeahndet bleiben. Das gilt insbesondere für Verfehlungen, durch welche Personen in Mitleidenschaft geraten. Der enorme Ansehensverlust, den die Kirchen in der Öffentlichkeit infolge der Missbrauchsskandale erlitten haben, dürfte auch darauf zurückzuführen sein, dass sie selbst zur Sanktionierung von Tätern (zu) wenig beigetragen haben; sei es, dass Anzeigen bei den stattlichen Strafverfolgungsbehörden verhindert wurden, sei es, dass die Täter nicht (ausreichend) innerkirchlich zur Verantwortung gezogen wurden. Hierbei wird ein Interesse an Vertuschungen eine Rolle gespielt haben, aber auch ein (zu) weitgehendes Verständnis für die Täter und ein (zu) geringes oder sogar fehlendes Verständnis für die Belange der Verletzten – beides Mängel, die, was die katholische Kirche betrifft, in gewisser Weise im kanonischen Strafrecht selbst angelegt sind, in seiner ausgeprägten Täterorientierung und einer ggf., wie *Klaus Mertes* sagt, „verhängnisvollen Milde“.[41]

Nicht ohne Grund hat Papst *Franziskus* in der Apostolischen Konstitution *Pascite gregem Dei* die Notwendigkeit der Strafen von Seiten der Hirten und Oberen angemahnt.[42] Das Unverständnis für den engen Zusammenhang, der in der Kirche zwischen der Ausübung der Liebe und der Umsetzung der Strafdisziplin bestehe, hätte in der Vergangenheit viel Schaden angerichtet. Kirchliche Strafe habe auch eine Funktion der Wiedergutmachung und einer heilsamen Medizin und sei vor allem auf das Wohl der Gläubigen gerichtet – „poena canonica habet quoque functionem reparationis ac salutaris medicinae et praesertim quaerit ipsius fidelis bonum“.

40 BVerfGK 14, 485 (487).
41 *Mertes*, Verhältnis (Fn. 18), S. 2.
42 In: Graulich/Hallermann, Das neue kirchliche Strafrecht (Fn. 7), S. 52ff.

Leitsätze
zum Vortrag von Prof. Dr. phil. Dr. iur. Alexander Ignor:

„Das Verhältnis von kirchlichem und staatlichem Strafrecht“

1. Das kirchliche Strafrecht hat im Verlauf der abendländischen Geschichte seit dem Mittelalter einen großen, bis heute nicht ganz erforschten Einfluss auf die Entwicklung des weltlichen bzw. staatlichen Strafrechts ausgeübt.
2. Das Strafrecht der katholischen Kirche ist in dem im Jahre 2021 erneuerten Text des Liber VI des CIC geregelt (*De sanctionibus poenalibus in ecclesia*). Hierbei handelt es sich nicht nur um ein Disziplinarrecht. Das deutsche Strafrecht und die im Liber VI des CIC geregelten kirchlichen Rechtsnormen weisen Parallelen, aber auch deutliche Unterschiede auf.
3. Ausdrückliche Regelungen zu der Frage, ob und ggf. inwieweit das in c. 1311 § 1 statuierte „angeborene und eigene Recht der Kirche“, „Gläubige, die Straftaten begangen haben, durch Strafmittel zurechtzuweisen (ius [...] christifideles poenalibus sanctionibus coercendi)“, neben staatlicher Strafverfolgung zur Anwendung kommt, sind im Liber VI nicht ersichtlich.
4. Die allgemeine Norm des c. 1399 legt nahe, dass das im CIC normierte Strafrecht ausschließlich nach Maßgabe göttlicher Gebote und kirchlicher Rechtsvorschriften („leges divinae vel canonicae“) und völlig unabhängig von staatlicher Strafverfolgung Anwendung finden soll: „Außer den Fällen, die in diesem oder in anderen Gesetzen geregelt sind, kann die äußere Verletzung eines göttlichen oder eines kanonischen Gesetzes nur dann mit einer gerechten Strafe belegt werden, wenn die besondere Schwere der Rechtsverletzung eine besondere Bestrafung erfordert und die Notwendigkeit drängt, Ärgernissen zuvorzukommen oder sie zu beheben.“
5. In der Praxis der staatlichen Strafverfolgung in Deutschland kann sich die Frage nach dem Verhältnis von kirchlichem und staatlichem Strafrecht mit Blick auf das in Art. 140 GG i. V. m. Art. 137 Abs. 3 WRV verankerte Selbstbestimmungsrecht der Religionsgesellschaften stellen („Jede Religionsgesellschaft ordnet und verwaltet ihre Angelegenheiten selbständig innerhalb der Schranken des für alle geltenden Gesetzes“). Das Selbstbestimmungsrecht der Religionsgesellschaften/Kirchen korrespondiert mit der individuellen und kollektiven Glaubens- und Weltanschauungsfreiheit des Art. 4 GG. Beide Rechte

entstammen einem für die Staatsgewalt unantastbaren Freiheitsbereich und leiten ihre Gewalt nicht vom Staat her.[1]

6. Zu dem verfassungsrechtlich geregelten Autonomiebereich der Religionsgesellschaften/Kirchen gehören die innere Organisation, das kirchliche Finanzwesen und die Vermögensverwaltung sowie eine eigene, den staatlichen Rechtsschutz verdrängende Gerichtsbarkeit.[2]
7. Das Selbstbestimmungsrecht der Religionsgesellschaften wird beschränkt durch das „für alle geltende Gesetz". Die Frage, was darunter zu verstehen ist, wurde in der Vergangenheit unterschiedlich beantwortet. Heutzutage wird hauptsächlich eine Wechselwirkungs- bzw. Abwägungslehre vertreten. Danach besteht eine „Wechselwirkung von Kirchenfreiheit und Schrankenzweck", dem „durch entsprechende Güterabwägung Rechnung zu tragen ist".[3] Abzuwägen ist hierbei das Maß der Beeinträchtigung der Selbstbestimmungsinteressen der Religionsgesellschaften/Kirchen durch einen staatlichen Eingriff gegen das Maß der Gemeinwohlrelevanz des in Rede stehenden Sachverhalts.
8. Zwar werden die staatlichen Strafgesetze in der Regel zu den für alle geltenden Gesetzen gezählt, sodass sie das Selbstbestimmungsrecht der Religionsgesellschaften/Kirchen begrenzen und grundsätzlich auch im kirchlichen Bereich Anwendung finden. Ausnahmen bestehen aber in Bezug auf Sachverhalte, die ausschließlich die eigenen Angelegenheiten der Religionsgesellschaften/Kirchen betreffen, keine Gemeinwohlrelevanz aufweisen und originär durch Vorschriften der Religionsgesellschaften/Kirchen geregelt sind. Insoweit besteht ein „Befassungsverbot" staatlicher Behörden und Gerichte, d.h. ein Prozesshindernis, das es staatlichen Gerichten versagt, sich mit solchen Sachverhalten zu befassen und sie nach staatlichem Recht und/oder kirchlichem Recht zu bewerten. Das Befassungsverbot erstreckt sich auch auf eine mögliche Strafverfolgung, soweit diese solcherart eigene Angelegenheiten der Religionsgesellschaften/Kirchen beträfe.
9. In diesen Ausnahmefällen ist es allein Sache der Religionsgesellschaften/Kirchen, zu prüfen, ob eine Verletzung ihrer Rechtsvorschriften besteht, die ein Sanktionsbedürfnis auslöst.
10. Mit dem Befassungsverbot geht eine besondere Verantwortung der Religionsgesellschaften/Kirchen für die Aufklärung interner Regelverstöße einher. Das Selbstbestimmungsrecht des Art. 137 Abs. 3 WRV und die damit verbundene verfassungsrechtliche „Sonderstel-

[1] BVerfGE 42, 312 (332).
[2] Vgl. BVerfG, NVwZ 1989, S. 452.
[3] BVerfGE 53, 366 (401).

lung" der Religionsgesellschaften/Kirchen[4] begründet nicht nur Rechte, sondern auch Pflichten. Einen rechtsfreien Raum schafft die Verfassungsgarantie des kirchlichen Selbstbestimmungsrechts nicht.[5]

4 BVerfGK 14, 485 (487).
5 BVerfGK 14, 485 (486).

Prof. Dr. iur. Dr. h. c. Martin Heger

Religiös motivierter ziviler Ungehorsam und staatliches Strafrecht

I. Zum Thema

Vorliegend geht es um die Strafbarkeit – gemessen in einem säkularen Staat wie der Bundesrepublik Deutschland allein an deren staatlichen Kriminalgesetzen (und eben nicht nach Kirchenrecht) – von religiös motiviertem Verhalten. Das dem Täter als Straftat zugerechnete Tun oder Unterlassen muss mithin für diesen – nicht unbedingt auch aus einer allgemeinen oder objektiven Sichtweise – durch seine religiösen Überzeugungen motiviert sein. Das heißt allerdings noch nicht, dass ihm eben aufgrund seines Glaubens und damit seines Gewissens ein Andershandeln unmöglich wäre.

1. Gewissens- vs. Überzeugungstäter?

Darin steckt neben der erwähnten Subjektivierung auch eine weitere Weiterung, denn anders als bei der Diskussion um sog. Gewissenstäter, die letztlich vor ihrem Gewissen vor allem aufgrund für sie zwingend empfundener religiöser Vorstellungen das aus ihrer Warte nach staatlichem Recht strafbare Verhalten gleichsam ausführen müssen,[1] sollen auch solche Personengruppen in den Blick genommen werden, die sich zwar aufgrund religiöser Vorstellungen zum – illegalen, kriminali-

[1] Zu deren strafrechtlicher „Behandlung“ vgl. nur *Kristian Kühl*, Strafrecht. Allgemeiner Teil, 8. Aufl. 2017, § 12 Rn. 109ff.

sierten – Handeln aufgerufen fühlen, bei dessen Unterlassen aber eben noch nicht konkret um ihr himmlisches Seelenheil fürchten.

In den Kategorien der strafrechtlichen Diskussion seit den 1970er Jahren handelte es sich bei ihnen daher um bloße Überzeugungstäter, welche – eben aufgrund ihrer religiösen Überzeugung – in diesem Sinne nur das an den Tag gelegte Handeln für richtig halten und dessen Unterlassen mithin für einen nicht wiedergutzumachenden Fehler![2] Bleiben sie gleichwohl – und sei es aus Angst vor weltlicher Strafe – untätig, begehen sie aus ihrer religiösen Sicht zwar einen Fehler, aber eben keine „Todsünde". Diese Kategorie des Überzeugungstäters war über Jahrzehnte primär mit einer politischen Motivation verbunden. Daraus folgte dann eine Parallelisierung des religiösen Gewissenstäters, bei dem angesichts des für ihn als unüberwindlich empfundenen Gewissenszwangs jedenfalls über ein Absehen von Strafe oder eine Strafmilderung diskutiert worden ist, mit dem politischen Überzeugungstäter, der etwa politisch Andersdenkende durch Attentate aus dem Weg zu schaffen trachtete und für den ein irgendwie gearteter Verzicht auf die staatliche Kriminalstrafe und nicht einmal deren Milderung auch nur in Betracht zu ziehen sein sollte; einzige Ausnahme war und ist die in Anlehnung an den Widerstand gegen den Kapp-Putsch 1920 geschaffene Rechtfertigungsnorm der Art. 20 Abs. 4 GG, wonach bei Umsturzversuchen alle Deutschen das Recht zum Widerstand haben.[3] Dieses Widerstandsrecht – so stellt es ein Papier des Wissenschaftlichen Dienstes des Bundestages 2013 knapp fest – rechtfertigt keinen individuellen zivilen Ungehorsam.[4] Ansonsten war und ist der hinter politisch motivierten Straftaten stehende Wille, die demokratische Ordnung des Staates auf kriminellem Wege zu beseitigen, ein guter Grund zur Schärfung der dafür tat- und schuldangemessenen Strafe.

2. Ziviler Ungehorsam

Immer wieder – und losgelöst von einer religiösen Motivation – wird darüber diskutiert, ob ziviler Ungehorsam als Rechtfertigungs- oder zumindest Entschuldigungsgrund im staatlichen Strafrecht einer Straf-

2 *Kühl*, Strafrecht (Fn. 1), § 12 Rn. 118. – Ausf. *Udo Ebert*, Der Überzeugungstäter in der neueren Rechtsentwicklung. Zugleich ein Versuch zu seiner Beurteilung de lege lata, 1975.

3 Dazu als Rechtfertigungsgrund näher *Kühl*, Strafrecht (Fn. 1), § 9 Rn. 93ff.

4 „Das Widerstandsrecht reagiert nicht auf einzelne Rechtsverstöße, für die ohnehin Abhilfe besteht." Daher decke es auch nicht den zivilen Ungehorsam, der sich gegen einzelne Handlungen oder Einrichtungen richte, die als „rechtswidrig, unmoralisch gefährlich" empfunden würden – die Abschiebung eines Ausländers etwa, ein Verkehrsprojekt oder der Transport von Nuklearmaterial.", abrufbar unter: https://www.bundestag.de/webarchiv/textarchiv/2013/47878421_kw50_grundgesetz_20-214054 (zuletzt aufgerufen am 1.7.2024).

barkeit des Ungehorsamstäters entgegenstehen kann.[5] Das ist eigentlich widersprüchlich, denn für die Figur zivilen Ungehorsams als Ausdruck eines Widerstands gegen eine staatliche Entscheidung ist es eben wesenstypisch, dass nicht bloß ein anrüchiges, windiges, amoralisches oder illegitimes Verhalten an den Tag gelegt wird, sondern ganz im Gegenteil bewusst – aus einer gerade ethisch-moralisch möglicherweise nicht zu beanstandenden Motivation heraus – öffentlichkeitswirksam die Grenzen des Strafbaren überschritten werden. Damit ist aber eben prima facie auch schon gesagt, dass solches Verhalten im Regelfall gerade nicht nicht strafbar sein kann.

Nicht als ziviler Ungehorsam in diesem Sinne anzusehen sind daher Verhaltensweisen, die zwar möglicherweise „anecken", dies aber gerade nicht in einer strafrechtlich relevanten Weise. Wer etwa wie früher bei den Sitzblockaden durch das vor dem Tor Sitzenbleiben „nur" einen Panzer an der Einfahrt in sein Depot hindert, ist nach der Rechtsprechung seit Mitte der 1990er Jahre nicht (mehr) wegen Nötigung strafbar;[6] daher möchte ich ein solches, kriminalrechtlich irrelevantes Verhalten hier aus dem Bereich des zivilen Ungehorsams ausklammern. Soll dagegen auf der Autobahn eine Kolonne von Fahrzeugen durch das Davorsitzen blockiert werden, ist dies nach der – zwar umstrittenen, aber vom Bundesverfassungsgericht in der Sache bestätigten[7] – Zweite-Reihe-Rechtsprechung des Bundesgerichtshofes[8] unverändert als Nötigung i. S. von § 240 StGB strafbar; solches Tun wäre daher im hiesigen Sinne ziviler Ungehorsam.[9]

Neben der Illegalität des Handelns spielt als ziviler Ungehorsam letztlich auch dessen Sichtbarkeit in der Öffentlichkeit eine nicht unerhebliche Rolle. Gänzlich klandestine Rechtsbrüche, bei denen der Rechtsbruch möglichst niemandem offenbar werden soll, mögen eine individuelle Auflehnung gegen für illegitim erachtete, aber gesetzmäßige staatliche oder auch private Verbote darstellen; zum zivilen Ungehorsam werden solche Akte erst, wenn sie den Rechtsbruch ostentativ werden lassen. Das kann dann auch in der bewussten Inkaufnahme von Strafverfahren enden, muss es aber nicht; deshalb könnte ziviler Ungehorsam auch in einer Weise – etwa maskiert – vorgetragen werden, die eine Strafverfolgung individuell Beteiligter ausschließt oder zumindest erschwert.

Schließlich geht es nicht darum, dass ein bewusster Gesetzesverstoß in einer Weise inszeniert wird, dass die Verfassungswidrigkeit des zugrunde liegenden Gesetzes in einem Strafverfahren gleichsam jus-

[5] Näher dazu *Kühl*, Strafrecht (Fn. 1), § 9 Rn. 108 ff.

[6] Dazu BVerfGE 92, 1.

[7] Erstmals angedeutet in BVerfGE 104, 92 (101 f.); dann dezidiert BVerfG, NJW 2011, S. 3020.

[8] Seit BGHSt 41, 182 (187); 41, 231 (241).

[9] Aktuell zu den Klebeaktionen der „Letzten Generation" KG, NJW 2023, S. 2792.

tiziell diskutiert werden soll. So handelt es sich m. E. nicht um einen Fall von zivilem Ungehorsam, wenn ein Journalist in Kenntnis des strafbewehrten Verbots in § 353b StGB wörtlich aus einer Anklageschrift zitiert, um wegen dieses Tuns seinerseits angeklagt zu werden und in letzter Instanz vor Bundesgerichtshof und/oder Bundesverfassungsgericht gesagt bekommen zu können, die Norm verstoße gegen die Pressefreiheit.[10] In Anlehnung an die Figur der strategischen Prozessführung *(strategic litigation)* mag man hier von strategischer Straftatbegehung sprechen.

II. Fallgruppen

1. Seelsorgerisches Handeln *contra legem*?

Am nächsten an eine zwingende religiöse Pflicht heran kommen Fälle, in welchen sich jemand etwa aufgrund aus religiöser Sicht zwingender seelsorgerischer Aufgaben bewusst gegen strafbewehrte gesetzliche Regelungen stellt. Als Beispiel ist mir ein Fall aus meinem Referendariat Mitte der 1990er Jahre erinnerlich, in welchem ich als Sitzungsvertreter der Staatsanwaltschaft Tübingen die Anklage gegen einen Asylbewerber zu vertreten hatte, der entgegen dem damaligen strafbewehrten Lokalisierungsgebot die Grenzen des ihm zum Leben zugewiesenen Landkreises übertreten hatte und in einem Flüchtlingsheim im Nachbarlandkreis aufgegriffen worden war. Auf dem Weg zu der Verhandlung dachte ich noch, dass ich selbst nicht immer genau die Landkreisgrenzen kennen würde. Im Gericht ging es dann aber gar nicht um daraus resultierende Irrtümer und welcher Art diese innerhalb der Strafrechtsdogmatik wären – vielmehr verwies der Angeklagte darauf, dass er ein Geistlicher seiner Religionsgemeinschaft sei und als der räumlich nächste zu einem im Sterben liegenden Asylbewerber im Nachbarkreis gerufen worden sei, um diesem so etwas wie die Sterbesakramente zu geben. Ich weiß nicht mehr, um welche Religionsgemeinschaft es gegangen war, doch spielt dies auch schon angesichts der insoweit gebotenen Neutralität des Staates bei der Strafdurchsetzung[11] keine Rolle. Nach dieser für alle Verfahrensbeteiligten außer dem Angeklagten völlig neuen Mitteilung schlug der Richter eine Einstellung gem. § 153 StPO vor, so dass wir gar nicht darüber sinnieren mussten, welche Konsequenzen von Rechts wegen zu ziehen gewesen

[10] Vgl. https://www.lto.de/recht/hintergruende/h/anklage-arne-semsrott-frag-den-staat-berlin-staatsanwaltschaft-353-stgb-pressefreiheit/ (zuletzt aufgerufen am 1.7.2024).

[11] Dazu *Bijan Fateh-Moghadam*, Die religiös-weltanschauliche Neutralität des Strafrechts. Zur strafrechtlichen Beobachtung religiöser Pluralität, 2019 mit Bspr. *Martin Heger*, ZevKR 2021, S. 324 ff.

wären. War der Angeklagte zu seinem Tun etwa durch die Religionsfreiheit aus Art. 4 Abs. 1 GG gerechtfertigt, war er in Ansehung derselben angesichts der für ihn trotz Nichterfüllung der Voraussetzungen von § 35 StGB zumindest notstandsähnlichen Lage wenigstens entschuldigt?[12] Mangels Schuldspruchs konnte das alles dahinstehen. Theoretisch wäre dem Angeklagten zwar möglich gewesen, um einen Dispens von der Kreisbindung nachzusuchen, doch wäre eine Entscheidung darüber mangels Offenseins der Verwaltung jedenfalls noch in dieser Nacht und damit vor dem mutmaßlichen Ableben des Glaubensbruders nicht möglich gewesen. Mithin beging er den Akt des Ungehorsams gegenüber dem Gesetz – freilich nicht in einer ostentativ rechtsbrecherischen Weise.

2. Kirchenasyl – *praeter legem*?

Das Institut eines den solches gewährenden Geistlichen und seine Helfer straflos machenden Kirchenasyls gibt es bereits seit der Antike.[13] Der vormoderne Staat war nicht säkular. Dementsprechend standen das weltliche und das kirchliche Recht nebeneinander, wobei letzteres für ersteres durchaus tonangebend sein konnte. So folgte etwa bis zur Königswahl von *Karl V.* im Jahr 1519 auf den Kirchenbann ohne weiteres die Reichsacht. Umgekehrt konnte die Kirche für ihre Bezirke auch innerhalb territorialer Staaten eigenes Recht setzen und durchsetzen; und die Mitglieder der zunehmend ghettoisierten jüdischen Gemeinden konnten ihrerseits grundsätzlich nach ihrem – dem jüdischen – Recht leben.[14]

Mit dem Wandel von einem personalen zu einem territorialen Rechtsverständnis[15] und naturgemäß in einem säkularen Staat ist eine Anbindung staatlichen Rechts an kirchliche Entscheidungen natürlich fragwürdig geworden, weil ein außerhalb der rechtlichen Ordnung des Staates und damit auch seiner Strafgewalt gedachter kirchlicher Rechtskreis nicht unproblematisch ist. Das gilt erst recht, wenn sich dieser nicht auf die althergebrachten und Großkirchen bezieht, sondern

12 Hierzu näher *Kühl*, Strafrecht (Fn. 1), § 12 Rn. 109 ff.

13 Dazu ausführlich *Christian Traulsen*, Das sakrale Asyl in der Alten Welt. Zur Schutzfunktion des Heiligen von König Salomo bis zum Codex Theodosianus, 2004.

14 Näher zum jüdischen Strafrecht in Mittelalter und früher Neuzeit *Hendrik Pekárek*, Verbrechen und Strafe in der jüdischen Rechtstradition, 2021, S. 322 ff.

15 Dazu *Martin Heger*, Der Wandel von einem personalen zu einem territorialen Rechtsverständnis in Mittelalter und früher Neuzeit, in: Liliana R. Feierstein/Daniel Weidner (Hrsg.), Diaspora and Law. Culture, Religion, and Jurisprudence beyond Sovereignty, 2023, S. 195 ff. m. w. N.; *Florian Jeßberger*, Der transnationale Geltungsbereich des deutschen Strafrechts. Grundlagen und Grenzen der Geltung des deutschen Strafrechts für Taten mit Auslandsberührung, 2011, S. 42 mit Fn. 5.

angesichts des Gebots wohlwollender Neutralität des Staates in Glaubensdingen[16] jedwede religiöse Gemeinschaft umfassen müsste, auch wenn dort vor allem religiöse Fundamentalisten mit Terroristen konspirieren.

Allein aufgrund der Entscheidung einer Kirchengemeinde oder auch einer überörtlichen Einheit wie einem Bistum oder eine Landeskirche lässt sich zwar im faktischen Sinne Kirchenasyl gewähren, indem man dem Asylsuchenden die Türen öffnet, ihn einlässt und nicht vom Hausrecht zu seinen Ungunsten Gebrauch macht. Dies lässt sich auch religiös begründen mit Geboten wie der Nächstenliebe oder Hilfe für Schwächere bzw. Hilfsbedürftige. Allein, aus der Erfüllung solcher religiös begründeten ethischen Pflichten für einen durch seinen Glauben daran Gebundenen (wie etwa einen Pfarrer oder Mitglieder einer Gemeinde) lässt sich im Regelfall weder eine Pflicht aus staatlichem Recht zu solchem Tun herleiten noch – wenigstens – eine Sanktions- bzw. Straffreistellung für das Gemeindemitglied. Daher besteht auch kein prinzipielles Abwehrrecht gegenüber staatlichen Eingriffen, indem etwa der Zugriff der Strafverfolgungsbehörden auf eine im Kirchenasyl lebende Person aufgrund eines Haftbefehls z.B. mit Gewalt vereitelt wird. Aber selbst die Gewährung bloßen Kirchenasyls ist lange Zeit von der Strafjustiz als Beihilfe zum unerlaubten Aufenthalt i.S. von § 95 Abs. 1 Nr. 2 AuslG, § 27 StGB gewertet und entsprechend verfolgt bzw. bestraft worden.

Eine Ausnahme mag man bereits auf Grundlage des geltenden staatlichen Rechts anerkennen müssen, wenn eine in der Kirche Zuflucht suchende Person dadurch unmittelbarer Angriffe vor der Kirche zu entgehen sucht. Wer durch Gewährung des Einlasses Leib und Leben schützt, ist durch Notstand gerechtfertigt (§ 34 StGB).[17] Wird gebotene und zumutbare Hilfe in einem Unglücksfall durch einen Pfarrer etc. verweigert, kann diesem sogar eine Strafbarkeit wegen unterlassener Hilfeleistung drohen; in der Strafnorm des § 323c Abs. 1 StGB ist ja in heutiger Strafrechtsdoktrin aufgrund eines Mindestmaßes an Solidarität[18] geradezu in Anknüpfung an das in der christlichen Reli-

16 Zu den strafrechtlichen Konsequenzen daraus näher *Fateh-Moghadam*, Neutralität (Fn. 11).

17 Einen Vergleich von Rechtfertigung und Gerechtigkeit in juristischer und theologischer Lehre unternimmt *Udo Ebert*, Rechtfertigung und Gerechtigkeit. Versuch eines Vergleichs zwischen theologischer und juristischer Lehre, in: Kristian Kühl/Gerhard Seher (Hrsg.), Rom, Recht, Religion. Symposion für Udo Ebert zum siebzigsten Geburtstag, 2011, S. 549ff.

18 *Martin Heger*, in: Karl Lackner/Kristian Kühl/Martin Heger (Hrsg.), Strafgesetzbuch Kommentar, 30. Aufl. 2023, § 323c Rn. 1; näher *Kristian Kühl*, Zur Anwendung des Solidaritätsbegriffs auf die unterlassene Hilfeleistung nach § 323c StGB, in: Andreas v. Hirsch/Ulfrid Neumann/Kurt Seelmann (Hrsg.),

gion wurzelnde Gleichnis vom barmherzigen Samariter die Verwehrung des Minimums ethisch, primär noch nicht rechtlich gebotener Hilfe ihrerseits strafbewehrt. Dies ist keine Selbstverständlichkeit; in den USA kennen nur ganz wenige Bundesstaaten in ihren Strafrechtsordnungen Tatbestände wie § 323c Abs. 1 StGB, die dort üblicherweise in unmittelbarer Anknüpfung an ihre religiöse Herkunft als „Good-Samaritan-Law" bezeichnet werden. Die meisten Bundesstaaten sehen in der Strafbewehrung der Verweigerung einer rechtlich nicht gebotenen Hilfe eben wegen deren bloß religiöser oder ethischer Verankerung ein unzulässiges Strafgesetz. In Deutschland ist die Vorgängernorm als § 330c StGB auch erst in der NS-Zeit als Ausdruck des in der NS-Strafrechtslehre favorisierten Pflichtenstrafrechts in das StGB aufgenommen worden,[19] weshalb in der frühen Bundesrepublik überlegt worden ist, ob es sich bei dieser Strafnorm um typisch nationalsozialistisches und damit nicht mehr anwendbares Strafrecht handelt; der Bundesgerichtshof hat dies verneint,[20] eben weil ein Minimum an Solidarität auch in einer freiheitlichen Gesellschaft jedem einzelnen dazu Fähigen abverlangt und dessen Untätigbleiben folglich sanktioniert werden dürfe.

Nach diesen Präliminarien bleiben freilich die „harten Fälle", in denen eine Rechtspflicht zum Handeln oder gar eine Strafbarkeit des Nichthandelns nicht vorliegen, eine Gemeinde sich aber gleichwohl entschließt, einem regelmäßig als solchen seitens der staatlichen Stellen – zumindest zuerst – final abgelehnten und deshalb von Abschiebung bedrohten Asylbewerber auf regelmäßig unbestimmte Zeit ihre Pforten zu öffnen und für ihn zu sorgen. Es geht den Verantwortlichen in der Gemeinde dabei regelmäßig darum, aufgrund ihres Glaubens und der daraus abzuleitenden religiös fundierten ethischen Hilfspflicht dem Hilfsbedürftigen die von diesem erbetene Hilfe zu gewähren bzw. nicht zu verweigern – und zwar in Kenntnis dessen, dass diese Person kein fortdauerndes Aufenthaltsrecht im Inland hat und deshalb eigentlich von Rechts wegen zur Ausreise verpflichtet ist. Glauben sich die Gemeindemitglieder in Kenntnis der tatsächlichen Sachlage auch rechtlich zu ihrem Handeln verpflichtet oder jedenfalls berechtigt, handeln sie in einem Rechts- bzw. Verbotsirrtum (§ 17 StGB), der nur bei Unvermeidbarkeit die Schuld und damit eine Strafe ausschließen kann. Das gilt auch für Situationen, in denen sich die Gemeinde recht-

Solidarität im Strafrecht. Zur Funktion und Legitimation strafrechtlicher Solidaritätspflichten, 2013, S. 93ff.

19 Zur Geschichte *Kirsten Gieseler*, Unterlassene Hilfeleistung – § 323c StGB. Reformdiskussion und Gesetzgebung seit 1870, 1999 mit kritischer Bspr. *Detlev Sternberg-Lieben*, GA 2001, S. 188ff.

20 BGHSt 1, 266; dazu *Wilhelm Gallas*, Zur Revision des § 330c StGB, JZ 1952, S. 396ff.

lich auf das Grundgesetz beruft; dieses wäre zwar natürlich als oberste Rechtsquelle gegenüber einer Strafnorm vorrangig, doch ergeben sich aus dem Grundrecht auf Asyl in Art. 16a GG zumindest heutzutage auch detailliert dessen Einschränkungen.[21] Wenn man sich mithin auf „das Grundgesetz" beruft, erfasst dies nicht bloß das Asylrecht für politisch Verfolgte in Art. 16a Abs. 1 GG, sondern gleichermaßen dessen inhaltliche und verfahrensmäßige Grenzen, die typischerweise formaliter seitens des Staates vor Beginn des Kirchenasyls ja eingehalten sind.

Eine Hilfsrechtfertigung ist hingegen in den letzten Jahren häufig bemüht worden: Unterstützer von Kirchenasyl verweisen immer wieder darauf, dass es dessen bedürfe, um ein neues staatliches Verfahren und dabei etwa auch durch eine bessere Vorbereitung und Hilfestellungen für den Betroffenen ein anderes Ergebnis – sprich: eine Anerkennung als Asylberechtigter oder zumindest keine Abschiebung – zu erreichen. So gesehen würde es sich beim Kirchenasyl um die Ermöglichung oder Erleichterung eines außerordentlichen, in der Rechtsordnung nicht vorgesehen Rechtsmittels gegen den vorherigen Bescheid handeln. Eine solche Erweiterung der Rechtshilfemöglichkeiten hat insoweit durchaus mit dem Gedanken zivilen Ungehorsams zu tun, als sich die mit dieser Tendenz das Kirchenasyl Gewährenden letztlich um eine vom staatlichen Recht gerade nicht vorgesehene Verbesserung bei dessen Rechtsschutzmöglichkeiten bemühen. Das Kirchenasyl dient so der Verlängerung des staatlichen Asylverfahrens *praeter legem*, damit aber genau genommen auch einer inhaltlichen Verbesserung von dessen Endergebnis, d. h. der Entscheidung über den Asylantrag vor dem Hintergrund des anzuwendenden staatlichen Rechts. Der Ungehorsam der Gemeinde dient hier gerade nicht der Ersetzung einer staatlich-rechtlich fundierten Entscheidung durch eine religiös fundierte; vielmehr geht es um eine extralegale Beihilfe zur Verbesserung bzw. Korrektur einer fehlerhaften staatlichen Entscheidung. Die Konsequenz eines solchen Ansatzes zeigt sich am Ende: Führt auch das erneute staatliche Verfahren nicht zu einer Veränderung des Bescheids, müssten dies die Gemeindeverantwortlichen – ginge es ihnen tatsächlich allein um die Ermöglichung erneuten Rechtsschutzes – akzeptieren, denn sie haben dann ja das Ziel einer optimalen rechtsförmigen Entscheidung erlangt. Ihr ziviler Ungehorsam in Form der Nichtakzeptanz einer ersten, aus ihrer Sicht falschen Bescheidung des Asylantrags wäre damit seiner Natur nach temporär, auflösend bedingt durch eine erneute und inhaltlich erneuerte Entscheidung anhand der gleichen Maßstäbe des staatlichen (Asyl-)Rechts wie zuvor.

[21] Die zugrunde liegende Verfassungsänderung von 1993 verstößt nicht gegen Art. 79 Abs. 3 GG; deshalb handelt es sich nach BVerfGE 94, 49 nicht um verfassungswidriges Verfassungsrecht.

Darüber hinaus gehen Gemeindemitglieder, die aufgrund ihres Glaubens letztlich eine Person auch dann vor Abschiebung schützen wollen, wenn selbst ein neues und optimiertes Verfahren dazu führen sollte, dass an der bisherigen Ablehnung des Asylantrags festgehalten wird. Hier geht es mithin nicht mehr nur um die Erzwingung einer verbesserten rechtlichen Überprüfung, sondern um eine glaubensfundierte Loslösung vom Ergebnis einer rechtstaatlichen Entscheidung. Diese ist nach der Natur ihrer Sache nicht auf das Ende eines neuen Verfahrens auflösend bedingt, sondern stellt die eigenen Glaubensentscheidung der Verhinderung etwa einer Abschiebung über die – und sei es erneute – Entscheidung des Staates. Zumindest theoretisch ist ein solcherart begründetes Kirchenasyl nicht temporär, sondern unbegrenzt. In der faktischen Aussetzung einer vollziehbaren rechtsstaatlichen Entscheidung offenbart sich ein Nichtmehrgebundenseinwollen an die staatliche Autorität und deren Ablösung etwa durch Gehorsam allein gegenüber religiösen Geboten. Da den religiösen Geboten zumindest im säkularen Staat aber grundsätzlich kein Vorrang gegenüber der staatlichen Normierung zukommen kann, könnte einer Strafbewehrung nicht allein die dagegenstehende religiöse Pflicht entgegengehalten werden.

Ziviler Ungehorsam hat – wie gesagt – über die schlichte Nichterfüllung einer Rechtspflicht hinaus immer auch eine ostentative Komponente: Zwar soll Kirchenasyl nach den Verlautbarungen der Arbeitsgemeinschaft nur im Ausnahmefall öffentlich gemacht werden; allerdings genügt für die erforderliche Außenwirkung eben schon, wenn – wie regelmäßig – die Gemeinde dem Staat anzeigt, dass und welchen Personen sie Kirchenasyl gewährt hat. Da dieses als solches eben nicht im Sinne staatlichen Rechts gerechtfertigt ist, verdeutlicht sie damit, dass sie sich wegen übergeordneter, möglicherweise für zwingend gehaltener Wertvorstellungen gegen die verbindlichen staatlichen Asylentscheidungen stellen will. Das gilt natürlich erst recht, wenn die Gemeinde – ohne Nennung des Einzelfalls – sich für solche Fälle auch entgegen staatlichem Recht generell zur Gewährung von Kirchenasyl bereit erklärt.

In den letzten Jahren hat die Strafjustiz freilich durch ein restriktiveres Verständnis der Beihilfe-Strafbarkeit zu § 95 AuslG viele Fälle aus dogmatischen Gründen entkriminalisiert, etwa indem im Beherbergen des Asylbewerbers eine aus strafrechtlicher Warte neutrale Handlung und damit eine im Regelfall straflose „neutrale Beihilfe“ gesehen wird.[22] Im Ergebnis ebenfalls zur Straflosigkeit gelangt man, wenn man

[22] Vgl. etwa LG Bad Kreuznach, Beschluss vom 5.4.2019 – 2 Qs 42/19, auszugsweise abrufbar unter https://www.asyl.net/rsdb/M27335 mit folgenden red. Leitsätzen: „1. Beherbergt ein Pfarrer oder eine Pfarrerin nach Kenntnis von

die Vereinbarung des Staates mit den Kirchen über das Kirchenasyl als Grundlage von deren Handeln ernst nimmt und darin eine staatliche Duldung der betroffenen Asylbewerber erkennt.[23]

3. Klimaaktionen zum Schutz der Schöpfung

Betrachtet man die Entscheidungen etwa vieler evangelischer Kirchengemeinden, wird dort eine große Sympathie für die „Klimakleber" zum Ausdruck gebracht, weil diese unter Inkaufnahme persönlicher Risiken im Interesse des Klimaschutzes und damit vor allem des Schutzes von Gottes Schöpfung sich fast wie der leibhaftige Christus persönlich

der Beendigung bzw. Nichtdurchführung des Dossierverfahrens ausreisepflichtige Personen weiterhin in den Räumen der Kirchengemeinde und gewährleistet ihren Lebensunterhalt, so handelt es sich hierbei um eine rechtlich neutrale Handlung, die strafrechtlich nicht relevant ist. Daher liegt im Fall von ‚offenem Kirchenasyl' keine strafbare Beihilfe zum unerlaubten Aufenthalt gem. § 95 Abs. 1 Nr. 2 AufenthG vor.
2. Dass maßgebliches Motiv der Beherbergung war, die Abschiebung zu verhindern, macht die rechtlich neutrale Handlung im vorliegenden Fall nicht strafbar, da der Pfarrer mehrfach der Ausländerbehörde den Aufenthaltsort der ausreisepflichtigen Personen mitteilte (sog. offenes Kirchenasyl). Die Abschiebung scheiterte mithin nicht am Verhalten des Pfarrers, sondern an der staatlichen Entscheidung, im Kirchenasyl befindliche Personen nicht abzuschieben." (zuletzt aufgerufen am 1.7.2024); Volltext abrufbar unter https://www.asyl.net/fileadmin/user_upload/dokumente/27335.pdf (zuletzt aufgerufen am 1.7.2024).

23 OLG München, Urteil vom 3.5.2018 – 4 OLG 13 Ss 54/18, auszugsweise abrufbar unter https://www.asyl.net/rsdb/m26320/ mit folgenden red. Leitsätzen: „1. Die Strafbarkeit wegen unerlaubten Aufenthalts gemäß § 95 Abs. 1 Nr. 2c AufenthG entfällt nicht durch den Eintritt in ein Kirchenasyl und den behördlichen Verzicht auf aufenthaltsbeendende Maßnahmen.
2. Kirchenasyl ist kein in der geltenden Rechtsordnung anerkanntes Recht und begründet für sich genommen keinen Anspruch auf Erteilung einer Duldung. Auch das behördliche Unterlassen von aufenthaltsbeendenden Maßnahmen begründet keine Duldung.
3. Falls das BAMF aber in eine erneute Einzelfallprüfung eintritt, die auf seiner Vereinbarung mit den Kirchen vom 25.2.2015 basiert, ist darin ein rechtliches Abschiebungshindernis zu sehen. Daraus ergibt sich für die Dauer der Prüfung ein Anspruch auf Erteilung einer Duldung nach § 60a Abs. 2 AufenthG.
4. Wenn sich eine Person im Kirchenasyl befindet, ist sie nicht flüchtig. Die Sachlage ist nicht vergleichbar mit einem Fall der Flucht, da bei Kirchenasyl der Aufenthalt bekannt ist (unter Bezug auf OLG Hamburg, Beschluss vom 25.01.2012 – 1 Ss 196/11 und BGH, Urteil vom 06.10.2004 – 1 StR 76/04). Kirchenasyl kann auch deshalb nicht mit einer Flucht gleichgesetzt werden, da ein behördlicher Zugriff jederzeit möglich wäre, aber aufgrund der Tolerierung von Kirchenasyl, konkretisiert durch die Vereinbarung vom 25.2.2015, nicht erfolgt." (zuletzt aufgerufen am 1.7.2024); Volltext abrufbar unter https://www.asyl.net/fileadmin/user_upload/dokumente/26320.pdf (zuletzt aufgerufen am 1.7.2024).

aufopferten, um im Interesse des gemeinen Wohles das Überleben der Menschheit zu sichern.[24]

Auf der anderen Seite hat man bei manchen Klimaaktivisten den Eindruck, als stehe man vor dem Weltuntergang biblischen Ausmaßes. Das soll nicht ironisch klingen, doch scheint mir, als ginge es ihnen nicht (mehr) um einen rationalen Diskurs. Zwar mag hier die Schwelle vom politischen Überzeugungstäter zum religiösen Gesinnungstäter schon überschritten sein, doch ist auch dessen Tun – vor allem wenn es sich gegen die Freiheiten anderer richtet – nicht zu rechtfertigen. Ob es im Sinne der Nötigung verwerflich und damit strafbar ist, mag hier offen bleiben, doch sprechen m.E. – auch bei religiöser Fundierung der Verpflichtung zum Schutz von Gottes Schöpfung – gute Gründe für eine grundsätzliche Verwerflichkeit,[25] einerseits weil man nicht andere Unbeteiligte zum Mittel der Durchsetzung eigener Ziele – gerade auch gegen den Willen der Genötigten – instrumentalisieren darf, andererseits weil in einer repräsentativen Demokratie politische Entscheidungen (wie sie die „Klimakleber" zu erzwingen suchen) durch den demokratisch gewählten Bundestag getroffen werden müssen (der natürlich die Sachargumente auch der „letzten Generation" zum Klimawandel nicht etwa wegen der Strafbarkeit ihrer Aktivitäten ignorieren darf, die politischen Folgerungen daraus aber selbst treffen muss).[26]

4. Ersatzdienstverweigerung durch Zeugen Jehovas

Nach deutschem Recht ein klarer Fall von bewusstem Rechtsbruch war die Ersatzdienstverweigerung der Angehörigen der Zeugen Jehovas. Zwar konnten diese nach Art. 12a Abs. 2 GG den Kriegsdienst mit der Waffe aus Gewissensgründen verweigern. Sie konnten dann aber nach Art. 12a Abs. 1 GG zum zivilen Ersatzdienst herangezogen werden. Folgten sie einer Einberufung etwa zum Dienst in einem Krankenhaus nicht, machten sie sich aufgrund dieser sog. Totalverweigerung wegen Dienstflucht strafbar. Dies alles fand die Zustimmung des Bundesverfassungsgerichts,[27] das lediglich eine Doppelbestrafung in Folge erneuter Einberufung für verfassungswidrig ansah.[28]

Dass diese kollektive Ersatzdienstverweigerung ein bewusster, religiös motivierter Akt von Ungehorsam gegenüber der staatlichen Verfassung war, steht außer Frage. War aber die Nichtfolgeleistung gegenüber

[24] Vgl. etwa https://www.faz.net/aktuell/politik/inland/kirche-oeffnet-tueren-fuer-klima-kleber-18859457.html (zuletzt aufgerufen am 1.7.2024).

[25] So auch die obergerichtliche Judikatur, z.B. KG, NJW 2023, S. 2792.

[26] Dies natürlich in Übereinstimmung mit der verfassungsgerichtlichen Rspr., d.h. hier v.a. dem Klima-Beschluss des Bundesverfassungsgerichts, BVerfGE 157, 30.

[27] BVerfGE 19, 135; 23, 191.

[28] BVerfGE 78, 391.

einer rechtmäßigen Einberufung zugleich ein Akt zivilen Ungehorsams? Dafür müsste die Verweigerung letztlich nach außen hin eine Kritik an einer staatlichen Regelung implizieren. Das erscheint fraglich, wenn es allen sich so Verhaltenden – d. h. den männlichen Zeugen Jehovas – nicht um eine auf Allgemeingültigkeit zielende Aussage, sondern schlicht um ein persönliches Leben in Umsetzung ihrer für zwingend empfundenen religiösen Gebote gehen sollte. Sie waren damit typische Gewissenstäter, die lieber eine Strafe auf sich nehmen wollten, als sich einer gesetzlichen Verpflichtung zu beugen. Insofern war es wohl vor allem das Handeln aufgrund einer persönlich für verbindlich gehaltenen religiösen Verpflichtung.

Letztlich führte dies über die Zeit der praktizierten Wehrpflicht dazu, dass ihnen gegenüber auch die Verpflichtung zum zivilen Ersatzdienst abgenommen wurde, wenn sie über dessen Dauer einen privatrechtlichen Vertrag mit einer sozialen Einrichtung – die eben auch eine Zivildienststelle war – nachweisen konnten (seit 1969 als sog. *Lex Jehova* in § 15a ZDG geregelt).

5. *Videatur et altera pars* – Gläubiger Ungehorsam von rechts?

In Umkehrung der Klimaklebe-Aktionen mag es Fälle geben, in denen die von einigen rechtsaußen gerichteten Vereinigungen wie PEGIDA[29] und ihnen nahestehenden Parteien ausgerufene Verteidigung des „Christlichen Abendlandes“ vor allem gegenüber einer vermeintlichen „Islamisierung“ zur Rechtfertigung von Blockadeaktionen etwa gegenüber Asylbewerbern in Stellung gebracht wird. Solche Fälle sind freilich hier deshalb nicht richtig platziert, weil es dabei offensichtlich nicht um den Kampf für eine Glaubensüberzeugung geht, sondern allenfalls auf die verbal-religiöse Aufladung nationalistischer Ordnungen, die dann auf ein Außenvorhalten von Muslimen und Juden abzielt. Wenn man überhaupt bei solchen Aktionen von zivilem Ungehorsam reden mag, ist dieser jedenfalls nicht religiös, sondern primär nationalistisch oder rassistisch begründet.

6. Gehsteigbelästigung nach ihrer Sanktionierung?

Etwas komplizierter stellt sich die Rechtslage dar, wenn man den Gesetzesentwurf der Bundesregierung[30] in den Blick nimmt, der sog. Gehsteigbelästigungen – d.h. das öffentliche Ansprechen von Schwangeren vor Beratungsstellen für Schwangerschaftsabbrüche – nunmehr

[29] Akronym für „Patriotische Europäer gegen die Islamisierung des Abendlandes“.

[30] Entwurf für ein Zweites Gesetz zur Änderung des Schwangerschaftskonfliktgesetzes (SchKG) v. 24.1.2024; dazu *Eva M. Bredler*, Wirksam gegen „Gehsteigbelästigung“? Zur Änderung des Schwangerschaftskonfliktgesetzes, Verfassungsblog vom 29.1.2024, abrufbar unter https://verfassungsblog.de/wirksam-gegen-gehsteigbelastigung/ (zuletzt aufgerufen am 1.7.2024).

als Ordnungswidrigkeit sanktionieren will. Damit handelt es sich nicht nur im materiellen Sinne um eine Strafbewehrung durch das staatliche Bußgeldrecht; vielmehr wird mit dieser Strafbewehrung auch die Rechtswidrigkeit solcher Ansprache vor den entsprechenden Stellen offensichtlich, dürfte doch ein rechtmäßiges Tun keine Strafsanktion begründen. Aktuell sind solche Gehsteigbelästigungen noch nicht kriminalisiert – und sie fanden im Rahmen einer 40-Tage-Aktion vom 14. Februar bis 24. März 2024 auch wieder statt, wahrscheinlich wohl ein letztes Mal legal.[31] Die verwaltungsgerichtliche Rechtsprechung tendiert bislang dazu, gegen solche Protestaktionen gerichtete polizeiliche Unterlassungsverfügungen angesichts der Meinungs- und Versammlungsfreiheit trotz des damit verbundenen Eingriffs in das Persönlichkeitsrecht der Schwangeren für rechtswidrig zu erklären, sofern die Schwangeren durch die Protestform nicht zu einem „Spießrutenlaufen" gezwungen werden.[32]

Sollten die dahinterstehenden Abtreibungsgegner, die im Regelfall religiös motiviert sind, im nächsten Jahr erneut einen solchen Aktionszeitraum in die Tat umsetzen, wäre es angesichts der zwischenzeitlich mutmaßlich erfolgten Illegalisierung durch Kriminalisierung in der Tat ein Akt zivilen Ungehorsams eben gegen die eine Gehsteigbelästigung verbietende Rechtsordnung. Mit einer solchen Regelung wären ordnungspolizeiliche Verfügungen zumindest im Regelfall möglich. Allerdings bleibt abzuwarten, ob ein umfängliches Verbot tatsächlich verfassungsrechtlich zulässig sein wird; dies erscheint etwa angesichts der damit evident tangierten Ausübung der Glaubensfreiheit aus Art. 4 GG durchaus fraglich, zumindest wenn und soweit bereits bloßes kollektives Beten etwa für das Seelenheil ungeborener Kinder oder eine gottgewollte Umkehr der Schwangeren auf der anderen Straßenseite einem strafbewehrten Verbot unterliegen sollte.

7. Volksverhetzung eines Pastors?

Die Predigt ist der Kern religiös fundierter Äußerungen. Kommt es in dieser oder in ebenfalls in Bezug auf den Glauben getätigten Äußerungen eines Pfarrers etwa zu Volksverhetzungen gegenüber „Ungläubigen" oder anderen in § 130 Abs. 1 StGB angesprochenen Gruppen, sind diese nicht ohne weiteres von der Religionsfreiheit aus Art. 4 GG gedeckt. Das OLG Bremen urteilte hierzu in einem viel beachteten Fall: „Auch bei religiös motivierten Äußerungen muss der Schutz aus den Grundrechten der Religionsfreiheit und der Meinungsäußerungsfrei-

[31] Am 5.7.2024 hat der Bundestag den Gesetzesentwurf zur Änderung von §§ 8, 13 SchKG angenommen, doch ist er zzt. der Korrektur dieses Beitrags noch nicht in Kraft getreten.

[32] Z.B. VGH Kassel, NVwZ 2022, S. 1742; VGH Mannheim, NVwZ 2022, S. 1746; aus formalen Gründen gebilligt von BVerfG, NVwZ 2023, S. 1427.

heit zwingend zurücktreten, wenn durch diese Äußerungen die Menschenwürde anderer angegriffen wird, da die Menschenwürde als Wurzel aller Grundrechte mit keinem Einzelgrundrecht abwägungsfähig ist".[33] Der Fall spielte in einer evangelikalen Gemeinde in Bremen und betraf vor allem homophobe Äußerungen des Pastors,[34] doch gilt selbiges natürlich auch für entsprechende Aussagen in allen anderen Religionsgemeinschaften auch in Bezug auf eine Verhetzung gegenüber Nicht- oder Andersgläubiger, so dass etwa – was aktuell nicht auszuschließen sein mag – auch ein Absprechen der Menschenwürde gegenüber Juden in einer Moschee davon erfasst sein müsste.

Ist es nun ziviler Ungehorsam, wenn sich ein Pastor an ein solches Verdikt nicht hält und weiterhin volksverhetzende Inhalte predigt? Religiös motiviert, aber eben dadurch nicht gerechtfertigt wäre sein deswegen illegales Tun allemal. Da es ein Sonderrecht für Glaubensgemeinschaften jenseits der dafür gegebenen verfassungsrechtlichen Grundlagen (Art. 4, 140 GG i. V. m. Art. 140 ff. WRV) nicht geben kann und – folgt man dem OLG Bremen – bei Vorliegen der Tatbestandsmerkmale von § 130 Abs. 1 StGB eine Rechtfertigung durch die Religionsfreiheit aus Art. 4 GG wegen deren Zurücktreten gegenüber dem Höchstwert der Menschenwürde aus Art. 1 GG ausgeschlossen ist, wäre eine staatliche Bestrafung naheliegend. Entscheidend ist aber, dass es nicht bloß um – und sei es scharfe, religiös begründete – Kritik etwa an Homosexualität bzw. deren Ausleben gehen darf, sondern dass diese zugleich und darüber hinaus die Menschenwürde der adressierten Homosexuellen verletzen muss.

III. Die Antworten des staatlichen Strafrechts

Die erste und simple Antwort ist der Verweis auf die Trennung von Kirche und Staat in dem Sinne, dass in einem säkularen Staat staatliches Recht – und dazu gehört natürlich auch das Strafrecht – gegenüber religiösen Verpflichtungen den Vorrang genießen muss. Dieser Grundsatz erfasst aber natürlich das gesamte staatliche Recht und damit neben den für alle Grundrechtsträger – einschließlich der Gläubigen und der Kirchen – gleichermaßen geltenden Grundrechten wie der Meinungsfreiheit (Art. 5 Abs. 1 GG) überdies freilich auch die spezifischen verfassungsrechtlichen Verbürgungen wie die Religionsfreiheit (Art. 4

[33] OLG Bremen, StV 2023, S. 602 (1. Leitsatz); das Strafverfahren gegen den Pastor ist zwischenzeitlich vom LG Bremen nach § 155a StPO gegen die Zahlung einer Geldauflage eingestellt worden.

[34] Ausführlich zum strafrechtlichen Umgang mit Homophobie *Jasmin D. Finger*, Homophobie und Strafrecht. Eine strafrechtliche Untersuchung homophober Äußerungen und Äußerungen in Bezug auf Homosexualität, 2015.

GG) und das Religionsverfassungsrecht mit allen daraus abzuleitenden im staatlichen Recht sich entfaltenden Rechtswirkungen. Soweit diese Geltung beanspruchen können, liegt in deren Ausnutzung schon gar kein – gemessen an der staatlichen Rechtsordnung – illegales Verhalten, das folglich auch keine strafrechtliche Reaktion nach sich ziehen kann.

Soweit aber ein religiös motiviertes, straftatbestandsmäßiges Verhalten nicht von der Religionsfreiheit gedeckt ist, steht formal einer Strafbarkeit und damit einer Bestrafung des Widerständigen nichts entgegen. Stellt das Unterlassen des Verhaltens für den Täter eine massive Gewissensbelastung dar, mag man ausnahmsweise an eine Entschuldigung oder Strafmilderung denken. Das ist aber allenfalls dann der Fall, wenn er sich aufgrund seiner Glaubensregeln zu diesem Verhalten zwingend für verpflichtet hält und bei einem Unterlassen desselben letztlich nicht gottgemäß weiter zu leben vermag, nicht schon dann, wenn er bloß vor seinem religiösen Verständnis eine Aktivität wie das Kirchenasyl für sinnvoll oder geboten hält; insoweit ist er bloß religiöser Überzeugungstäter, der als solcher nicht entschuldigt sein kann.

Wie oben angedeutet, heißt es trotz der grundsätzlichen Strafbarkeit für den zivilen Ungehorsam Übenden aber nicht notwendig, dass er tatsächlich bestraft werden muss. Vielmehr ist denkbar, dass – wie gegenüber einem in echter Gewissensnot Handelnden – der Staat nach Wegen sucht, dessen Gewissensentscheidung nicht zur Grundlage einer Kriminalsanktion werden zu lassen. Man denke an die freiwillig übernommene Arbeitspflicht der Zeugen Jehovas.

In eine ähnliche Richtung zielt die m. E. trotz des Legalitätsprinzips denkbare staatliche Duldung, zumindest wenn das geschützte Rechtsgut allein staatlicher Disposition unterliegt. Das zeigt sich beim Kirchenasyl. Wenn auch nach rechtsförmiger bzw. rechtskräftiger Ablehnung eines Asylantrags die betroffene Person noch eine staatliche Duldung erhalten und aufgrund derer im Land verbleiben könnte, erscheint es mir nicht problematisch, wenn die Polizei- und Strafverfolgungsbehörden ein Kirchenasyl unter bestimmten Umständen dulden. Dann ist es aber auch – eben weil der über die Duldung des Aufenthalts dispositionsbefugte Staat der Kirchengemeinde gegenüber eine solche Duldung praktiziert, obwohl er diese jederzeit beenden könnte, – konsequent, die am Kirchenasyl beteiligten Gemeindemitglieder straflos zu lassen.

Leitsätze
zum Vortrag von Prof. Dr. iur. Dr. h. c. Martin Heger:

„Religiös motivierter ziviler Ungehorsam und staatliches Strafrecht"

1. Ziviler Ungehorsam dient generell – unabhängig von seiner religiösen Fundierung – der ostentativen Anprangerung tatsächlicher oder vermeintlicher Missstände durch illegales Handeln. Schon deshalb kann diese Figur ihrerseits nicht als Rechtfertigungsgrund gegenüber strafrechtlichem Unrecht wirken.
2. Formen und Ziele von zivilem Ungehorsam sind unterschiedlich. Da es vorliegend um das Verhältnis zum Strafrecht – und sei es in einem weiten Sinne – geht, sind hier nur solche Verhaltensweisen von Interesse, die nach der staatlichen Rechtsordnung als Straftat oder Ordnungswidrigkeit ausgewiesen sind. Illegale, aber straflose Verhaltensweisen bleiben außen vor. Ob etwas in diesem Sinne strafbar ist, bestimmt allein der Gesetzgeber, der daher auch strafbare Verhaltensweisen entkriminalisieren und bislang straflose Verhaltensweisen unter Strafdrohung stellen kann.
3. Dass der vorliegend untersuchte zivile Ungehorsam auf eine religiöse Motivierung aufbaut und deshalb letztlich eine Überzeugungs- oder sogar Gewissenstat darstellt, ändert im Normalfall nichts an der Strafbarkeit. Vor allem kann die Ausübung der Religionsfreiheit des Ungehorsamstäters weder Eingriffe in individuelle Rechtsgüter anderer rechtfertigen noch – wie bei der Volksverhetzung – Äußerungen, die die Menschenwürde der adressierten Gruppe absprechen.
4. Ist der Ungehorsamstäter in dem Sinne Gewissenstäter, dass er aufgrund seines Glaubens bzw. Gewissens nicht anders zu handeln vermag, mag dies im Einzelfall seine Schuld mindern oder in Frage stellen. Auch wird man überlegen müssen, ob in solchen Fällen nicht eine Rücknahme der Durchsetzung des Strafanspruchs des Staates angesichts der besonderen Dilemmasituation des Ungehorsamstäters denkbar scheint; als Beispiel mag man den privaten Ersatzdienst der Zeugen Jehovas nehmen, mit dem sie ohne Anerkennung einer staatlich begründeten Dienstpflicht faktisch den gleichen sozialen Dienst ableisten und zugleich einer Bestrafung wegen ihrer Totalverweigerung entgehen konnten.
5. Soweit der Staat über bestimmte Rechtsgüter bzw. Entscheidungen im Rahmen seiner Gesetze legal disponieren kann, kann er das natürlich in Fällen wie dem Kirchenasyl ebenfalls. Da er auch nach Ablehnung eines Asylantrags einen Asylbewerber dulden kann, spricht m. E. nichts dagegen, diesen – wollte man ihn eigentlich nach Ableh-

nung seines Antrags abschieben – im Kirchenasyl zu dulden. Jedenfalls wenn die asylgewährende Stätte ihre Situation offenbart und sich – sollte die Polizei doch zu einer Vollstreckung schreiten – dieser nicht gewaltsam widersetzt, erscheint mir daher eine Strafbarkeit nicht gegeben. Solange die Duldung läuft, liegt damit im Kirchenasyl letztlich gar nicht wirklich ein ziviler Ungehorsam im Sinne eines ostentativen Rechtsbruchs. Vielmehr eröffnet die Gemeinde mit ihrem Asyl einen extralegalen Weg zu einer neuen Überprüfung des Asylverfahrens durch staatliche Instanzen.

6. Generell ist freilich zu bedenken, dass religiös und anders begründeter ziviler Ungehorsam angesichts der Neutralitätspflicht des Staates gegenüber verschiedenen Konfessionen und Weltanschauungen inhaltlich keine Einbahnstraße ist. Daher müssen gleiche Regeln gelten, ob es um den religiös begründeten Schutz von Asylbewerbern oder des ungeborenen Lebens geht. Da sich dieser Gleichklang aber nur innerhalb des staatlichen Rechts abspielen kann, kann der Gesetzgeber durch seine Kriminalisierungsentscheidungen selbst politische Wertentscheidungen treffen. Somit sind aktuell wohl sowohl das Kirchenasyl als auch Gehsteigbelästigungen faktisch straffrei; werden letztere zu Ordnungswidrigkeiten hochgestuft, können entsprechende Aktionen – auch wenn sie unverändert religiös motiviert sind – grundsätzlich nicht mehr vor den Schranken staatlicher Gerichte gerechtfertigt sein.
7. Das gleiche gilt für Äußerungen im Gottesdienst. Wenn eine Predigt in einer evangelischen Kirche ihre Grenzen auch in Bezug auf eine Strafbarkeit wegen Volksverhetzung dann findet, wenn die Menschenwürde etwa der Ungläubigen oder Homosexueller angegriffen wird, muss gleiches natürlich gelten, wenn in einer Moschee – und sei es vor aktuellem Hintergrund – über Juden gehetzt wird. Die Sprache spielt keine Rolle, sodass in Deutschland gleiches Recht auch für arabische Texte gelten muss.
8. Zu bedenken ist schließlich, dass zum staatlichen Recht auch die Religionsfreiheit gehört. Dies kann zwar vielleicht keine Eingriffe in die Menschenwürde rechtfertigen, gebietet aber, dass der Staat selbst den Religionen und damit auch den darauf aufbauend gegenüber staatlichen Vorgaben Ungehorsamen von staatlichem Recht wegen Spielräume belässt. Solange sie diese nicht überschreiten, liegt auch aus Sicht des staatlichen Rechts kein Unrecht vor, so dass religiöse Provokationen als solche überhaupt keine Kriminalsanktionen begründen können.

RiOLG Dr. iur. Barbara Rox

Schutz von Religion und Religionsgemeinschaften durch das staatliche Strafrecht

I. Positionsbestimmung und Vermessung der Konfliktfelder

„Gott spielt in meinem Leben keine Rolle." Dieses Zitat dürfte das mehrheitliche Lebensgefühl in der deutschen Gesellschaft ziemlich treffend widerspiegeln – jedenfalls dann, wenn man auf die Gruppe der ehemaligen und aktuellen Mitglieder der beiden christlichen Großkirchen schaut. Erst kürzlich war in der Presse prominent zu lesen, dass die Kirchenbindung rapide abnimmt.[1] Kann es da überhaupt ein Interesse daran geben, Religion und Religionsgemeinschaften mit den Mitteln des Strafrechts zu schützen?

1 Deutschlandfunk vom 14.11.2023, abrufbar unter https://www.deutschlandfunk.de/bindung-an-kirche-und-religion-nimmt-rasant-ab-100.html (zuletzt aufgerufen am 1.7.2024); vgl. bereits *Franz-Xaver Kaufmann*, Kirchen, Religion und sozialer Wandel in Deutschland, in: Katharina Ebner/Tosan Kraneis/Martin Minkner/Yvonne Neuefeind u. a. (Hrsg.), Staat und Religion. Neue Anfragen an eine vermeintlich eingespielte Beziehung, 2014, S. 7ff. (13f., 17f.); ferner *Eric Hilgendorf*, Straftaten gegen Religion und Weltanschauung, in: Eric Hilgendorf/Hans Kudlich/Brian Valerius (Hrsg.), Handbuch des Strafrechts, Bd. 4, 2019, § 26 Rn. 8.

Das erscheint zweifelhaft, wenn man sich dessen Wesensmerkmale einmal vor Augen führt. Das Strafrecht ist das schärfste Schwert, das dem Staat zur Verfügung steht, um über ein bestimmtes Handeln des Bürgers unter Zufügung eines Übels ein sozialethisches Unwerturteil zu verhängen.[2] Insoweit reagiert es auf die Verletzung „elementarer Werte des Gemeinschaftslebens“[3] sowohl individueller als auch kollektiver Natur. Aber für den Rechtsgüterschutz darf es erst als *ultima ratio* zum Einsatz kommen, erst dann, wenn mildere Mittel zu versagen drohen, erst dann „wenn ein bestimmtes Verhalten über sein Verbotensein hinaus in besonderer Weise sozialschädlich und für das geordnete Zusammenleben der Menschen unerträglich, seine Verhinderung daher besonders dringlich ist“.[4]

Stößt das scharfe Schwert beim Thema Religion also durchgängig auf Desinteresse und führt dort allenfalls ein Scheingefecht? Auch das ist bei Lichte betrachtet zweifelhaft, denn das Eingangszitat lautet eigentlich vollständig: „Gott spielt in meinem Leben keine Rolle. Nein, Er führt die Regie.“

Und auf einmal wird sie doch wieder in Erinnerung gerufen, die existentielle Bedeutung von Religion, der Glaube als „personales Identitätsmerkmal“.[5] Es geht um eine tief wurzelnde Überzeugung, die das Denken und Handeln, die gesamte Persönlichkeit bestimmt, indem der Mensch sich an dem ausrichtet, was ihm „heilig“ ist.

In der Konzeption unseres Grundgesetzes hat sich der Staat einer Bewertung diesbezüglich zu enthalten. Die Beantwortung von Wahrheitsfragen liegt außerhalb seines Kompetenzbereichs.[6] Darin liegt das

[2] BVerfGE 25, 269 (286); 90, 145 (172).

[3] BVerfGE 45, 187 (253).

[4] BVerfGE 120, 224 (240).

[5] *Udo Di Fabio*, in: Günter Dürig/Roman Herzog/Rupert Scholz (Hrsg.), Grundgesetz Kommentar, Stand der 102. Erg.-Lfg. (August 2023), Art. 4 Rn. 18; vgl. auch *Michael Pawlik*, Der strafrechtliche Schutz des Heiligen, in: Josef Isensee (Hrsg.), Religionsbeschimpfung. Der rechtliche Schutz des Heiligen, 2007, S. 31 ff. (49). Das Bundesverfassungsgericht stellt bei der Auslegung des Grundrechts der Glaubens- und Religionsfreiheit (Art. 4 Abs. 1, Abs. 2 GG) den Bezug zur Menschenwürdegarantie an der Spitze des Grundgesetzes explizit her, wenn es in BVerfGE 32, 98 (106) formuliert: „In einem Staat, in dem die menschliche Würde oberster Wert ist, und in dem der freien Selbstbestimmung des Einzelnen zugleich ein gemeinschaftsbildender Wert zuerkannt wird, gewährt die Glaubensfreiheit dem Einzelnen einen von staatlichen Eingriffen freien Rechtsraum, in dem er sich die Lebensform zu geben vermag, die seiner Überzeugung entspricht.“

[6] *Ernst-Wolfgang Böckenförde*, Die Entstehung des Staates als Vorgang der Säkularisation, in: Ernst-Wolfgang Böckenförde. Recht, Staat, Freiheit. Studien zur Rechtsphilosophie, Staatstheorie und Verfassungsgeschichte, erweiterte Ausgabe 2006, S. 92 ff.

Kennzeichen seiner Freiheitlichkeit.[7] Die Staatszwecke sind säkular,[8] der Staat religiös und weltanschaulich neutral.[9]

Seine Grundrechtsträger sind es nicht – und das Aufeinanderprallen unterschiedlicher Ansichten darüber, was als „heilig“ und respektwürdig anzuerkennen sei, birgt Zündstoff für Konflikte, die den Ordnungsanspruch des Staates auslösen und ihm nun doch eine Positionierung abverlangen, allerdings eine solche mit säkularer Begründung.[10]

Das Konflikt-Spektrum ist weit gespannt: Es beginnt bei (verbalen) Respektlosigkeiten, geht weiter bei Streit um konfligierende Wahrheitsansprüche, berührt bisweilen die Frage nach den Grundbedingungen für freie Religionsausübung und endet bei gewaltsamen Ausbrüchen, die das Gewaltmonopol des Staates herausfordern. Anschauungsmaterial dafür in drastischer Form liefert etwa der dänische Karikaturenstreit. Die in einer dänischen Tageszeitung veröffentlichte Darstellung des Propheten mit einer Bombe im Turban löste im Jahre 2006 gewalttätige Proteste von Muslimen auf der ganzen Welt aus.[11]

Die folgenden Überlegungen werden von drei Fragen angeleitet. 1) Welche Bezugspunkte zu Religion und Religionsgemeinschaften kennt das geltende Strafrecht? 2) In welchem Bereich des aufgezeigten Konflikt-Spektrums ist der Einsatz des Strafrechts überhaupt zu rechtfertigen? 3) Wenn die Rechtfertigung auch gelingen mag: Ist es klug, mit den Mitteln des Strafrechts zu operieren?

7 *Sebastian Müller-Franken*, Meinungsfreiheit im freiheitlichen Staat. Verfassungserwartungen und Verfassungsvoraussetzungen einer gefürchteten Freiheit, 2013, S. 16.

8 *Josef Isensee*, Die alte Frage nach der Rechtfertigung des Staates. Stationen in einem laufenden Prozeß, JZ 1999, S. 265 ff. (269 ff.).

9 BVerfGE 18, 385 (386); 19, 206 (216); 24, 236 (246); 32, 98 (106); 137, 273 (304).

10 *Hilgendorf*, Straftaten (Fn. 1), § 26 Rn. 28; *Bijan Fateh-Moghadam*, Die religiös-weltanschauliche Neutralität des Strafrechts. Zur strafrechtlichen Beobachtung religiöser Pluralität, 2019, S. 129 ff.; 159 ff.

11 Zu den Fakten vgl. *Human Rights Committee*, Decision Communication No. 1487/2006 v. 1.4.2008, UN Doc. CCPR/C/92/D/1487/2006, Z. 2.1 ff. – Kasem Said Ahmad u Asmaa Abdol-Hamid v. Denmark, abrufbar unter https://digitallibrary.un.org/record/625156/files/CCPR_C_92_D_1487_2006-EN.pdf?ln=en (zuletzt aufgerufen am 1.7.2024); *Hannes Langbein*, Vom Karikaturenstreit zur Idomeneo-Kontroverse – Chronik einer verbalen Aufrüstung zum „Kampf der Kulturen“, in: Astrid Reuter/Hans G. Kippenberg (Hrsg.), Religionskonflikte im Verfassungsstaat, 2010, S. 290 ff. (293 f.).

II. Bestandsaufnahme

1. Normbestand und Resonanz

Neben dem strafrechtlichen Ehrschutz (§§ 185 ff. StGB), den Gläubige und Institutionen beanspruchen können, sowie dem Volksverhetzungstatbestand (§ 130 StGB), der unter bestimmten Voraussetzungen religiöse Gruppen und Einzelne wegen ihrer religiösen Zugehörigkeit u. a. gegen Beschimpfung und Ausgrenzung schützt, existieren zudem Tatbestände, die strafschärfend (nicht strafbegründend) auf einen religiösen Bezug des Tatobjekts abstellen, z. B. das Inbrandsetzen einer Kirche (§ 306a Abs. 1 Nr. 2 StGB) oder der Diebstahl im besonders schweren Fall, wenn der Täter aus einer Kirche stiehlt (§ 242 Abs. 1, § 243 Abs. 1 Satz 2 Nr. 4 StGB).[12]

Von zentralem Interesse für die vorliegende Themenstellung ist hingegen der elfte Abschnitt des Strafgesetzbuches. Dieser enthält unter dem Titel „Straftaten, welche sich auf Religion und Weltanschauung beziehen" tatsächlich Reminiszenzen an den rechtlichen Schutz des Heiligen. Die dort versammelten vier Tatbestände firmieren unter: „Beschimpfung von Bekenntnissen, Religionsgesellschaften und Weltanschauungsvereinigungen" (§ 166 StGB), „Störung der Religionsausübung" (§ 167 StGB), „Störung einer Bestattungsfeier" (§ 167a StGB) und „Störung der Totenruhe" (§ 168 StGB).

Die beiden zuletzt genannten Tatbestände lassen sich abschichten: Sie kommen vollkommen ohne einen religiösen Bezug aus und sind daher auch nicht als Religionsdelikte im engeren Sinne zu qualifizieren. Dass sie an dieser Stelle anzutreffen sind, erklärt sich daraus, dass sie historisch im Zusammenhang mit der aus metaphysischen Quellen gespeisten Ehrfurcht vor dem Tod stehen.[13] Sie antworten auf das – wohl auch heute noch – auf einem breiten gesellschaftlichen Konsens aufruhende allgemeine Pietätsempfinden[14] und werden daher mit Blick auf ihre Legitimität nicht in Zweifel gezogen.[15]

[12] Das kann hier nicht vertieft werden, vgl. näher dazu *Martin Heger*, Der strafrechtliche Schutz der Religion in Deutschland – Geschichte, aktuelle Herausforderungen und kriminalpolitische Überlegungen, ZevKR 2016, S. 109 ff. (113 ff.).

[13] Vgl. *Henning Radtke*, in: Gabriele Cirener/Henning Radtke/Ruth Rissing-van-Saan/Thomas Rönnau u. a. (Hrsg.), Leipziger Kommentar Strafgesetzbuch, Bd. 9, 13. Aufl. 2022, Vorbemerkungen zu den §§ 166 ff. Rn. 1.

[14] *Nikolaus Bosch/Ulrike Schittenhelm*, in: Adolf Schönke/Horst Schröder (Hrsg.), Strafgesetzbuch Kommentar, 30. Aufl. 2019, vor § 166 Rn. 2; *Radtke*, in: Cirener/Radtke/Rissing-van-Saan/Rönnau (Fn. 13), Vorbemerkungen zu den §§ 166 ff. Rn. 24.

[15] *Radtke*, in: Cirener/Radtke/Rissing-van-Saan/Rönnau (Fn. 13), Vorbemerkungen zu den §§ 166 ff. Rn. 18 m. w. N.; kritisch aber *Guido Britz*, Strafrecht, Religion und Blasphemie: Wie viel Strafrecht brauchen wir?, jM 2017, S. 343 ff. (344).

Vergleichsweise wenig Widerstand in der rechtswissenschaftlichen und gesellschaftspolitischen Diskussion erregt auch das in § 167 Abs. 1 Nr. 1 StGB normierte Verbot, den Gottesdienst einer Kirche oder anderen Religionsgesellschaft absichtlich und in grober Weise zu stören.[16]

Hoch umstritten[17] hingegen ist das in § 166 StGB vorgesehene Verbot der Bekenntnisbeschimpfung, dessen Abs. 1 folgenden Wortlaut hat: „Wer öffentlich oder durch Verbreiten eines Inhalts (§ 11 Absatz 3) den Inhalt des religiösen oder weltanschaulichen Bekenntnisses anderer in einer Weise beschimpft, die geeignet ist, den öffentlichen Frieden zu stören, wird mit Freiheitsstrafe bis zu drei Jahren oder mit Geldstrafe bestraft.“ § 166 Abs. 2 StGB erstreckt den strafrechtlichen Schutz vor Beschimpfung auf im Inland bestehende Kirchen oder andere Religionsgesellschaften oder Weltanschauungsvereinigungen, auf ihre Einrichtungen oder Gebräuche.

Die Diskussionen um die zuletzt genannte Vorschrift führen geradewegs in die Herzmitte unserer Thematik: Lässt sich ihr Schutzgut so trennscharf konturieren, dass sich der strafrechtliche Eingriff rechtfertigen lässt? Oder dringt das Strafrecht hier bereits in den Bereich der Moral vor, wo ihm jedoch in einer freiheitlich konzipierten Ordnung größtmögliche Zurückhaltung anzuraten ist?

2. Historische Entwicklungslinien

Der historische Rückblick offenbart, dass sich Religionsdelikte ursprünglich tatsächlich auf den Schutz des Heiligen und der Religion an sich bezogen, indem die Gotteslästerung unmittelbar unter Strafe gestellt wurde. Zunächst geschah dies zu dem Zweck, von dem erzürnten Gott ausgehenden Schaden von der Gemeinschaft abzuwenden,[18] im konfessionsgebundenen Staat der frühen Neuzeit sodann zur Konsolidie-

[16] *Tatjana Hörnle*, Der Schutz von Gefühlen im StGB, in: Roland Hefendehl/Andrew von Hirsch/Wolfgang Wohlers (Hrsg.), Die Rechtsgutstheorie. Legitimationsbasis des Strafrechts oder dogmatisches Glasperlenspiel?, 2003, S. 268ff. (279).

[17] Für Abschaffung: *Tatjana Hörnle*, in: Volker Erb/Jürgen Schäfer (Hrsg.), Münchener Kommentar zum Strafgesetzbuch, Bd. 3, 4. Aufl. 2021, § 166 Rn. 1 m.w.N.; *Tatjana Hörnle*, Bekenntnisbeschimpfung (§ 166 StGB): Aufheben oder Ausweiten?, JZ 2015, S. 293ff.; vgl. auch *Stephan Stübinger*, in: Urs Kindhäuser/Ulfrid Neumann/Hans-Ullrich Paeffgen/Frank Saliger (Hrsg.), Nomos-Kommentar Strafgesetzbuch, 6. Aufl. 2023, § 166 Rn 1ff. m.w.N.

[18] *Arnold Angenendt*, Gottesfrevel. Ein Kapitel aus der Geschichte der Staatsaufgaben, in: Josef Isensee (Hrsg.), Religionsbeschimpfung. Der rechtliche Schutz des Heiligen, 2007, S. 9ff. (10ff.); *Radtke*, in: Cirener/Radtke/Rissing-van-Saan/Rönnau (Fn. 13), Vorbemerkungen zu den §§ 166ff. Rn. 9; *Felix Schmidhäuser*, Die Gotteslästerung im Wandel der Zeit. Historische Entwicklung und Legitimation von § 166 StGB – Teil 1, ZJS 2018, S. 403ff.

rung der staatlichen Einheit.[19] Im Zeitalter der Aufklärung erwies sich der Rekurs auf metaphysische Schutzgüter als nicht mehr vermittelbar. Stattdessen wurden zur Begründung von Gotteslästerungsverboten der Schutz der öffentlichen Ordnung und das religiöse Gefühl der Gläubigen in den Blick genommen.[20] Geradezu modern – aber in seiner Zeit auch singulär – präsentiert sich das Bayerische Strafgesetzbuch von 1813, das den Tatbestand der Gotteslästerung vollständig tilgt und sich unter dem Titel „Verbrechen wider den öffentlichen Rechtsfrieden im Staate" damit bescheidet, die Störung des Gottesdienstes (Art. 336) und die öffentliche Beleidigung von Geistlichen (Art. 424) zu pönalisieren.[21]

Das deutsche Strafgesetzbuch vollzog den konsequenten Begründungswandel erst durch das Erste Gesetz zur Reform des Strafrechts 1969.[22] Stellte die zuvor geltende Fassung des § 166 StGB noch darauf ab, dass der Täter „dadurch, daß er öffentlich in beschimpfenden Äußerungen Gott lästert, ein Ärgernis gibt", wird nun zum einen die Begrifflichkeit der „Gotteslästerung" abgeschafft und andererseits die Strafdrohung universalisiert, indem eine Ausdehnung auf die Beschimpfung von Weltanschauungsvereinigungen und religiöser und weltanschaulicher Bekenntnisse Einzelner stattfindet.[23] Es ging nun ausdrücklich nicht mehr um den Schutz der Mehrheit vor Irritationen durch Minderheiten. Der Gesetzgeber sah sich gehalten, die Vorschrift mit Blick auf die geänderten Erfordernisse einer pluralisierten Gesellschaft auszubuchstabieren. Seither ist seine Positionierung klar: Das Verbot der Religionsbeschimpfung dient selbstverständlich nicht dem Schutz Gottes oder einer bestimmten religiösen Wahrheit, auch nicht dem Schutz diffuser religiöser Empfindungen der betroffenen Gläubigen, sondern allein dem friedlichen Zusammenleben der Anhänger unterschiedlicher Glaubensrichtungen.[24] Vor diesem Hintergrund ist auch das Tatbestandsmerkmal „Eignung, den öffentlichen Frieden zu stören" bewusst und zum Zwecke der Einschränkung der Strafbarkeit gewählt worden. Aufrechterhalten werden soll nach der Intention des Gesetzgebers der öffentliche Friede „in der Ausprägung, den er durch den Toleranzgedanken erfahren hat".[25]

19 *Heger,* Schutz der Religion (Fn. 12), S. 110f.

20 Knapp dazu *Barbara Rox,* Schutz religiöser Gefühle im freiheitlichen Verfassungsstaat?, 2012, S. 20ff.

21 *Pawlik,* Schutz des Heiligen (Fn. 5), S. 32f.; Normen abgedruckt bei *Arno Buschmann* (Hrsg.), Textbuch zur Strafrechtsgeschichte der Neuzeit. Die klassischen Gesetze, 1998, S. 515; 530.

22 1. StrRG, BGBl. I 1969, S. 645ff.

23 BT-Drs. V/4094, S. 28f.

24 BT-Drs. V/4094, S. 28.

25 BT-Drs. V/4094, S. 29.

3. Aktuelle Anwendungsfälle – Die Religionsdelikte als *law in action*

Was bedeutet das heute für die Religionsdelikte als *law in action*? Dem Verbot der Bekenntnisbeschimpfung wird seit jeher gesteigertes wissenschaftliches Interesse zuteil.[26] Dem korrespondiert zwar keine vergleichbare Resonanz in der Rechtspraxis.[27] Jedoch geraten die wenigen Verurteilungen auf diesem Gebiet unweigerlich in das Scheinwerferlicht der Öffentlichkeit – zu Recht, denn die Entscheidung über die Frage der Strafwürdigkeit wirft ganz grundsätzliche Fragen zur Rolle und Leistungsfähigkeit des Strafrechts auf. Zur Veranschaulichung seien die folgenden Beispiele aus der jüngeren Rechtspraxis genannt:

Im Jahr 2013 sprang eine Femen-Aktivistin kurz nach Beginn der Weihnachtsmesse im Kölner Dom nur mit einem um die Hüften geschwungenen Tuch bekleidet auf den Altar, zeigte den Schriftzug „I am God" auf ihrer nackten Brust und skandierte ein „Glaubensbekenntnis" zur Selbstbestimmung und Gleichberechtigung der Frau, um das Frauenbild der katholischen Kirche zu kritisieren. Dafür wurde sie wegen Störung der Religionsausübung nach § 167 Abs. 1 Nr. 1 StGB zu einer Geldstrafe verurteilt, wobei die Bewertung durch die Instanzen hinweg – wenn auch mit Nuancen in der Akzentsetzung – einhellig ausfällt.[28]

Nicht ganz so einhellig demgegenüber präsentiert sich das gerichtliche Echo zu der Aktion eines Kunststudenten unter dem Titel „pressure to perform" aus dem Jahr 2016. Das Anliegen bestand in der Anprangerung der Leistungsgesellschaft, der „nichts mehr heilig ist". Zur Umsetzung filmte sich der Angeklagte während der allgemeinen Öffnungszeiten bis zur völligen Erschöpfung bei der Durchführung von Liegestützen auf dem Altar der katholischen Basilika St. Johann in Saarbrücken. Die Feststellungen des Revisionsurteils lassen uns wissen,

[26] Monographisch aus jüngerer Zeit: *Burkhard J. Berkmann*, Von der Blasphemie zur „hate speech"? Die Wiederkehr der Religionsdelikte in einer religiös pluralen Welt, 2009; *Sebastian Koch*, Die strafbare Beschimpfung von Bekenntnissen, Religionsgesellschaften und Weltanschauungsvereinigungen, 2009; *Lena Stern*, Der Strafgrund der Bekenntnisbeschimpfung, 2011; *Rox*, Verfassungsstaat (Fn. 20), S. 223 ff.; *Benedikt Naarmann*, Der Schutz von Religionen und Religionsgemeinschaften in Deutschland, England, Indien und Pakistan. Ein interkultureller Strafrechtsvergleich, 2015; *Lisa Stankewitz*, Strafbarkeit religionsfeindlicher Äußerungen in Deutschland und Frankreich. Ein Vergleich der strafrechtlichen Beschränkungen der Meinungs- und Kunstfreiheit unter besonderer Berücksichtigung religionsbeschimpfender Satire und Karikatur, 2017; *Fateh-Moghadam*, Neutralität (Fn. 10), S. 206 ff.; *Christoph Lung*, Strafbare Blasphemie. Historisches Relikt oder modernes Delikt?, 2019.

[27] Vgl. BT-Drs. 16/3579, S. 2 ff.; *Jörg Kinzig*, Tote Tatbestände, ZStW 2017, S. 415 ff. (423); *Andreas Mosbacher*, in: Heribert Schumann/Andreas Mosbacher/Stefan König (Hrsg.), NomosKommentar Medienstrafrecht, 2023, StGB § 166 Rn. 2.

[28] AG Köln, Urteil vom 3.12.2014 – 647 Ds 240/14 – (juris Rn. 15); LG Köln, Urteil vom 2.6.2015 – 156 Ns 23/15 – (juris Rn. 61).

dass die anwesenden Kirchenbesucher an dem Verhalten des Angeklagten keinen Anstoß nahmen.[29]

Das gilt auch für das Berufungsgericht, das die Aktion nicht als tatbestandsmäßige Störung der Religionsausübung im Sinne des § 167 Abs. 1 Nr. 2 StGB wertete. Danach macht sich strafbar, wer an einem Ort, der dem Gottesdienst einer Religionsgesellschaft gewidmet ist, beschimpfenden Unfug verübt. Als beschimpfender Unfug ist ein grob ungehöriges Verhalten zu verstehen, das die Missachtung der Heiligkeit oder der entsprechenden Bedeutung des Ortes in besonders roher Weise zum Ausdruck bringt. Dabei ist unerheblich, ob die Handlung von anderen in der Religionsausübung begriffenen Personen wahrgenommen wird; sie muss weder öffentlich noch im Beisein anderer Personen begangen werden, sondern nur nach außen erkennbar sein.[30] Maßstab ist das Ausmaß der ausgedrückten Missachtung oder Verachtung aus der Perspektive eines hypothetischen besonnenen Beobachters.[31]

Das Berufungsgericht hielt dem Angeklagten zugute, dass er zurückhaltend aufgetreten sei, sich angemessen gekleidet und in Ausübung seiner grundrechtlich gewährleisteten Kunstfreiheit gehandelt habe.[32] Das Revisionsgericht sah das anders: Er habe in einer besonders rohen und drastischen Art und Weise die Missachtung der religiösen Bedeutung des Altars, des zentralen Ortes der christlichen Eucharistiefeier, zum Ausdruck gebracht. Dies sei mehr als eine bloße Ungehörigkeit.[33]

Von diesen Grenzverletzungen des sozusagen gegenständlichen Bereichs der Religionsausübung sind solche Konflikte zu unterscheiden, die den öffentlichen Meinungskampf betreffen.

In einem vor dem Landgericht Münster spielenden Fall hatte der Angeklagte im Jahre 2015 mit seinem Pkw öffentliche Straßen befahren, dessen Heckscheibe ein Aufkleber mit folgender Beschriftung zierte: „Wir pilgern mit *Martin Luther*. Auf nach Rom! Die Papstsau *Franz* umbringen. Reformation ist geil!" Neben diesem Spruch prangten für eine Google-Recherche die Suchwörter „Luther Papst umbringen".[34] Auslöser hierfür war dessen Beschäftigung mit kirchen- und religionskritischer Literatur gewesen, die den Angeklagten zu dem Schluss geführt hatte, dass der Glaube auf fragwürdigen und vor allem lückenhaften Fundamenten beruhe, weil problematische Bibelstellen stets

29 OLG Saarbrücken, NJW 2018, S. 3794 (3795).

30 *Bosch/Schittenhelm*, in: Schönke/Schröder (Fn. 14), § 167 Rn. 13; OLG Saarbrücken, NJW 2018, S. 3794 (3795 Rn. 15).

31 *Hörnle*, in: Erb/Schäfer (Fn. 17), § 167 Rn. 11.

32 OLG Saarbrücken, Urteil vom 15.5.2018 – Ss 104/2017 (4/18) – (juris Rn. 7); auszugsweise in OLG Saarbrücken, NJW 2018, S. 3794.

33 OLG Saarbrücken, NJW 2018, S. 3794 (3795f. Rn. 17).

34 LG Münster, Urteil vom 29.3.2017 – 13 Ns – 81 Js 3303/15 – 15/16 – (juris Rn. 17ff.).

ausgeblendet würden. Selbst Gläubige seien deswegen überwiegend nicht im Bilde darüber, was eigentlich die Grundlage ihres Glaubens sei. Diese Erkenntnisse wollte der Angeklagte mit der Öffentlichkeit teilen und dafür um Aufmerksamkeit werben.[35] Erst das Berufungsgericht sprach den Angeklagten von dem Vorwurf der Bekenntnisbeschimpfung (§ 166 StGB) frei.

Als Beschimpfung im Sinne der Vorschrift wird dabei eine durch Form oder Inhalt besonders verletzende Äußerung von Missachtung angesehen, wobei das besonders Verletzende entweder äußerlich in der Rohheit des Ausdrucks oder inhaltlich im Vorwurf eines schimpflichen Verhaltens oder Zustands liegen kann. Das ist zu verneinen bei „lediglich" bissiger, provozierender, ironischer oder auch alberner Kritik.[36] Maßstab für die Bewertung ist der Standpunkt eines neutralen, auf Toleranz bedachten Betrachters; nicht hingegen kommt es auf das religiöse Empfinden von Angehörigen des betroffenen Personenkreises an.[37]

Die Bezeichnung „Papstsau *Franz*" sei somit zwar als Beschimpfung zu werten, nicht aber geeignet, den öffentlichen Frieden zu stören. Denn es sei nicht zu befürchten, dass dadurch andere dazu veranlasst würden, aggressiv zu werden und die Rechte anderer zu verletzen.[38]

Das Amtsgericht Köln schließlich hatte über die in eine längere Ansprache integrierte Äußerung einer Angeklagten während einer Kölner Demonstration im Jahre 2015 zum Gedenken an die Opfer von Paris zum Thema „Freiheit statt Islamisierung" zu befinden, mit folgendem Wortlaut: „Der Islam gehört zu Deutschland wie Scheiße auf den Esstisch."[39] Das Amtsgericht sah in der bewussten Überschreitung

[35] LG Münster, Urteil vom 29.3.2017 – 13 Ns – 81 Js 3303/15 – 15/16 – (juris Rn. 14f., 21).

[36] BGH, NStZ 2000, S. 643 (644); OVG Berlin-Brandenburg, NJW 2012, S. 3116 (3117); VG Sigmaringen, Urteil vom 19.1.2011 – 1 K 1561/10 – (juris Rn. 33); *Mosbacher*, in: Schumann/Mosbacher/König (Fn. 27), StGB § 166 Rn. 10; *Hörnle*, in: Erb/Schäfer (Fn. 17), § 166 Rn. 15; *Stübinger*, in: Kindhäuser/Neumann/Paeffgen/Saliger (Fn. 17), § 166 Rn. 5. Weitergehend: auch „in den Schmutz ziehen": OLG Köln, NJW 1982, S. 657 (658); OLG Nürnberg, MMR 1998, S. 535 (535); *Martin Heger*, in: Karl Lackner/Kristian Kühl/Martin Heger (Hrsg.), Strafgesetzbuch Kommentar, 30. Aufl. 2023, § 166 Rn. 4; *Bosch/Schittenhelm*, in: Schönke/Schröder (Fn. 14), § 166 Rn. 9; *Georg Küpper*, Zu Notwendigkeit und Umfang strafrechtlichen Schutzes gegen die Beschimpfung von religiösen Bekenntnissen, in: Eckart Klein (Hrsg.), Meinungsäußerungsfreiheit versus Religions- und Glaubensfreiheit. Kolloquium 30. November 2006, Potsdam, 2007, S. 14ff. (26).

[37] LG Münster, Urteil vom 29.3.2017 – 13 Ns – 81 Js 3303/15 – 15/16 – (juris Rn. 33).

[38] LG Münster, Urteil vom 29.3.2017 – 13 Ns – 81 Js 3303/15 – 15/16 – (juris Rn. 39ff.).

[39] AG Köln, Urteil vom 10.8.2016 – 523 Ds 154/16 – (juris Rn. 3). Die gesamte Rede ist abgedruckt in der Entscheidung des Berufungsgerichts: LG Köln, BeckRS 2017, 116465 (Rn. 9ff.).

der Grenze zur Fäkalsprache eine Beschimpfung und attestierte dieser auch eine Eignung zur Störung des öffentlichen Friedens. Die der Aussage immanente Ablehnung der Anwesenheit muslimischer Mitbürger sei im Kontext der aktuellen „aufgeheizten" Diskussion um Zuwanderung geeignet, weitere Ressentiments gegenüber hier lebenden Personen muslimischen Glaubens zu schüren.[40]

Das Berufungsgericht hingegen sprach die Angeklagte frei.[41] Im Lichte der Meinungsfreiheit, unter Berücksichtigung des Kontexts der Rede, gehe es der Äußerung nicht um einen direkten Angriff auf Muslime, den Islam oder dessen Glaubensinhalte, sondern um eine – an die Sentenz *Christian Wulffs* angelehnte – metaphorische Analogie, um die Kritik des Verhältnisses des Islam zu Deutschland, was Gegenstand öffentlicher Debatten sei.[42]

III. Rechtfertigungsfähigkeit von Religionsdelikten

Die Analyse der aktuellen Anwendungsfälle offenbart – insbesondere, was das Äußerungsdelikt der Bekenntnisbeschimpfung angeht – vor allem eins: große Unsicherheit und Unberechenbarkeit.[43] Das gibt zu denken. Schlaglichtartig sollen hierzu im Folgenden die drei wesentlichen Problemkreise hervorgehoben werden: 1) die Bedeutung der Religionsfreiheit, 2) die Reichweite der Meinungsfreiheit und 3) das geschützte Rechtsgut des öffentlichen Friedens.

1. Grundrechtskollision zwischen Religionsfreiheit und Meinungs- bzw. Kunstfreiheit?

Die Rechtfertigung einer Strafnorm ist dann relativ unproblematisch, wenn sie ein klar konturiertes elementares Rechtsgut verteidigt.[44] Als

[40] AG Köln, Urteil vom 10.8.2016 – 523 Ds 154/16 – (juris Rn. 30f.).

[41] LG Köln, BeckRS 2017, 116465.

[42] LG Köln, BeckRS 2017, 116465 (Rn. 44ff.). Vgl. zu diesem Themenkomplex auch OLG Rostock, Urteil vom 20.12.2023 – 20 ORs 53/23 –.

[43] Vgl. zur älteren Rspr. auch *Ron Steinke*, „Gotteslästerung" im säkularen Staat. Ein Plädoyer für die Streichung des § 166 StGB, KJ 2008, S. 451ff.; *Matthias Cornils*, Gefühlsschutz, negative Informationsfreiheit oder staatliche Toleranzpflege: Blasphemieverbote in rechtlicher Begründungsnot, AfP 2013, S. 199ff. (204).

[44] Knapp dazu, auch zur Verbindung von strafrechtlichen Traditionen und Verfassungsrecht: *Winfried Hassemer*, Darf es Straftaten geben, die ein strafrechtliches Rechtsgut nicht in Mitleidenschaft ziehen?, in: Roland Hefendehl/Andrew von Hirsch/Wolfgang Wohlers (Hrsg.), Die Rechtsgutstheorie. Legitimationsbasis des Strafrechts oder dogmatisches Glasperlenspiel?, 2003, S. 57ff.

solches kommt – wie vom Gesetzgeber evoziert[45] und auch in der Literatur vertreten[46] – der Schutz der freien Religionsausübung der Gläubigen gemäß Art. 4 GG in Betracht. Darüber hinaus ist auch für die Normanwendungsebene von Interesse, ob es um einen Ausgleich widerstreitender Grundrechte geht.

So stellen auch die beiden zitierten Entscheidungen zu Liegestützen auf dem Altar und zum Auftritt der Femen-Aktivistin im Kölner Dom eine Grundrechtskollision zwischen der Religionsfreiheit der Gläubigen einerseits und der Meinungs- bzw. Kunstfreiheit der jeweiligen Angeklagten andererseits fest, die sie jeweils ohne große Umschweife zugunsten der Religionsfreiheit auflösen.[47] In der Fallgruppe Bekenntnisbeschimpfung prüft nur das Landgericht Köln in dem Demonstrationsfall die Betroffenheit der Glaubensfreiheit, verneint sie aber, weil die Rezeption der inkriminierten Äußerung durch Muslime im konkreten Fall nicht feststellbar war.[48]

In der Tat handelt es sich auch nur in der Fallgruppe der Störung der (unmittelbaren) Religionsausübung um eine Grundrechtskollision.[49] § 167 StGB lässt sich – wenn auch nicht durchgängig, so jedenfalls überwiegend – als Ausprägung der Schutzpflicht des Gesetzgebers für die freie Religionsausübung begreifen, das Verbot der Bekenntnisbeschimpfung (§ 166 StGB) nicht. Das dürfte auch der Grund dafür sein, warum § 167 StGB höhere Akzeptanz entgegengebracht wird.

[45] Der Sonderausschuss für die Strafrechtsreform erblickte in § 166 StGB n.F. „eine Art Ausführungsgesetz zu Art. 4 GG", vgl. *Radtke*, in: Cirener/Radtke/Rissing-van-Saan/Rönnau (Fn. 13), Vorbemerkungen zu den §§ 166ff. Rn. 12 unter Hinweis auf Prot. V/134, S. 2807.

[46] *Friedhelm Hufen*, Verbot einer Theateraufführung, Anmerkung zu BVerwG, NJW 1999, S. 304, JuS 1999, S. 911ff. (912); *Christoph A. Stumpf*, Bekenntnisschutz im deutschen Strafrecht, GA 2004, S. 104ff. (109); *Radtke*, in: Cirener/Radtke/Rissing-van-Saan/Rönnau (Fn. 13), Vorbemerkungen zu den §§ 166ff. Rn. 17; *Christian von Coelln*, Kunstfreiheit, in: Klaus Stern/Helge Sodan/Markus Möstl (Hrsg.), Das Staatsrecht der Bundesrepublik Deutschland im europäischen Staatenverbund, Bd. 4, 2. Aufl. 2022, § 123 Rn. 85; *Brigitte Tag*, in: Dieter Dölling/Gunnar Duttge/Stefan König/Dieter Rössner (Hrsg.), Gesamtes Strafrecht. Handkommentar, 5. Aufl. 2022, StGB § 166 Rn. 5; *Christian Starck*, in: Hermann von Mangoldt/Friedrich Klein/Christian Starck, Grundgesetz Kommentar, 7. Aufl. 2018, Art. 4 Rn. 20; *Ute Mager*, in: Ingo von Münch/Philip Kunig (Hrsg.), Grundgesetz Kommentar, 7. Aufl. 2021, Art. 4 Rn. 39; einschränkend *Juliane Kokott*, in: Michael Sachs (Hrsg.), Grundgesetz Kommentar, 9. Aufl. 2021, Art. 4 Rn. 95.

[47] AG Köln, Urteil vom 3.12.2014 – 647 Ds 240/14 – (juris Rn. 15); LG Münster, Urteil vom 29.3.2017 – 13 Ns – 81 Js 3303/15 – 15/16 – (juris Rn. 61); OLG Saarbrücken, NJW 2018, S. 3794 (3796f. Rn. 23ff.).

[48] LG Köln, BeckRS 2017, 116465 (Rn. 36).

[49] Kritisch auch *Cornils*, Gefühlsschutz (Fn. 43), S. 201ff.; *Hans M. Heinig*, in: Michael Moxter/Christian Polke (Hrsg.), Blasphemie. Negation des Göttlichen und Lust am Frevel, 2015, S. 1ff. (4).

Anerkanntermaßen ist den Grundrechten nicht nur eine Abwehr-, sondern auch eine Schutzfunktion eigen, die sich unter Umständen zu einer Schutzpflicht verdichten kann.[50] Wird ein grundrechtlicher Schutzbereich durch Private so massiv behindert, dass er zur inhaltsleeren Hülle verkommt, kann der Staat gehalten sein, die Ausübung des Grundrechts gegen von Privaten ausgehende Übergriffe abzusichern.

Das Schutzbereichs-Substrat der Glaubens- und Religionsfreiheit ist in erster Linie eine Verhaltensfreiheit,[51] gewährleistet also ein Tun oder Unterlassen aus religiösen Gründen, „das Recht des Einzelnen, sein gesamtes Verhalten an den Lehren seines Glaubens auszurichten und seiner inneren Glaubensüberzeugung gemäß zu handeln".[52]

Die Störung eines Gottesdienstes kann der Staat daher zur Verteidigung der freien Religionsausübung mit den Mitteln des Strafrechts unterbinden. Die weiteren Nuancen des Straftatbestandes hingegen erscheinen vor dieser Folie so glasklar nicht. Wenn das Oberlandesgericht im Fall des Kunststudenten meint, dass dieser den Altar „in einer mit christlichen Wertvorstellungen nicht vereinbaren Weise für die Herstellung seiner Kunst zweckentfremdet und [...] damit in den Kern der durch Art. 4 Abs. 1, Abs. 2 GG geschützten Religionsausübung eingegriffen"[53] habe, überdehnt es das Schutzgut des Art. 4 GG. Näher liegt es, ehrlicherweise von einer Art „symbolischer bzw. realer Blasphemie" zu sprechen.[54]

Noch dünner wird das Eis mit Blick auf eine *unmittelbare* Rückkoppelung des Verbots der Bekenntnisbeschimpfung an das Grundrecht der Religionsfreiheit. Durch eine Beschimpfung an sich wird kein Gläubiger unmittelbar davon abgehalten, seinem Glauben anzuhängen und ihn zu praktizieren.[55] Betroffen sein kann hier somit nur die innere Seite der Religionsfreiheit, unter deren Ägide auch die „(innere) Freiheit, zu glau-

50 Vgl. nur BVerfGE 39, 1 (41); *Josef Isensee*, Das Grundrecht als Abwehrrecht und als staatliche Schutzpflicht, in: Josef Isensee/Paul Kirchhof (Hrsg.), HStR IX, 3. Aufl. 2011, § 191 Rn. 146ff.

51 Ausführlich dazu *Rox*, Verfassungsstaat (Fn. 20), S. 84ff., 112ff.

52 BVerfGE 33, 23 (28).

53 OLG Saarbrücken, NJW 2018, S. 3794 (3797 Rn. 27). Vgl. dazu auch die kritische Anmerkung von *Brian Valerius*, NJW 2018, S. 3797f. (3798).

54 Vgl. dazu *Stübinger*, in: Kindhäuser/Neumann/Paeffgen/Saliger (Fn. 17), § 167 Rn. 11.

55 *Sieghart Ott*, Anmerkung zu OLG Karlsruhe, NStZ 1986, S. 365f. (366); *Hörnle*, Bekenntnisbeschimpfung (Fn. 17), S. 295f.; *Rox*, Verfassungsstaat (Fn. 20), S. 161; *Barbara Rox*, Vom Wert der freien Rede. Zur Strafwürdigkeit der Blasphemie, JZ 2013, S. 30ff. (31); *Josef Isensee*, Meinungsfreiheit im Streit mit der Religion – „Gotteslästerung" heute, AfP 2013, S. 189ff. (195); *Cornils*, Gefühlsschutz (Fn. 43), S. 206f.; *Hörnle*, in: Erb/Schäfer (Fn. 17), § 166 Rn. 1. Zu unterscheiden ist dies von dem mittelbaren Rekurs auf Art. 4 GG, wenn auf die Fernwirkungen der Beschimpfung für das Umfeld, in dem Religion ausgeübt wird, abgestellt wird, vgl. *Hilgendorf*, Straftaten (Fn. 1), § 26 Rn. 49.

ben oder nicht zu glauben“[56] geschützt ist. Unzweifelhaft ist es dem Staat daher verwehrt, in die religiöse Entscheidungsfreiheit des Einzelnen mit staatlichen Zwangsmitteln einzugreifen, namentlich zu indoktrinieren. Darüber hinaus aus dem Grundrecht der Religionsfreiheit eine Art Konfrontationsschutz[57] gegen Irritationen, die von Äußerungen Privater ausgehen, abzuleiten, erscheint hingegen mit dem auf den geistigen Meinungskampf angelegten System des Grundgesetzes unvereinbar.[58]

2. Reichweite der Meinungsfreiheit

Die Rechtfertigungsfähigkeit einer Norm, die die geistige Auseinandersetzung reglementiert und sogar mit dem Verdikt der Strafwürdigkeit versieht, muss dabei auch stets die Reichweite des Grundrechts der Meinungsfreiheit (Art. 5 Abs. 1 GG) bzw. der spezielleren thematisch einschlägigen Grundrechte (insbesondere Art. 5 Abs. 3 GG) im Blick behalten.

Die Entscheidung des Landgerichts Köln zur islamkritischen Demonstration trägt der Bedeutung der Meinungsfreiheit sowohl bei der Auslegung der gegenständlichen Äußerung als auch bei der Normanwendung Rechnung. Die Probleme bei der Subsumtion unter das Merkmal „Beschimpfen“ sind hier augenfällig und erfordern sorgfältige Auslegungsarbeit.[59] Insbesondere wird in solchen Fällen häufig zu prüfen sein, ob es nicht vielmehr um harsche Kritik und weniger um ein Verächtlichmachen geht.[60]

Präzisierung bedarf dabei die in den Urteilen häufig anzutreffende Formulierung, dass „die Tat der Angeklagten [...] zweifelsfrei nicht mehr vom Grundrecht auf Meinungsfreiheit gedeckt“ sei.[61] „Gedeckt“ im Sinne

56 BVerfGE 33, 23 (28).

57 So aber offenbar LG Köln, BeckRS 2017, 116465 (Rn. 36); dagegen aus strafrechtlicher Sicht: *Milan Kuhli*, in: Holger Matt/Joachim Renzikowski (Hrsg.), Strafgesetzbuch Kommentar, 2. Aufl. 2020, § 166 Rn. 2; ablehnend wie hier: *Christian Hillgruber*, Abschaffung des Blasphemie-Paragraphen?, ZRP 2015, S. 62.

58 Vgl. auch VG Hamburg, NJW 2012, S. 2536 (Rn. 10); *Christian Hillgruber*, Die Religion und die Grenzen der Kunst, in: Essener Gespräche zum Thema Staat und Kirche (EssGespr.) 36 (2002), hrsg. von Burkhard Kämper, Heiner Marré und Dieter Schümmelfeder, S. 53ff. (73f.); *Christoph Enders*, Zwischen Kritik und Beschimpfung. Das Verhältnis der Meinungs- und Kunstfreiheit zum Schutz von Glauben und religiöser Empfindung im Wandel der Zeiten und Gesetzgebung, KuR 2007, S. 40ff. (42f.); ausführlich *Rox*, Verfassungsstaat (Fn. 20), S. 134ff.

59 Vgl. *Andreas von Arnauld de la Perrière*, Grundrechtsfreiheit zur Gotteslästerung?, in: Josef Isensee (Hrsg.), Religionsbeschimpfung. Der rechtliche Schutz des Heiligen, 2007, S. 63ff. (92ff.); *Sebastian Gärtner*, Was die Satire darf. Eine Gesamtbetrachtung zu den rechtlichen Grenzen einer Kunstform, 2009, S. 236ff. (237ff.); speziell mit Blick auf die Kunstfreiheit: *Hillgruber*, Kunst (Fn. 58), S. 80ff.

60 Vgl. auch *Stübinger*, in: Kindhäuser/Neumann/Paeffgen/Saliger (Fn. 17), § 166 Rn. 5f. mit kritischen Anmerkungen zur älteren Rspr.

61 Vgl. LG Köln, Urteil vom 2.6.2015 – 156 Ns 23/15 – (juris Rn. 61).

von: zunächst einmal vom Schutzbereich des Art. 5 Abs. 1 GG umfasst, ist jede Meinungsäußerung, sei sie auch noch so drastisch, scharf oder übersteigert,[62] polemisch oder verletzend formuliert.[63] Das Schutzbereichsverständnis ist zum Zwecke eines möglichst umfassenden Freiheitsschutzes nach herrschender Auffassung richtigerweise weit. Der Staat soll nicht zu früh aus seiner Rechtfertigungspflicht für Grundrechtseingriffe entlassen werden, indem die thematische Einschlägigkeit eines Grundrechts verneint wird.[64] Das gilt auch für Fälle der sogenannten Schmähkritik, in denen bei einer Äußerung nicht mehr die Auseinandersetzung in der Sache, sondern die Diffamierung der Person im Vordergrund steht.[65] Diese Etikettierung hat aber nie bereits die Nicht-Eröffnung des grundrechtlichen Schutzbereichs zur Folge, sondern führt vielmehr erst auf der Prüfungsstufe der verfassungsrechtlichen Rechtfertigung des Eingriffs dazu, dass eine an den Umständen des Einzelfalls ausgerichtete Abwägung der widerstreitenden grundrechtlichen Interessen unterbleiben kann und die Meinungsfreiheit regelmäßig hinter dem Ehrschutz zurücktritt.[66]

3. Öffentlicher Friede als Schutzgut und Tatbestandsmerkmal

Das von dem Verbot der Bekenntnisbeschimpfung geschützte Rechtsgut ist nach ganz herrschender Ansicht der öffentliche Friede,[67] der in § 166 StGB zugleich als Tatbestandsmerkmal fungiert. Hoch umstritten ist jedoch: Wann ist die Eignung, den öffentlichen Frieden zu stören, zu bejahen?

In Betracht kommt zum einen die Deutung als Schutz vor gewaltsamen Ausschreitungen – einerseits mit Blick auf verletzte Anhänger einer Glaubensgemeinschaft, die durch die in Rede stehende Äußerung Gefahr zu laufen drohen, als Reaktion auf die Schmähung zum Mittel der Gewalt zu greifen.[68]

62 BVerfGE 85, 1 (15).

63 BVerfGE 93, 266 (289).

64 Vgl. dazu nur *Andreas von Arnauld*, Die Freiheitsrechte und ihre Schranken, 1999, S. 15ff.

65 BVerfGE 93, 266 (294); BVerfG (K), NJW 2020, S. 2622 (2624 Rn. 19); BVerfG (K), NJW 2021, S. 301 (302 Rn. 15).

66 BVerfGE 82, 43 (51); 93, 266 (294); 99, 185 (196); BVerfG (K), NJW 2024, S. 745 (745 Rn. 5).

67 *Radtke*, in: Cirener/Radtke/Rissing-van-Saan/Rönnau (Fn. 13), § 166 Rn. 2; *Bosch/Schittenhelm*, in: Schönke/Schröder (Fn. 14), vor § 166 Rn. 2 m.w.N.; *Hörnle*, in: Erb/Schäfer (Fn. 17), § 166 Rn. 2 m.w.N.; kritisch bereits *Thomas Fischer*, Das Verhältnis der Bekenntnisbeschimpfung (§ 166 StGB) zur Volksverhetzung (§ 130 StGB), GA 1989, S. 445ff. (456f.).

68 Dafür: *Mosbacher*, in: Schumann/Mosbacher/König (Fn. 27), StGB § 166 Rn. 1, 17 m.w.N.; vgl. *Stübinger*, in: Kindhäuser/Neumann/Paeffgen/Saliger (Fn. 17), § 166 Rn. 15; *Hilgendorf*, Straftaten (Fn. 1), § 26 Rn. 92.

Dieser Ansatz wurde in der Vergangenheit häufig als Argument herangezogen, um die Streichung der Eignungsklausel zu fordern,[69] schließlich würde der Anwendungsbereich der Strafnorm ansonsten bis zur Unsichtbarkeit geschmälert, sollte er insofern von der Wehrhaftigkeit bzw. Aufbegehrensbereitschaft der betroffenen Gläubigen abhängen, die jedoch von christlicher Seite immer weniger erwartet wird.[70] Diese Lesart war und ist ein Missverständnis.[71] Denn unstreitig muss es nicht zu einer *tatsächlichen* Störung oder gar nur konkreten Gefährdung[72] des öffentlichen Friedens im Sinne eines Taterfolges kommen.[73] § 166 StGB ist ein sog. „potentielles" Gefährdungsdelikt;[74] die „konkrete *Eignung*" zur Störung des öffentlichen Friedens genügt.[75]

Darüber hinaus ist diese Deutung problematisch, macht sie die Kriminalisierung doch von dem „dünnen Nervenkostüm" der Gläubigen abhängig. Dadurch stellt sie allgemein anerkannte Zurechnungsgrundsätze[76] auf den Kopf, indem sie nicht den unmittelbaren Verletzer des staatlichen Gewaltmonopols in Haftung nimmt und mit einem sozialethischen Unwerturteil belegt, sondern denjenigen, der sich selbst unter Wahrung der bürgerlichen „Friedenspflicht"[77] äußert.[78]

[69] Vgl. BR-Drs. 367/86, S. 3f.; BR-Drs. 460/98; BT-Drs. 13/10666; BT-Drs. 14/4558; BT-Drs. 14/8379; ferner zu einem Erweiterungsvorschlag unter Beibehaltung der Eignungsklausel BT-Drs. 683/07; aus dem Schrifttum in jüngerer Zeit: *Hillgruber*, Abschaffung (Fn. 57), S. 62.

[70] Vgl. *Wolfgang Bosbach*, Um des öffentlichen Friedens willen, DRiZ 2007, S. 73.

[71] Vgl. bereits *Thomas Fischer*, Die Eignung, den öffentlichen Frieden zu stören. Zur Beseitigung eines „restriktiven" Phantoms, NStZ 1988, S. 159ff. (159f.); *Küpper*, Beschimpfung (Fn. 36), S. 33.

[72] *Radtke*, in: Cirener/Radtke/Rissing-van-Saan/Rönnau (Fn. 13), § 166 Rn. 62.

[73] *Brian Valerius*, in: Hans Kudlich/Bernd von Heintschel-Heinegg (Hrsg.), BeckOK StGB, 60. Ed. 1.2.2024, § 166 Rn. 11; *Hilgendorf*, Straftaten (Fn. 1), § 26 Rn. 77; *Radtke*, in: Cirener/Radtke/Rissing-van-Saan/Rönnau (Fn. 13), § 166 Rn. 59; *Kuhli*, in: Matt/Renzikowski (Fn. 57), § 166 Rn. 13.

[74] Grundlegend dazu *Andreas Hoyer*, Die Eignungsdelikte, 1987.

[75] OLG Köln, NJW 1982, S. 657 (657); *Fischer*, Verhältnis (Fn. 67), S. 446ff.; vgl. auch *Radtke*, in: Cirener/Radtke/Rissing-van-Saan/Rönnau (Fn. 13), § 166 Rn. 61f. m.w.N.

[76] *Hörnle*, Bekenntnisbeschimpfung (Fn. 17), S. 294f.; *Rox*, Verfassungsstaat (Fn. 20), S. 230ff.; *Cornils*, Gefühlsschutz (Fn. 43), S. 203; differenzierend *Heger*, Religion (Fn. 12), S. 138.

[77] *Josef Isensee*, Die Friedenspflicht der Bürger und das Gewaltmonopol des Staates. Zur Legitimationskrise des modernen Staates, in: Georg Müller (Hrsg.), Staatsorganisation und Staatsfunktionen im Wandel. Festschrift für Kurt Eichenberger zum 60. Geburtstag, 1982, S. 23ff.; *Josef Isensee*, Nachwort. Blasphemie im Koordinatensystem des säkularen Staates, in: Josef Isensee (Hrsg.), Religionsbeschimpfung. Der rechtliche Schutz des Heiligen, 2007, S. 105ff. (111ff.).

[78] Kritisch auch *Fateh-Moghadam*, Neutralität (Fn. 10), S. 242. A.A. wohl *Manfred Heinrich*, Die Delikte gegen den öffentlichen Frieden und die öffentliche

Andererseits kann sich der öffentliche Friede auf die Sorge vor Ausgrenzung, Beförderung feindseligen Verhaltens[79] bis hin zu gewaltsamen Übergriffen[80] seitens bislang unbeteiligter Dritter bzw. Gegner der Religionsgemeinschaft beziehen, die durch die Rezeption einer Äußerung dazu veranlasst werden, mit Hass und Verachtung gegenüber geschmähten Gläubigen zu reagieren.[81]

Die Gesetzesbegründung mit ihrem Rekurs auf den Toleranzgedanken legt auf der anderen Seite eine „weichere" Deutung nahe: Öffentlicher Friede als ein Zustand des gesellschaftlichen Klimas, in dem die Auseinandersetzung über religiöse und weltanschauliche Grundsatzfragen gewisse Regeln von Takt und Anstand wahrt,[82] sodass dem Toleranzgebot Geltung verschafft wird.[83] Dieser Richtung neigt der „traditionelle Ansatz" zu: Nach jedenfalls bislang herrschender Meinung sollte es darauf ankommen, „ob die Beschimpfung nach Inhalt und Art der Äußerung sowie nach den sonstigen Umständen die begründete Befürchtung rechtfertigt, dass das Vertrauen der Betroffenen in die Respektierung ihrer religiösen oder weltanschaulichen Überzeu-

Ordnung im Lichte des Medienstrafrechts – Teil 4: §§ 164 und 166 StGB. Beiträge zum Medienstrafrecht – Teil 14, ZJS 2018, S. 129ff. (138; 141).

79 So OLG Köln, NJW 1982, S. 657 (657); OLG Düsseldorf, NJW 1983, S. 1211 (1211).

80 KG Berlin, Beschluss vom 15.3.2000 – (5) 1 Ss 33/98 (19/98) – (juris Rn. 39): „Wer in Schriften die jüdischen Religionstraditionen als faschistisch diffamiert, setzt die jüdische Bevölkerungsgruppe der Gefahr aus, Objekt intoleranten und aggressiven Verhaltens anderer zu werden."

81 In diesem Sinne: LG Göttingen, NJW 1985, S. 1652 (1653); *Sieghart Ott*, Anmerkung zu OLG Karlsruhe, NStZ 1986, S. 365f. (365). Vgl. auch OLG Nürnberg, MMR 1998, S. 535 (536): „[...] ist eine Friedensstörung nicht erst mit dem Entstehen eines Klimas offener oder latenter Feindschaft anzunehmen, das sich jederzeit in Gewalt und Gegengewalt entladen kann, sondern schon dann, wenn Menschen nicht mehr in einer Gesellschaft leben können, ohne befürchten zu müssen, um ihres Glaubens willen diskriminiert zu werden und Schmähungen ausgesetzt zu sein, gegen die man sich letztlich nicht wehren kann." Im Anschluss daran: *Mosbacher*, in: Schumann/Mosbacher/König (Fn. 27), StGB § 166 Rn. 16; *Bosch/Schittenhelm*, in: Schönke/Schröder (Fn. 14), § 166 Rn. 12.

82 Vgl. BT-Drs. V/4094, S. 29: „[...] sondern nur die Art und Weise der Auseinandersetzung von grobem Mißbrauch geschützt und die Fairneß in gebotenem Umfange gewährleistet werden soll". In diese Richtung auch bereits *Hillgruber*, Kunst (Fn. 58), S. 75f.; *Pawlik*, Schutz des Heiligen (Fn. 5), S. 43; *Hillgruber*, Abschaffung (Fn. 57), S. 62; *Thomas Würtenberger*, Karikatur und Satire aus strafrechtlicher Sicht, NJW 1982, S. 610ff. (615); a.A. OLG Köln, NJW 1982, S. 657 (658).

83 Das in Art. 4 GG zum Ausdruck kommen soll, vgl. BVerwG, NJW 1999, S. 304 (304); in diese Richtung wohl auch *Tag*, in: Dölling/Duttge/König/Rössner (Fn. 46), StGB § 166 Rn. 3; *Bosch/Schittenhelm*, in: Schönke/Schröder (Fn. 14), § 166 Rn. 10; *Armin Steinbach*, Die Beschimpfung von Religionsgesellschaften gemäß § 166 StGB – eine Würdigung des Karikaturenstreits nach deutschem Strafrecht, JR 2006, S. 495ff. (496).

gungen beeinträchtigt wird oder dass bei Dritten Intoleranz gegenüber Anhängern des beschimpften Bekenntnisses gefördert wird".[84] Erfasst wurde demnach der „Zustand der allgemeinen Rechtssicherheit und des befriedeten Zusammenlebens aller Bürger, das Sicherheitsgefühl der Bevölkerung und die allgemeine Empfindung, in Ruhe und Frieden leben zu können".[85] Diese Definition besteht aus einem objektiven und einem subjektiven Element: Der objektiven Gesichertheit der Rechtsgüter einerseits, andererseits der subjektiven Überzeugung von Personenmehrheiten darüber, dieser Zustand bestehe tatsächlich.[86]

Mit dem Wunsiedel-Beschluss des Bundesverfassungsgerichts zur Verfassungsmäßigkeit des Verbots der Billigung oder Verherrlichung der nationalsozialistischen Gewalt- und Willkürherrschaft (§ 130 Abs. 4 StGB) ist diese Lesart unter Druck geraten. Darin hat das Gericht einer Interpretation des „öffentlichen Friedens", die „auf den Schutz vor subjektiver Beunruhigung der Bürger durch die Konfrontation mit provokanten Meinungen und Ideologien oder auf die Wahrung von als grundlegend angesehenen sozialen oder ethischen Anschauungen zielt", eine Absage erteilt.[87] Der Schutz vor einer Beeinträchtigung des „allgemeinen Friedensgefühls" oder der „Vergiftung des geistigen Klimas" taugen demnach ebenso wenig als Eingriffsgrund in die Meinungsfreiheit wie der „Schutz der Bevölkerung vor einer Kränkung ihres Rechtsbewusstseins".[88]

Vielmehr konturiert das Bundesverfassungsgericht den legitimen Zweck zur Begrenzung öffentlich wirkender Meinungsäußerungen im Sinne einer „Gewährleistung von Friedlichkeit". Anlass zur Begrenzung besteht erst dann, wenn eine Äußerung „erkennbar auf rechtsgutgefährdende Handlungen hin angelegt" ist, das heißt den Übergang zu

84 OLG Köln, NJW 1982, S. 657 (657); OLG Celle, NJW 1986, S. 1275 (1276); OLG Karlsruhe, NStZ 1986, S. 363 (364); LG Bochum, NJW 1989, S. 727 (728); AG Lüdinghausen, BeckRS 2006, 3249 (Rn. 15); *Hörnle*, in: Erb/Schäfer (Fn. 17), § 166 Rn. 22 m.w.N; *Hilgendorf*, Straftaten (Fn. 1), § 26 Rn. 78; *Valerius*, in: Kudlich/von Heintschel-Heinegg (Fn. 73), § 166 Rn. 12; *Kuhli*, in: Matt/Renzikowski (Fn. 57), § 166 Rn. 14; *Bosch/Schittenhelm*, in: Schönke/Schröder (Fn. 14), § 166 Rn. 12.

85 *Kuhli*, in: Matt/Renzikowski (Fn. 57), § 166 Rn. 2; *Heger*, in: Lackner/Kühl/Heger (Fn. 36), § 166 Rn. 6; LG Köln, BeckRS 2017, 116465 (Rn. 35); kritisch: *Brian Valerius*, Tatbestände zum Schutz religiöser Einrichtungen, ZStW 2017, S. 529ff. (531f.).

86 *Fischer*, Verhältnis (Fn. 67), S. 451.

87 BVerfGE 124, 300 (334).

88 Weiter heißt es dort, BVerfGE 124, 300 (334): „Auch das Ziel, die Menschenrechte im Rechtsbewusstsein der Bevölkerung zu festigen, erlaubt es nicht, zuwiderlaufende Ansichten zu unterdrücken. Die Verfassung setzt vielmehr darauf, dass auch diesbezüglich Kritik und selbst Polemik gesellschaftlich ertragen, ihr mit bürgerschaftlichem Engagement begegnet und letztlich in Freiheit die Gefolgschaft verweigert wird."

Aggression oder Rechtsbruch markiert.[89] Thema des öffentlichen Friedens ist demnach ein „vorgelagerte[r] Rechtsgüterschutz, der an sich abzeichnende Gefahren anknüpft, die sich in der Wirklichkeit konkretisieren".[90]

Das bedeutet übersetzt für die Bekenntnisbeschimpfung: Äußerungen gegenüber Anhängern des geschmähten Bekenntnisses überschreiten frühestens dann die Schwelle zur Strafbarkeit, wenn diese dadurch unmittelbar eingeschüchtert werden. Äußerungen gegenüber Dritten müssen geeignet sein, bei diesen die Bereitschaft zu Gewalttätigkeiten auszulösen oder Hemmschwellen herabzusetzen.[91]

Entscheidend – und in der bisherigen Diskussion unterbelichtet – fügt jedoch das Bundesverfassungsgericht unter dem Blickwinkel des Bestimmtheitsgrundsatzes (Art. 103 Abs. 2 GG) noch einen Aspekt hinzu: Das Merkmal der Eignung zur Friedensstörung dürfe nicht strafbegründend, sondern vielmehr lediglich als „Korrektiv" wirken – als „Wertungsformel zur Ausscheidung nicht strafwürdig erscheinender Fälle".[92]

Das lässt sich aber nicht bruchlos auf § 166 StGB übertragen, weil sich die beiden Konstellationen gravierend voneinander unterscheiden. Bei der Verherrlichung der nationalsozialistischen Gewalt- und Willkürherrschaft spreche laut Bundesverfassungsgericht wegen der Typizität eine Vermutung für die Strafbarkeit, was über die Eignungsklausel im Einzelfall korrigiert werden kann.[93] Bei § 166 StGB ist es genau umgekehrt: Im Lichte der Meinungsfreiheit wird auch für eine drastische Äußerung zunächst einmal die Zulässigkeit streiten – erst wenn die als Beschimpfung zu qualifizierende Äußerung die Aufforderung zu Aggression und Rechtsbruch beinhaltet, wird die Strafbarkeitsschwelle überschritten.

Für Aufstachelung und Hetze ist der Tatbestand der Bekenntnisbeschimpfung jedoch nicht konzipiert; das ist vielmehr der Beritt der Volksverhetzung (§ 130 StGB). Auch die unmittelbare Einschüchte-

[89] BVerfGE 124, 300 (335): „Die Wahrung des öffentlichen Friedens bezieht sich insoweit auf die Außenwirkungen von Meinungsäußerungen etwa durch Appelle oder Emotionalisierungen, die bei den Angesprochenen Handlungsbereitschaft auslösen oder Hemmschwellen herabsetzen oder Dritte unmittelbar einschüchtern."

[90] BVerfGE 124, 300 (335).

[91] *Hörnle*, in: Erb/Schäfer (Fn. 17), § 166 Rn. 23; LG Köln, BeckRS 2017, 116465 (Rn. 51 m.w.N.).

[92] BVerfGE 124, 300 (340f.); so bereits *Fischer*, Verhältnis (Fn. 67), S. 445ff.; zustimmend *Fateh-Moghadam*, Neutralität (Fn. 10), S. 238; in diese Richtung nun auch LG Köln, BeckRS 2017, 116465 (Rn. 52); LG Münster, Urteil vom 29.3.2017 – 13 Ns – 81 Js 3303/15 – 15/16 – (juris Rn. 40ff.). Kritisch zur Übertragung auf § 166 StGB: *Radtke*, in: Cirener/Radtke/Rissing-van-Saan/Rönnau (Fn. 13), § 166 Rn. 59.

[93] BVerfGE 124, 300 (340f.).

rung von Gläubigen ist in der Regel nicht das Thema desjenigen, der allgemeine Glaubensinhalte zum Gegenstand seiner heftig artikulierten Kritik macht. Vielmehr wird es ihm häufig darum gehen, mit drastischen, provokanten Mitteln eine öffentliche Debatte über Geltungsansprüche auszulösen.[94]

Auch zu diesem Thema bietet die Argumentation im Wunsiedel-Beschluss Anknüpfungspunkte und vor allen Dingen Anlass, das Tatbestandsmerkmal „öffentlicher Friede" im Lichte der hohen Bedeutung der Meinungsfreiheit neu zu reflektieren, wenn es dort heißt: „Demgegenüber setzte die Anerkennung des öffentlichen Friedens als Zumutbarkeitsgrenze gegenüber unerträglichen Ideen allein wegen der Meinung als solcher das in Art. 5 Abs. 1 GG verbürgte Freiheitsprinzip selbst außer Kraft."[95]

Nach alledem ist im Umgang mit § 166 StGB (mindestens) ein radikaler und konsequenter Umbruch angezeigt: Die Interpretation des Eignungs-Merkmals ist abzulösen von einer objektiv-empirischen Prognose über die Auswirkungen einer Meinungsäußerung und vielmehr – im Lichte des grundrechtlichen Systems der Kommunikationsfreiheiten – strikt normativ aufzuladen.[96] In den Worten von *Thomas Fischer*: „Öffentlich ist insofern nicht das, was viele denken, sondern das, was alle wollen sollen".[97]

IV. Ausblick

Eine konsequente Übertragung der verfassungsgerichtlichen Grundsätze zur „Gewährleistung von Friedlichkeit" außerhalb von bloßem „Klimaschutz" auf den Tatbestand der Bekenntnisbeschimpfung führt zu einer anspruchsvollen, wenn nicht gar unlösbaren Denkaufgabe: Verbleibt unter diesen Vorzeichen überhaupt noch ein Anwendungsbereich?[98] Beklagen werden das nur diejenigen, die dem Strafrecht und speziell dieser Strafnorm in einer multikulturellen Gesellschaft eine Ordnungs- und Integrationsfunktion zutrauen.[99] Die Teilnehmer

94 *Rox*, Wert (Fn. 55), S. 31; 34.

95 BVerfGE 124, 300 (334).

96 Vgl. auch *Enders*, Kritik (Fn. 58), S. 49; in diese Richtung auch *Hilgendorf*, Straftaten (Fn. 1), § 26 Rn. 81; *Stübinger*, in: Kindhäuser/Neumann/Paeffgen/Saliger (Fn. 17), § 166 Rn. 16; explizit für eine Übernahme dieser Kriterien: *Hörnle*, in: Erb/Schäfer (Fn. 17), § 166 Rn. 23.

97 *Fischer*, Verhältnis (Fn. 67), S. 451, unter Bezugnahme auf *Wolfgang Martens*, Öffentlich als Rechtsbegriff, 1969, S. 169ff.

98 Vgl. auch *Hilgendorf*, Straftaten (Fn. 1), § 26 Rn. 82; *Fateh-Moghadam*, Neutralität (Fn. 10), S. 239f.

99 Dafür etwa *Ernst-Wolfgang Böckenförde*, Der säkularisierte Staat. Sein Charakter, seine Probleme, seine Rechtfertigung im 21. Jahrhundert, 2006, S. 36; *Bosbach*,

der strafrechtlichen Abteilung des Deutschen Juristentages 2014 etwa votierten mehrheitlich gegen eine Abschaffung des Paragraphen mit dem Ziel, für die Herausforderungen einer zunehmenden religiösen Pluralisierung gewappnet zu sein – und zwar expressis verbis unter Inkaufnahme einer „weitgehend symbolhafte[n], gleichwohl aber rechtspolitisch bedeutsame[n], wertprägende[n] Funktion".[100]

Es ist aber – gerade an dieser Stelle – weder systemkonform noch klug, auf die symbolische Kraft des Strafrechts zu setzen. Das Grundgesetz etabliert eine freiheitliche Ordnung, die auf die Freiheitsfähigkeit und Freiheitsbereitschaft der Bürger existentiell angewiesen ist. Beide lassen sich jedoch mit den Mitteln des Rechts nicht erzwingen. Gleiches gilt für die Tugend der Toleranz.[101] Die freiheitliche Ordnung – nimmt sie sich selbst ernst – kommt ohne einen Vertrauensvorschuss in die Bürger nicht aus. Dem mit Meinungsfreiheit ausgestatteten Bürger muss auch zugetraut werden, dass er mit anstößigen Meinungen zurechtkommt, sie aushält, und dass der Meinungskampf mit friedlichen Mitteln ausgetragen wird. Wenn das gelingt, ist die Strahlkraft des Ergebnisses umso höher: Die Gefahren von Einschüchterung und Ausgrenzung werden – von unten – durch das freie Spiel von Rede und Gegenrede[102] und nicht – von oben – mit Zwangsmitteln gebannt[103] – eine Chance für die Ingangsetzung nachhaltiger Lernprozesse und ein

Frieden (Fn. 70), S. 73; *Enders*, Kritik (Fn. 58), S. 41; *Küpper*, Beschimpfung (Fn. 36), S. 31 f.; *Jörg Winter*, Zum strafrechtlichen Schutz der Religion im weltanschaulich neutralen Staat, KuR 2008, S. 58 ff. (68); wohl auch *Hilgendorf*, Straftaten (Fn. 1), § 26 Rn. 31; *Radtke*, in: Cirener/Radtke/Rissing-van-Saan/Rönnau (Fn. 13), § 166 Rn. 1; kritisch: *Joachim Renzikowski*, Toleranz und die Grenzen des Strafrechts, in: Eva Graul/Gerhard Wolf (Hrsg.), Gedächtnisschrift für Dieter Meurer, 2002, S. 179 ff. (186); *Josef Isensee*, Die staatliche Verantwortung für die Abgrenzung der Freiheitssphären. Der Streit über die Mohammed-Karikaturen als Paradigma, in: Eckart Klein (Hrsg.), Meinungsäußerungsfreiheit versus Religions- und Glaubensfreiheit, 2007, S. 37 ff. (79 f.); *Otto Lagodny*, Paternalistische Züge im Strafrecht am Beispiel Deutschlands und Österreichs, in: Michael Anderheiden/Peter Bürkli/Hans M. Heinig/Stephan Kirste u.a. (Hrsg.), Paternalismus und Recht. In memoriam Angela Augustin (1968–2004), 2006, S. 225 ff. (232); *Jerzy Montag*, Zensur im Namen des Herrn, DRiZ 2007, S. 72; *Britz*, Blasphemie (Fn. 15), S. 347 f.; *Valerius*, Tatbestände (Fn. 85), S. 539.

100 Verhandlungen des 70. Deutschen Juristentages Hannover 2014, Bd. II/2, 2015, L 185; vgl. dazu auch *Heger*, Religion (Fn. 12), S. 135.

101 Vgl. *Horst Dreier*, Der freiheitliche Verfassungsstaat als riskante Ordnung, RW 2010, S. 11 ff. (37 f.).

102 *Renzikowski*, Grenzen (Fn. 99), S. 185; 189, unter Bezugnahme auf *John S. Mill*, Über die Freiheit, 1988 (Original: On Liberty, 1859), S. 47 f.; 75 f.

103 Vgl. *Jochen A. Frowein*, Reform durch Meinungsfreiheit, AöR 105 (1980), S. 169 ff. (171 f.); *Winfried Brugger*, Schutz oder Verbot aggressiver Rede? Argumente aus liberaler und kommunitaristischer Sicht, Der Staat 2003, S. 77 ff. (89; 105).

Gewinn für die Wahrheitsfindung.[104] Das wäre ein Vorschlag für das, „was alle wollen sollen".[105]

Eine weitere Tugend neben der Toleranz ist im Übrigen im Rahmen dieser Debatte bislang zu kurz gekommen, wurde aber erfrischenderweise kürzlich im Zusammenhang mit der Kontroverse um den „Jesus von Sevilla" in der Presse erwähnt: „Werbeposter für die Karwoche erhitzt die Gemüter im katholischen Spanien – Erzbischof bleibt gelassen".[106]

[104] *Brugger,* Argumente (Fn. 103), S. 84ff.
[105] *Fischer,* Verhältnis (Fn. 67), S. 451.
[106] Salzgitter Zeitung vom 1.2.2024, Panorama, S. 14.

Leitsätze
zum Vortrag von RiOLG Dr. iur. Barbara Rox:

„Schutz von Religion und Religionsgemeinschaften durch das staatliche Strafrecht"

1. Das mit der Verhängung eines sozialethischen Unwerturteils verbundene staatliche Strafrecht dient dem Schutz elementarer Werte des Gemeinschaftslebens und darf erst als *ultima ratio* zum Einsatz kommen, wenn die Verhinderung eines bestimmten Verhaltens besonders dringlich ist.
2. Der religiös und weltanschaulich neutrale Staat beantwortet keine Wahrheitsfragen und bescheidet sich mit säkularer Zwecksetzung. Soweit Konflikte zwischen Grundrechtsträgern unterschiedlicher Glaubensrichtung seinen Ordnungsanspruch auslösen, bedarf es für den Eingriff einer säkularen Begründung.
3. Als Religionsdelikte im engeren Sinne sind im geltenden Recht nur § 166 StGB (Beschimpfung von Bekenntnissen, Religionsgesellschaften und Weltanschauungsvereinigungen) und § 167 StGB (Störung der Religionsausübung) anzusehen.
4. Erst im Zuge des Ersten Gesetzes zur Reform des Strafrechts 1969 verschwand der Begriff „Gotteslästerung" aus dem Strafgesetzbuch. Seither dient § 166 StGB nach der ursprünglichen Intention des Gesetzgebers der Aufrechterhaltung des öffentlichen Friedens „in der Ausprägung, den er durch den Toleranzgedanken erfahren hat".
5. Die Analyse aktueller Anwendungsfälle offenbart insbesondere mit Blick auf das Verbot der Bekenntnisbeschimpfung große Unsicherheit und Unberechenbarkeit.
6. § 167 StGB lässt sich überwiegend als Ausprägung der Schutzpflicht des Gesetzgebers für die freie Religionsausübung begreifen, das Verbot der Bekenntnisbeschimpfung (§ 166 StGB) nicht.
7. Der Schutzbereich des Grundrechts der Glaubens- und Religionsfreiheit (Art. 4 Abs. 1, Abs. 2 GG) gewährleistet Verhaltensfreiheit sowie innere Entscheidungsfreiheit im religiösen Bereich, gewährt jedoch keinen Konfrontationsschutz gegen Irritationen, die von Äußerungen Privater ausgehen.
8. Der Schutzbereich der Meinungsfreiheit, Art. 5 Abs. 1 GG, umfasst jede Meinungsäußerung, sei sie auch noch so drastisch, scharf oder übersteigert, polemisch oder verletzend formuliert.
9. Die traditionelle Deutung des Tatbestandsmerkmals „geeignet, den öffentlichen Frieden zu stören" in § 166 StGB rekurriert auf den „Zustand der allgemeinen Rechtssicherheit und des befriedeten Zusammenlebens aller Bürger, das Sicherheitsgefühl der Bevölke-

rung und die allgemeine Empfindung, in Ruhe und Frieden leben zu können".

10. In Folge der Übertragung der Grundsätze des Wunsiedel-Beschlusses des Bundesverfassungsgerichts (BVerfGE 124, 300) auf § 166 StGB als einer Norm des „vorgelagerten Rechtsgüterschutzes" zur „Gewährleistung von Friedlichkeit" überschreiten Beschimpfungen gegenüber Anhängern des geschmähten Bekenntnisses erst dann die Schwelle zur Strafbarkeit, wenn diese dadurch unmittelbar eingeschüchtert werden. Äußerungen gegenüber Dritten müssen geeignet sein, bei diesen die Bereitschaft zu Gewalttätigkeiten auszulösen oder Hemmschwellen herabzusetzen.
11. Im Umgang mit § 166 StGB ist ein konsequenter Umbruch angezeigt: Die Interpretation des Eignungs-Merkmals ist abzulösen von einer objektiv-empirischen Prognose über die Auswirkungen einer Meinungsäußerung und vielmehr – im Lichte des grundrechtlichen Systems der Kommunikationsfreiheiten – strikt normativ aufzuladen.
12. Das Verbot der Bekenntnisbeschimpfung ist kein geeignetes Instrument zur Bewältigung der Herausforderungen einer zunehmenden religiösen Pluralisierung. Es ist weder systemkonform noch klug, in diesem Bereich auf eine symbolische Kraft des Strafrechts zu setzen.

A. VERZEICHNIS DER REFERENTEN

Manfred Bauer, Dr. iur. utr. Lic. iur. can., Studium der Rechtswissenschaft und der katholischen Theologie an der Julius-Maximilians-Universität Würzburg. 2001 Diplom in katholischer Theologie, 2003 Promotion zum Doktor beider Rechte an der Julius-Maximilians-Universität Würzburg mit einer Arbeit zum Thema „Soziologie und Erbrechtsreform. Die Reform des gesetzlichen Erb- und Pflichtteilsrechts im Spiegel von Demoskopie, Demographie und Rechtstatsachenforschung". 2003 Weihe zum Priester der Diözese Würzburg, 2003 bis 2005 Kaplan in Miltenberg. 2005 bis 2009 Subregens am überdiözesanen Priesterseminar Georgianum. Zugleich Studium des kanonischen Rechts an der Ludwig-Maximilians-Universität München; 2009 Erwerb des Grades eines Lizenziaten des kanonischen Rechts (Lic. iur. can.) mit der Arbeit „Theologische Grundlagen und rechtliche Tragweite der Gleichheit gemäß can. 208 CIC/1983 bzw. can. 11 CCEO". Von 2009 bis 2014 Leitender Pfarrer der Pfarreiengemeinschaft St. Hedwig im Kitzinger Land sowie von 2010 bis 2014 Beauftragter des Dekanats Kitzingen für Ökumene, interreligiösen Dialog und Weltanschauungsfragen. Zudem von 2009 bis 2013 Richter am Dözesangericht Würzburg. Seit 2014 Mitarbeiter in der Disziplinarsektion des Dikasteriums für die Glaubenslehre, Rom.

Stephan Dusil, Prof. Dr. iur, M. A., LMS (PIMS), JCL, Studium der Rechtswissenschaft an der Universität Bayreuth, der Universität Bielefeld und der Johann Wolfgang Goethe-Universität Frankfurt am Main sowie Studium der Mittleren und Neueren Geschichte ebenfalls in Bielefeld und Frankfurt. Erstes Juristisches Staatsexamen 2000, Zweites Juristisches Staatsexamen 2006. 2005 Promotion an der Johann Wolfgang Goethe-Universität Frankfurt am Main mit der Studie „Die Soester Stadtrechtsfamilie. Mittelalterliche Quellen und neuzeitliche Historiographie". 2010 Verleihung der „Licence in Mediaeval Studies" (LMS) am Pontifical Institute of Mediaeval Studies (PIMS), Toronto, Canada. Von 2014 bis 2019 „Hoofddocent" (Associate Professor) an der KU Leuven, Belgien, dort auch 2021 Erwerb des Grades als „Juris Canonici Licentiatus" (JCL). 2016 Habilitation an der Universität Zürich mit der Arbeit „Wissensordnungen im Wandel. Kirchliches Rechtswissen zwischen 1000 und 1234". Seit 2019 Inhaber des Lehrstuhls für Bürgerliches Recht, Deutsche Rechtsgeschichte, Juristische Zeitgeschichte und Kirchenrecht an der Universität Tübingen, zugleich Direktor des dort bestehenden Instituts für Recht und Religion. Seit 2023 zudem Titularprofessur für Rechtsgeschichte, Privatrecht, Kirchenrecht und Rechtsvergleichung an der Universität Zürich.

Martin Heger, Prof. Dr. iur. Dr. h.c., Studium der Rechtswissenschaft an der Eberhard Karls Universität Tübingen. Dort auch von 1994 bis 2005 Wissenschaftlicher Mitarbeiter und Assistent an verschiedenen Lehrstühlen. 2002 Promotion mit der Schrift „Der Nießbrauch in usus modernus und Naturrecht" an der Eberhard Karls Universität Tübingen. Dort auch 2005 Habilitation mit der Arbeit „Die Europäisierung des deutschen Umweltstrafrechts". Seit 2005 Inhaber des Lehrstuhls für Strafrecht, Strafprozessrecht, europäisches Strafrecht und neuere Rechtsgeschichte an der Humboldt-Universität zu Berlin. Seit 2009 Sprecher der Berliner Studien zum jüdischen Recht (BSJR) und seit 2015 Mitglied des wiss. Beirats des Rabbinerseminars zu Berlin. 2012 bis 2015 Vorsitzender des Konzils der Humboldt-Universität. Seit 2013 stv. Vorsitzender der Berliner Wissenschaftlichen Gesellschaft (BWG). 2014 bis 2017 Vorsitzender des Gemeindekirchenrats der ev. Epiphaniengemeinde in Berlin. Seit 2019 Gründungsmitglied des Berliner Instituts für Islamische Theologie (BIT). 2017/2018 Studiendekan, 2018 bis 2020 Dekan und danach bis 2023 Prodekan für Forschung der Juristischen Fakultät der Humboldt-Universität. 2024 Verleihung der Ehrendoktorwürde der staatlichen Ivane-Javakhisvili-Universität Tbilisi, Georgien.

Alexander Ignor, Apl. Prof. Dr. phil. Dr. iur., Studium der Rechtswissenschaft und Geschichte an der Freien Universität Berlin. 1979 bis 1983 Wissenschaftlicher Assistent, Lehrbeauftragter und Lizenziatsexamen am Historischen Seminar der Universität Zürich, dort 1984 auch Promotion in Geschichtswissenschaft mit der Studie „Über das allgemeine Rechtsdenken Eikes von Repgow". 1983 bis 1986 Wissenschaftlicher Assistent an der Juristischen Fakultät der Eberhard Karls Universität Tübingen. Seit 1987 Rechtsanwalt in Berlin. 1994 rechtswissenschaftliche Promotion an der Julius-Maximilians-Universität Würzburg mit der Arbeit „Der Straftatbestand der Beleidigung. Zu den Problemen des § 185 StGB im Hinblick auf das Bestimmtheitsgebot des Art. 103 Abs. 2 GG". Ebenfalls an der Julius-Maximilians-Universität Würzburg 1997 Habilitation mit der Schrift „Geschichte des Strafprozesses in Deutschland 1532-1846. Von der Carolina Karls V. bis zu den Reformen des Vormärz". 1998 bis 2003 Privatdozent an der Humboldt-Universität zu Berlin, seit 2003 dort außerplanmäßiger Professor mit der Lehrbefugnis für Strafrecht, Strafprozessrecht, mittelalterliche und neuzeitliche Rechtsgeschichte. Von 2007 bis 2023 Vorsitzender des Strafrechtsausschusses der Bundesrechtsanwaltskammer. Von 2014 bis 2015 und von 2019 bis 2021 Mitglied verschiedener, vom Bundesministerium der Justiz und für Verbraucherschutz eingesetzter Expertenkommissionen im Bereich des Straf- und Strafprozessrechts.

Sabine Konrad, Prof. Dr. theol. Lic. iur. can., Studium der katholischen Theologie an der Universität Passau und der Ludwig-Maximilians-Universität München. 2008 Promotion an der Ludwig-Maximilians-Universität München mit der Studie „Psychische Störungen und ihre Begutachtung im Ehenichtigkeitsprozess". Von 2009 bis 2020 Wissenschaftliche Mitarbeiterin und Akademische Rätin an der Universität Augsburg. Von 2012 bis 2015 zudem Studium des kanonischen Rechts an der Ludwig-Maximilians-Universität München; 2015 Erwerb des Grades einer Lizenziatin des kanonischen Rechtes (Lic. iur. can.) mit der Arbeit „Die Konkordatsehe in Spanien". Seit 2018 Richterin am Bischöflichen Konsistorium Augsburg. 2020 Ruf an die Karl-Franzens-Universität Graz, dort Leiterin des Instituts für Kanonisches Recht und ab 2021 Vizestudiendekanin der Katholisch-Theologischen Fakultät. Seit 2023 Mitglied der von der Österreichischen Bischofskonferenz eingesetzten Arbeitsgruppe zur Vorbereitung eines überdiözesanen Gerichtshofes für Strafsachen. 2024 Ruf an die Universität Innsbruck auf die Professur für Kirchenrecht.

Barbara Rox, RiOLG Dr. iur., Studium der Rechtswissenschaft und der Fachspezifischen Fremdsprachenausbildung im französischen Recht und im Common Law an der Westfälischen Wilhelms-Universität Münster. Dort von 2008 bis 2012 Wissenschaftliche Mitarbeiterin an verschiedenen Lehrstühlen der Rechtswissenschaftlichen Fakultät und Mitglied des Exzellenzclusters „Religion und Politik in den Kulturen der Vormoderne und der Moderne". 2011 Promotion mit der Schrift „Schutz religiöser Gefühle im freiheitlichen Verfassungsstaat?"; 2012 Auszeichnung mit dem Dissertationspreis der Universität Münster. Seit 2012 Richterin, von 2015 bis 2020 am LG Braunschweig, seit 2021 am OLG Braunschweig im 4. Zivilsenat mit Zuständigkeit namentlich für Bank- und Finanzgeschäfte.

Christoph Thiele, Dr. iur., Studium der Rechtswissenschaft an der Christian-Albrechts-Universität zu Kiel und der Georg-August-Universität Göttingen. Von 1993 bis 2000 Referent im Kirchenrechtlichen Institut der EKD in Göttingen. 1997 Promotion an der Georg-August-Universität Göttingen mit der Schrift „Die Arnoldshainer Konferenz. Struktur und Funktion eines gliedkirchlichen Zusammenschlusses aus rechtlicher Sicht". Seit 2000 Referent im Kirchenamt der EKD in Hannover, seit 2010 Leiter der dortigen Rechtsabteilung. Daneben Mitglied des Kollegiums des Kirchenamtes der EKD sowie der Gesellschafterversammlung und des Beirats der Wirtschaftsgesellschaft der Kirchen (WGKD).

B. SACHWORTREGISTER

C. PERSONENVERZEICHNIS